1781

Peter Schellenbaum

TRÄUM DICH WACH

Lebensimpulse aus der Traumwelt

Hoffmann und Campe

Die Deutsche Bibliothek – CIP-Einheitsaufnahme
Schellenbaum, Peter:
Träum dich wach : Lebensimpulse aus der
Traumwelt / Peter Schellenbaum.
– 1. Aufl. – Hamburg : Hoffmann und Campe, 1998
ISBN 3-455-08588-1

Schutzumschlaggestaltung: Werner Rebhuhn unter Verwendung
eines Gemäldes von Chiesa di S. Francesco
Satz: Fotosatz Otto Gutfreund GmbH, Darmstadt
Druck und Bindung: Clausen & Bosse, Leck
Printed in Germany

Inhalt

Vorwort

Vorworte werden bekanntlich am Schluß geschrieben. Dieses Buch hat mich in besonderem Maße zu einer integrativen und kreativen Leistung herausgefordert. Es sollte weder zu einer bloßen theoretischen Abhandlung noch zu einem bloßen Erfahrungsbericht werden. Die spezielle Verbindung von gelebter Praxis und »nachdenkender« Theorie gibt auch meine Art wieder, therapeutisch mit Träumen zu arbeiten. Dabei war mir wichtig, das Neue nicht auf Kosten des Bewährten zu vernachlässigen. Als Schreibender bewegte ich mich ständig zwischen sorgfältiger Forschung und innovativer Synthese hin und her. Eines der schwierigsten Probleme bestand darin, den phantasierenden Mitvollzug auch solchen Leserinnen und Lesern zu ermöglichen, die keinerlei Erfahrungen mitbringen, welche sich mit denen in diesem Buch geschilderten vergleichen ließen. Außerdem galt es, auch den Menschen Impulse zur Verarbeitung eigener Träume zu geben, die wenig Interesse an theoretischen Erörterungen haben. Ihnen gilt der Hinweis, daß das zweite, fünfte, siebte und vor allem achte und neunte Kapitel durch zahlreiche Beispiele das Anliegen des Buches besonders plastisch und erfahrungsnah zum Ausdruck bringen. In den fünfzehn Geschichten der längeren Kapitel acht und neun rücken weitverbreitete Traumthemen in den Vordergrund. Transzendenzträume, die den Rahmen von Individualität, Raum und Zeit sprengen, bekommen in drei Themenkreisen des neunten Kapitels ihren Platz. Die Lektüre des ersten, einleitenden und des zehnten, abschließenden Kapitels ist für das Verständnis des Buches als Ganzes unumgänglich.

Ich danke den zahlreichen Menschen, die mir die Berichte ihrer Träume und der daraus folgenden Spontanrituale zur Verfügung stellten. Einige ließen sich nicht in den den Gesamtzusammenhang des Buches einfügen. Andere dagegen konnte ich aufnehmen. Ich hoffe, ihnen mit meinen Schilderungen und Deutungen gerecht geworden zu sein.

Ich danke meinem Freund und Mitarbeiter Burkhard Bschor, der mich während der Abfassung dieses Buches solidarisch, phantasievoll und tatkräftig begleitete. Ebenfalls danke ich Heike Scheel, die, wie schon oft seit über zwanzig Jahren, mit ihrer warmen Weisheit und ihrem breitgefächerten Wissen im richtigen Moment das passende Wort fand.

»Ich lebe in meinen Träumen.
Die anderen Leute leben auch in Träumen,
aber nicht in ihren eigenen,
das ist der Unterschied.«
Hermann Hesse

I

Einstimmung

Kennen Sie das? Sie sind am Morgen etwas früher als geplant erwacht. Es ist schon hell. Neben Ihnen liegt der Mensch, mit dem Sie Ihr Leben teilen. Noch schläft er, aber er ist unruhig: Sein Atem geht intensiv. Ab und zu beobachten Sie den Ansatz zu einer Bewegung, die er jedoch nicht ausführt: Vielleicht zucken seine Hand, sein Fuß oder sein Kopf, oder der Mund öffnet sich, als wolle er reden. Sagt er wirklich etwas, so sind es meist nur undeutliche Worte, die schnell abreißen und wie von einer inneren malmenden Bewegung zurückverschlungen werden. Der Mund ißt seine eigenen Worte wie ein Wiederkäuer die bereits geschluckte Nahrung. Vielleicht kommt Ihnen Ihr Gefährte oder Ihre Gefährtin dabei fremd, fast unheimlich vor. Etwas Wichtiges geht in ihm – in ihr – vor, aber es bleibt Ihnen verschlossen. Warum löst sich die gehemmte Bewegung nicht, weshalb geht sie nicht nach außen, um sich Ihnen mitzuteilen? Wie auch immer: Sie spüren, es muß so sein. Er ist ein eigener Mensch. Zu seinem innersten Leben werden Sie nie Zugriff haben. Er folgt seinem eigenen Gesetz, das Sie zu respektieren haben. Er hat ein Recht auf das Geheimnis seines Traumes.

Fühlen Sie sich jetzt auf einmal allein, einsam auch zu zweit? Sie merken, daß Sie Ihren Partner nicht wecken dürfen. Er muß den inneren Weg – den Weg seines Traumes – allein gehen. Vielleicht spielen Sie darin keine Rolle. Vielleicht folgt er im Traum einer Spur, die Ihnen fremd ist. Mehr als im Wachzustand ist er von Ihnen getrennt. Trotzdem: Er braucht sein Geheimnis, ebenso, wie Sie Ihres brauchen. – Aus Träumen plötzlich geweckt, herausgerissen zu werden, bringt nach Anschauung von Ursprungsgesellschaften Unglück und kann zu *Seelenverlust* führen, also zum Verlust eigenen persönlichen Lebens. So extrem empfinden Sie, als heutiger Mensch mit einem stärkeren Ich, es vermutlich nicht. Doch ahnen auch Sie: Ihre Partnerin oder Ihren Partner jetzt ohne äußere Notwendigkeit zu wecken, wäre ein Übergriff, Ausdruck mangelnder Ehrfurcht für ein fremdes Geheimnis. Würde solche Aufdringlichkeit für Ihre Beziehung Glück verheißen? – Ich habe schon erlebt, daß ich gerade in Momenten, da ich eigene Ansprüche losließ, unerwartet Liebe spürte und Hoffnung schöpfte.

So liegen auch Sie selbst – nicht nur der Mensch, den Sie lieben – Nacht für Nacht da und träumen regelmäßig etwa alle neunzig Minuten, am Anfang nur kurz, fünf bis zehn Minuten, gegen Schluß des Schlafes länger, zwanzig bis vierzig Minuten. 1953 entdeckten Eugene *Aserinsky* und Nathanael *Kleitmann*, daß der sogenannte *REM-Schlaf* (REM = Rapid Eye Movements) von Träumen begleitet ist. Unter dem Schutzmantel des Schlafes entfaltet sich Nacht für Nacht in jedem Menschen ein heimliches Leben, das, wie wir sehen werden, für Gleichgewicht und Entwicklung vital notwendig und unersetzbar ist.

Die Tatsache, daß Ihre Träume psychische Gebilde der Phantasie und Vorstellung ohne tätige Verwirklichung in der Außenwelt sind, schützt Sie davor, mit unangepaßten, unausgegorenen, der Umwelt noch nicht gewachsenen, doch entwicklungsträchtigen Anteilen verfrüht nach außen zu treten und so das kostbare Leben Ihrer Träume zu gefährden. Die Geburt ist noch nicht fällig, und Sie brauchen den Schutz einer Schwangerschaft. Doch muß es immer so bleiben? Will der Traum vom Tag, das Traumleben vom Wachzustand, die Phantasie vom Tun für immer getrennt sein? Drängt nicht der Traum selbst zu seiner Geburt in die Welt hinein, wie das Kind nach neun Monaten Schwangerschaft? Die Beschäftigung der Menschheit, soweit wir ihre Geschichte in Zeugnissen zurückverfolgen können, mit Träumen zeigt deutlich, daß dem so ist. So stellt sich die Frage: Wie können Träume Beine bekommen, innere sich auch in äußere Bewegung wandeln: in neues Fühlen, Denken, Tun, Verhalten?

Diese Frage haben Menschen je nach Epoche und Kultur anders beantwortet. In *Stammesgesellschaften* wurden die sogenannten *Großen,* die für das ganze Kollektiv bedeutsamen *Träume* von Häuptlingen und Medizinmännern nicht nur öffentlich erzählt, sondern zusätzlich vom ganzen Stamm inszeniert, gespielt und getanzt, mit dem Ziel, ihre Wirksamkeit für die ganze Gemeinschaft zu entfalten und die Traumgeschichte in eine günstige Richtung weiter zu gestalten. Träume wurden erzählt, damit sie in Spiel und Tanz weitergeträumt werden konnten. Die Deutung erfolgte implizit im gemeinsamen Erleben des Traumrituals. Dieses beschränkte sich nicht auf die Wiederholung des nächtlichen Traumgeschehens, sondern entwickelte das Geträumte im Sinne der Stammesbedürfnisse szenisch fort. In den *Hochkulturen* dagegen bekam die Deutung durch das Wort einen eigenen Wert und ergänzte die szenische Darstellung, so etwa im antiken Epidauros, wo die von Priestern aufgeschriebenen Träume der beim göttlichen Arzt *Asklepios* Heilungsuchenden sowohl inszeniert als auch gedeutet wurden.

Im Gegensatz dazu gehen der tiefenpsychologische Ansatz zur Erschließung des Traumsinns, angefangen bei Sigmund *Freud* und Carl Gustav *Jung,* ebenso wie neuere Modelle der Verarbeitung von Träumen fraglos davon aus, daß Psychotherapie mit Träumen die relative Bewegungslosigkeit des träumenden Menschen zu kopieren hat. Diese meist nicht hinterfragte Annahme kann nicht weiter aufrechterhalten werden. Sie vermindert sowohl die Wirksamkeit als auch die Deutungsmöglichkeiten in der therapeutischen Arbeit mit Träumen. Aus den Forschungen der Körperpsychotherapie, die sowohl mit verbalen als auch körperorientierten Beiträgen arbeitet, leiten wir ab, daß die *Erregungskurve* des Zentralnervensystems in bezug auf den Traum und seine Verarbeitung *in drei Stufen* ansteigt: vom *Traum* im Schlafzustand über das analytische und emotionale *Gespräch* bis hin zur zusätzlich auch *motorischen Verarbeitung* des Traumes. Auf der letzten Stufe – wenn der Traum im Wachzustand einen Körper bekommt, der sich, den Traum wieder- und weiterträumend, autonom bewegt – ist die neurobiologische Aktivierung am stärksten. Die dritte setzt sich nicht von den beiden vorigen Stufen ab, sondern integriert sie. Diese Integrationsleistung übt auch eine deutlich stärkere psychologische Wirkung aus.

Es ist sicher nicht zufällig, daß sich in einer Zeit, da der Mensch sich immer selbstverständlicher als Ganzheit von Körper, Geist und Seele erlebt, auch in bezug auf den Traum, nun endlich das Offensichtliche in unser Blickfeld rückt: Der Traum erschließt seine Wirkung nicht nur durch Erinnerung, Benennung und Beschreibung der einzelnen Elemente, freie Assoziation zu diesen, Amplifikation – das heißt Erweiterung – durch Parallelen zu mythologischen Motiven, wachgerufene Emotionen, analytische Deutung, sondern, im Zusammenspiel mit diesen, auch durch die sich beim bewußten Hineingehen ins Traumbild spontan meldenden Gebärden, Bewegungen und körperlichen Empfindungen. Der Grund liegt auf der Hand: Auch sie gehören zum Menschen. Es geht um eine Ergänzung, die in der Natur der Sache liegt. Damit der Traum uns als Ganzes ergreifen und verändern kann, braucht er uns ganz: mit Körper, Geist und Seele, mit Verstand, Emotion, körperlicher Empfindung und Beweglichkeit. Der wache

Mensch benötigt den Schutz der Bewegungshemmung im Traum nicht mehr, da er, solange er aufmerksam dabei ist, seinen Bewegungsimpulsen nicht willenlos ausgeliefert ist, wie der träumende Mensch es wäre.

Sie haben sich soeben die kleinen, schnell unterdrückten Bewegungsimpulse eines träumenden Menschen vorgestellt. Wenn die Gehirnzentren, die im Schlaf Bewegungen hemmen, außer Kraft gesetzt werden, agieren Menschen und Tiere ihre Träume aus. »Beispielsweise stehen träumende Katzen (wenn deren absteigende Nervenfasern, die für die Verhinderung von Bewegung während des REM-Schlafes verantwortlich sind, durchgetrennt wurden) im Schlaf auf, ›schleichen sich‹ an halluzinierte Beute an, ›fangen‹ sie mit einem Sprung, ›töten‹ sie und ›fressen‹ sie«[1], so wie Geisteskranke ihre inneren Bilder ohne realen Bezug zur Außenwelt ausagieren. – Die Ähnlichkeiten zwischen den Träumen gesunder Menschen und den Halluzinationen von Geisteskranken haben Freud und noch mehr Jung beschäftigt. Dieser untersuchte die in beiden sich ausdrückenden gemeinsamen Urmuster emotional geladener Vorstellungen und Verhaltensweisen.[2]

Wie für die andern Bereiche der Psychotherapie gilt auch für die Traumpsychotherapie, daß die falsche Alternative zwischen Gespräch und körperlichem Ausdruck überwunden werden muß. Letzterer ist immer auch geistig, ebenso wie geistiger Ausdruck immer auch körperlich, also auch Bewegung ist. Seltsam, daß diese Binsenwahrheit bisher am wenigsten in die psychotherapeutische Arbeit mit Träumen gedrungen ist. Außerhalb des psychotherapeutischen Rahmens gibt es wohl Ansätze zur Selbsterfahrung durch Inszenierung von Träumen, doch fehlt ihnen die unver-

1 Vgl. A. Stevens, Vom Traum und vom Träumen, S. 130.
2 Vgl. u. a. C. G. Jung, Symbole der Wandlung, GW 5.

zichtbare analytische Durchdringung, wie sie in den tiefenpsychologischen Schulen seit Freud und Jung praktiziert wird. Traumpsychotherapie darf emotionales Erleben, gestalterisches Weiterträumen und tiefenpsychologische Entschlüsselung der Träume nicht voneinander trennen.

Aus der Einsicht, daß es höchste Zeit ist, diese Lücke zu füllen, kam mir der Impuls, dieses Buch zu schreiben. Träume sollen im Wachzustand »Hand und Fuß« bekommen, sich also im Sinne ihrer Eigendynamik und im gleichzeitigen Bewußtsein der konkreten Lebenssituation des Träumers in geistiger, emotionaler und motorischer Bewegung weiterentwickeln dürfen. Der Mensch, um dessen Traum es geht, befindet sich dabei in einem traumähnlichen, zugleich wachen und träumenden seelischen Zustand, in einer *wachen, leichten Trance*. Nur so kann er in den Traumfluß hineinsteigen. Diese Verbindung kennzeichnet mein wichtigstes Anliegen und macht die Originalität dieses Buches aus. Aus meinen Beispielen werden Sie vermutlich ersehen, daß diese Integrationsleistung weiter als jede bisherige Traumpsychotherapie führt, sowohl was die existentielle Wirkung als auch die Deutung betrifft.

Im dritten Kapitel wende ich mich mit der gebotenen Ausführlichkeit den beiden *tiefenpsychologischen Basismodellen* der Traumdeutung von Freud und Jung zu und versuche, sie einer wechselseitigen Synthese entgegenzuführen. Durch das ganze Buch hindurch, sowohl in seinen theoretischen als auch praktischen Teilen, werde ich mich auf die Leistungen der beiden Pioniere der Traumforschung und -deutung beziehen. Wer Näheres zu speziellen Themen der Traumpsychotherapie erfahren will, möge das Literaturverzeichnis am Schluß beachten. Hinweise auf neue Möglichkeiten einer Psychotherapie, in welcher analytischer Verstand, körperliche Empfindung und seelische Emotion, reflexives und spürendes Bewußtsein die gleiche zentrale

Rolle spielen, werden, so hoffe ich, einen überraschend neuen und weiten Horizont, ein für die Arbeit mit Träumen noch weitgehend ungenutztes psychotherapeutisches Potential erschließen.

Dazu dient auch die *theoretische Reflexion* besonders im dritten, vierten und sechsten Kapitel. Sie soll unter anderem dazu beitragen, daß Sie meine Berichte über Spontanrituale, in denen Träume weitergeträumt werden, mehr genießen können, ähnlich, wie musiktheoretisches Wissen den Genuß im Hören von Musik steigern kann. Sollten Sie wenig Interesse an theoretischen Erörterungen haben, so können Sie diese drei Kapitel überfliegen.

In einem der drei theoretischen Kapitel, im sechsten, geht es um die *therapeutische Beziehung.* Es ist das einzige Kapitel, das nur am Rande von Träumen handelt. Doch ist die Arbeit mit Träumen so sehr in die Beziehung zwischen dem Therapeuten, dem Klienten und eventuell der Therapiegruppe eingewoben, daß ohne deren Berücksichtigung ein wesentliches Element in der Traumpsychotherapie fehlen würde. Dazu kommt, daß für mich, soweit ich mich zurückerinnere, Begegnung und Beziehung das packendste Thema sind. In diesem sechsten Kapitel ist von vielem die Rede, was nicht nur die therapeutische, sondern auch jede andere Beziehung betrifft.

Im fünften Kapitel finden Sie eine detaillierte Beschreibung verschiedener *erlebnisorientierter Methoden*, die sich für die Verarbeitung von Träumen eignen, zum Teil auch ohne therapeutische Begleitung; dabei ist unter anderem auch von *luziden Träumen* die Rede. Im siebten Kapitel mache ich drei praktische Vorschläge zu einem *erlebnisorientierten Einstieg* in die Arbeit mit einem Traum. – Meine *Unterscheidung zwischen Komplex- und Kreativträumen*, Thema im achten und neunten Kapitel, erweist sich für die praktische Arbeit mit Träumen als sehr fruchtbar. Dies werden Sie aus den fünfzehn Geschichten ersehen, die ich in diesen beiden Kapiteln erzählen werde. Durch sie soll das in den vorangehenden Kapiteln Ausgeführte zum unmittelbaren Erlebnis werden. Zwei der Geschichten im neunten Kapitel betreffen die rätselhaften *Tranzendenzträume*, deren Existenz zwar zweifelsfrei feststeht, deren Funktionsweise wir jedoch nicht erklären können. – In weiten Teilen dieses Buches steht die faszinierende *Verbindung von Traum und Spontanritual* im Vordergrund. Darüber gibt es bisher noch keine Literatur. Auch deshalb gebe ich diesem Thema viel Raum. – Das zehnte Kapitel gibt den Schlüssel zum Ganzen: Der Sinn des Träumens liegt im Erwachen zur Wirklichkeit, deshalb: *»Träum dich wach!«* In diesem abschließenden Kapitel soll deutlich werden, daß der sich im Spontanritual weiterträumende Traum eine unmittelbare Verbindung *mit der sozialen Wirklichkeit* herstellt, mehr noch: *mit der Welt* als natürlicher Ganzheit. Daraus werden Wahrnehmungen besonderer Art möglich.

So versuche ich insgesamt, Einblicke in das Leben mit Träumen, in das Thema *»Lebensimpulse aus Träumen«*, zu vermitteln. Wenn Sie Ihr Traumreich, Ihre »Unterwelt«, nicht aus sicherer akademischer Distanz betrachten, sondern als Ergriffene aus dem Verlangen nach Wandlung und Heilung betreten möchten, dann befinden Sie sich auf der Spur einer uralten, menschheitsgeschichtlichen Tradition. Sie gleichen dann einem Menschen im antiken Griechenland, der einen der mehr als dreihundert Tempel des Asklepios, zum Beispiel im erwähnten Epidauros, aufsuchte, sich nach vorbereitenden Ritualen an der heiligen Stätte zum Schlaf auf den Boden – eben dies bedeutet das Wort *»Inkubation«* – oder in einer späteren Epoche auf eine *»kliné«*, das heißt eine Liege – davon leitet sich unser Wort »Klinik« ab – legte und auf einen Traum wartete, den er als Mittel zur Heilung betrachtete. Wenn Sie zusätzlich auch bereit sind, die tiefenpsychologischen Forschungsergebnisse der Traumpsychotherapie des zwanzigsten Jahrhunderts mit einzubeziehen, dann sind Sie die Leserin oder der Leser, wie ich sie mir vorstelle.

Meine Vorstellung von Ihnen kann sich nur hypothetisch aus den Bildern vieler Menschen zusammensetzen, die ich im Verlauf der letzten zwanzig Jahre in das geheimnisvolle Reich ihrer Träume begleitet habe. Dies geschieht sowohl in meiner *Einzelpraxis* als auch – seit zwölf Jahren – in einem *Therapiegruppenraum*[3], wo eine Gemeinschaft mitgestaltender Menschen dazu beiträgt, die Wirksamkeit der Träume einzelner zu intensivieren und in eine passende Richtung zu lenken. Natürlich ist es nicht das gleiche, wenn ich Sie hier durch ein Buch anspreche. Ich versuche, dies so zu tun, daß Sie Ihre eigenen Träume zumindest ansatzweise als Lebensbewegungen erfahren und begreifen können. Zwar ruft gerade der Traum aufgrund von Eigenschaften, die ich später nennen werde, nach Begleitung und Gemeinschaft, und ich werde mich hüten, in Ihnen die Illusion zu wecken, daß ein Buch diese ganz ersetzen kann. Doch habe auch ich im Verlauf meines Lebens oft kleine, probeweise Schritte in einem mir noch neuen Bereich zunächst ganz heimlich für mich allein versucht, bevor ich mich dann, falls es mir lohnend schien, herausgewagt und passende Menschen für gemeinsame weitere Schritte gesucht habe.

Das Leben, das ein Traum in Bewegung setzt, ist verdichtetes Leben. Die Intensität, die im Erleben vieler Träume spürbar wird, rührt von dieser Verdichtung her. Ich halte den Begriff *»Verdichtung«* für einen der wichtigsten in

3 Am Institut für Psychoenergetik in Orselina-Locarno/Schweiz finden seit 1993 regelmäßig für alle offene sechstägige Psychotherapiekurse statt, in denen die Arbeit mit Träumen, wie sie in diesem Buch geschildert wird, eine wichtige, aber nicht die ausschließliche Rolle spielt. Außerdem wird hier eine Ausbildung für Psychotherapeuten angeboten. Die Leitung beider Bereiche liegt beim Autor dieses Buches. Siehe Adresse und Hinweis am Schluß des Buches.

der psychoanalytischen Traumtheorie. Meine eigene Erklärung der Verdichtung im Traum unterscheidet sich teilweise von der Freuds. In sie beziehe ich auch die Archetypentheorie Carl Gustav Jungs und die Ergebnisse der modernen Traumforschung ein. Bevor ich Freuds und Jungs Modelle der Traumdeutung im dritten Kapitel erklären werde, schlage ich Ihnen jetzt schon eine *Zusammenfassung des Verdichtungsvorganges im Traum* vor.

In fast allen intensiv besetzten Traumbildern verdichten sich Gegenwart, Vergangenheit und Zukunft. – Zunächst die Gegenwart: *Auslöser* sind *»Tagesreste«* (Freud), das heißt aktuelle Ereignisse entweder vom Vortag oder auch, wie Jung hinzufügte, weiter zurückliegende. Jedenfalls handelt es sich um – in dieser Lebenssituation – emotional aufgeladene Tatsachen. Woher stammt deren Affektbesetzung? Oft geht es um inhaltlich ziemlich bedeutungslose Details aus unserem Alltag, die als Tagesreste in den Träumen auftauchen. Für sich allein erklären sie nicht, warum sie auch unsere Träume bevölkern. Meine Antwort verweist auf das *zweite Element*, das in die Verdichtung eines Traumes einfließt. Ein Element, das aus unserer Vergangenheit stammt, ist eine *Erinnerung*. Im Traum wird die Erinnerung zur Gegenwart. Der Tagesrest hat sie durch Analogie, das heißt durch Verwandtschaft des Motivs oder der Person oder irgendeines Details, das als gemeinsamer Haken dient, oder sogar bloß durch den ähnlichen Klang von zwei sich in ihren Bedeutungen unterscheidenden Worten, durch ein Wortbild oder -spiel, eine Anspielung, eine Verkehrung ins Gegenteil oder durch andere zentrale oder nebensächliche, sinnvolle oder zufällige, offensichtliche oder versteckte Gemeinsamkeiten, angezogen. Gegenwärtiges setzt sich so in Beziehung zu Vergangenem.

Auch die *Neurophysiologie* stimmt dem heute zu. Aufgrund ihrer naturwissenschaftlichen Orientierung konnte sie anfänglich Träumen keinen vernünftigen Sinn abgewinnen. Sie hielt sie für bloße Nervengewitter, für belangloses Hirnkino und wirres Trommelfeuer der Nervenimpulse. Heute faßt auch sie Träume als Integrationsprozesse auf, in denen wir das, was tagsüber an uns herantritt, verarbeiten, »verdauen«: das zu uns Passende assimilieren und das nicht Zutreffende ausscheiden (»ausagieren«). Auf diese Weise frischen wir das Programm auf, wer wir sind, und kommen unter Umständen sogar ein Stück in der Verwirklichung dieses Programms weiter. Manchmal gelingt die Integrationsleistung, dann spreche ich von Kreativträumen. Manchmal bleiben wir an einem neuralgischen Punkt stecken, in diesem Falle spreche ich von Komplexträumen. Einen solchen wunden Punkt nenne ich *Energieklippe*: Entweder fließt unsere Entwicklungsenergie von hier aus weiter, oder sie wird gebremst. Auch die in ihrer Dynamik unterbrochenen Komplexträume lassen die beschriebene Tendenz zur Integration erkennen.

Wird unsere Identität nicht stärker, als wir es gewöhnlich merken, durch die Gegenwart von Vergangenem geprägt, und erleben wir Gegenwärtiges nicht im Licht und im Gefühlston des ähnlichen Vergangenen? Wir sehen, daß der Traum zwei Elemente klarsichtig und überdeutlich zusammenbringt, die auch im Wachzustand, meist undurchsichtiger, zusammenfließen: gegenwärtiges Erleben und Erinnerung an Vergangenes. Diese Verdichtung durch Assoziationen, spontane Einfälle, zu entflechten, ist ein Ziel der Traumanalyse. Die Übermacht unseres Kindheitsschicksals auf unser jetziges Leben soll auf diesem Weg zugunsten eines freieren Daseins in der Gegenwart aufgelöst werden.

Doch ist das noch nicht alles. Wir sind nicht als unbeschriebene Blätter zur Welt gekommen, sondern mit einer genetischen Anlage, deren tiefste und allgemeinste Schicht die *phylogenetische,* das heißt die mit unserem Menschsein von vornherein gegebene, ist. Die Grundbausteine der genetischen Anlage sind für alle Menschen gleich, doch ihre Zusammensetzung und Gewichtung sind von Individuum zu Individuum verschieden. Zum Wesen der genetischen Anlage gehört ihre Neigung, sich in der Ontogenese, das heißt in der individuellen Lebensgeschichte, zu entfalten. Daraus folgt: Eine Anlage verweist auf Entwicklung und Wachstum des Angelegten, also auf Zukunft, – natürlich immer innerhalb konkreter gesellschaftlicher Umstände, sind wir doch von Natur aus soziale Wesen. Es ist unübersehbar, daß sich in Träumen auch dieses *dritte, phylogenetische, archetypische Element* zu Wort meldet. *Der Tagesrest in der Gegenwart und die durch ihn belebte Erinnerung an Vergangenes zieht in der Verdichtung eines Traumes durch Verwandtschaft folglich noch ein Drittes an: ein Urmuster menschlicher Entwicklung, das in die Zukunft weist.* Nur in Verbindung mit der gegenwärtigen und vergangenen Lebensgeschichte zeigt es den individuellen Weg nach vorn, den je eigenen Weg der *Individuation* (Jung), der aus dem allgemein Menschenmöglichen das mir Bestimmte herausgreift. In seiner Verdichtung probt der Traum spielerisch eine lebenswerte Synthese von Kindheitsschicksal, gegenwärtiger Lebenssituation, sozialem Umfeld und vorgegebenem Entwicklungsmuster. Für Träume, in denen dieser Gesichtspunkt überwiegt, prägte ich, wie erwähnt, den Namen *Kreativträume*, Thema des neunten Kapitels.

Nun wird nicht in allen Träumen die Richtung des Zukunftweisenden, also der Sinn der Verdichtung, bis zum gelungenen Resultat verfolgt. In einer großen Zahl von Träumen überwiegt schließlich das Furchterregende, Lähmende, Rückwärts- und Herunterziehende. Meist gibt es durchaus auch in ihnen Ansätze zu Synthese und Entwicklung, doch je höher das Leben steigen will, desto tiefer zieht es den Träumer in den Sog bestimmter traumatischer Erinnerungen. Schließlich wird deren Energiebesetzung größer als die der angeborenen Wachstumsmotive, und die Entwicklungsbewegung verwandelt sich wieder in die altbekannte Endlosbewegung eines vergangenen, komplexhaften Lebensmusters zurück. Solche Träume, in denen das Zukunftweisende eines verdichteten Motivs durch das Traumgeschehen selbst gebremst, sogar wieder rückgängig gemacht wird, nenne ich, wie ebenfalls erwähnt, *Komplexträume*, Thema des achten Kapitels. Jung dagegen, dem das Verdienst zukommt, das dritte Element im Traum, seine archetypische Dimension, erforscht zu haben, richtete seine Aufmerksamkeit vorzugsweise auf Träume, in denen sich das Individuationsmuster eines Menschen bis zu einem vorläufigen Resultat, der »Lysis« – Lösung – entfaltet, also auf Kreativträume. Außer bei sogenannten *Reaktionsträumen*, in denen ein erlittenes Trauma zur Verminderung seiner Besetzungsenergie wiederholt wird, versuchte er bei fast allen Träumen das gleiche Aufbaumodell nachzuweisen. Davon mehr im dritten Kapitel.

Ob in Komplex- oder Kreativträumen: Der träumende Mensch erprobt neue Drehbücher im Licht vergangener Auftritte, ebenso wie in der Evolution Mutationen neue Lebensformen aus alten hervorbringen. Ein genetisch festgelegtes Probehandeln findet statt. Träume zeigen deutlich, daß das Programm für Verhaltensmöglichkeiten im Zentralnervensystem bereits vorhanden ist. Katzen träumen vom Mäusefangen, bevor sie je eine Maus zu Gesicht bekommen haben. Von solchen Instinktprogrammen sind Menschen zwar unabhängiger als Tiere, doch bleiben auch sie von ihnen noch teilweise bestimmt. Das zeigt sich unter anderem darin, daß Verhaltensweisen, die in den Anfängen der Menschheit lebenswichtig waren, in den Träumen heutiger Menschen noch überrepräsentiert sind. Im Repertoire des Zentralnervensystems für Instinktverhalten sind Reaktionen überproportional vertreten, die in den Anfängen der Menschheit besonders sinnvoll waren. So hängen die häufigen *Träume vom Fallen* und der Angst vor dem Fallen, wie Antony Stevens schreibt, vielleicht auch damit zusammen, daß unsere Urahnen einen Großteil ihres Lebens auf Bäumen verbrachten: sich absichtlich fallen ließen und ab und zu auch gegen ihre Absicht fielen. Diese Ursituation des Fallens hat sich im Lauf der Menschheitsgeschichte mit anderen Erfahrungen und Vorstellungen des Fallens symbolisch angereichert (verdichtet!). Das gleiche zeigt auch die Sprache, zum Beispiel in: »sich fallen (gehen) lassen«, oder »fall in love«, oder »gefallenes Mädchen«, oder »ge-fallen« (unter Umständen auch ein Fallen aus eigener Autonomie!), oder »aus allen Wolken fallen« (plötzlich auf den Boden der Realität kommen). Auch andere, bei uns heute überproportional häufige Traummotive, wie verfolgt und angegriffen werden oder wiederholte Versuche, eine Aufgabe zu lösen, können – aber müssen nicht in jedem Fall – auf frühe Stadien der Evolution unserer Spezies verweisen, also im Zusammenhang mit diesen beiden Beispielen auf Konflikte in Urzeiten um Jagd, Kampf und Dominanzstreben, sowie auf wiederholte Versuche, mit Veränderungen der Umwelt fertig zu werden und körperliche Fertigkeiten zu erwerben.[4]

Daneben gibt es natürlich zahlreiche Traummotive, die für uns heute ebenso lebenswichtig sind wie sie es für unsere Urahnen waren, zum Beispiel solche, die mit Sexualität, Beziehung, Lösung von den Eltern, Überwindung von Angst auf der Schwelle zum Erwachsenwerden, Wandlung und Tod zu tun haben. Wie in Sprache und Kunst finden auch in Träumen Verdichtungen von aktuellen Erlebnissen mit Reaktionsbereitschaften statt, die auf frühe Stadien der

4 A. Stevens, op. cit. S. 227 und 144–147.

Menschheit zurückweisen. Was vererbt wird, sind allerdings nicht Bilder, also zum Beispiel feste Verhaltensweisen, wie der spätere Jung gegen Vorwürfe des *Lamarckismus*[5] unterstreicht, sondern bloße Bereitschaften zu bestimmten Mustern des Fühlens, Verhaltens und Denkens. Ergebnisse der neuen Traumforschung stützen diese Ansicht.

So ist der Traum ein Versuch zur erfolgreichen Abstimmung von Bedürfnissen des Organismus, Entwicklungsbereitschaften, konkreter Lebenssituation und Angeboten der Umwelt. Seine Funktion besteht darin, einen optimalen Ausgleich zwischen diesen zu schaffen, also in der Herstellung eines sich ständig verändernden seelischen Gleichgewichts. Darin ist der Traum äußerst anpassungsfähig. Er verdeutlicht das *Prinzip des dynamischen Gleichgewichts*, des alles Lebendige bestimmenden Prinzips der *Homöostase*, d. h. des Prinzips der *Selbstregulierung*. Im Bereich der Psyche tut der Traum dies klarer als alle anderen Lebensäußerungen des Menschen. Deshalb ist er für die psychische Entwicklung so kostbar und unersetzlich: die *via regia* – der Königsweg – nicht nur zum Unbewußten (Freud), sondern insgesamt zur Entfaltung unserer Individualität. Er tendiert zu einer ganzheitlichen Tiefenspiegelung der menschlichen Psyche, und dies nicht allgemein, sondern bezogen auf das, was jetzt an der Reihe und notwendig ist und sich im Hier und Jetzt an Erinnerung von Vergangenem, gegenwärtiger Problemstellung und Zukunftsorientierung verdichtet, zu einer Tiefenspiegelung also, die ins Wachwerden, in ein wacheres, stimmigeres, umfassenderes Leben stoßen will.

5 Nach Jean Baptiste Lamarck (1744–1829), franz. Naturforscher: Dieser vertrat die Auffassung, daß erlernte Reaktionen direkt vererbt werden.

2
Ein wegweisender Traum

Nachdem ich mich entschlossen hatte, am nächsten Morgen mit der Planung dieses Buches anzufangen, hatte ich in der folgenden Nacht einen außergewöhnlich intensiven Traum, an den ich mich gleich nach dem Erwachen in allen Einzelheiten genauestens erinnerte. Üblicherweise brauche ich zum Erinnern eines Traumes ein kleines Ritual: Beim Aufwachen richte ich meine Aufmerksamkeit nicht abrupt auf den bevorstehenden Tag, sondern bleibe in der Schwebe zwischen Schlaf und Wachzustand mit der etwas schläfrigen Erwartung, daß ein Traumbild auftaucht. Ist dies der Fall, sagte ich mir: »Das gehört zu einem Traum.« Dann verweile ich, körperlich entspannt, im immer noch etwas schläfrigen, aber offenen Randbewußtsein dieses Traumbildes, bis ein weiteres auftaucht, vielleicht das vorangegangene oder folgende, und dann noch eins, und noch eins, bis schließlich die Traumgeschichte wie ein Puzzle, zwar vermutlich nicht in allen Teilen, aber doch deutlich und einigermaßen zusammenhängend, vor meinem inneren Auge steht. Dann greife ich zu Block und Stift und mache mir die Mühe, den Traum sorgfältig aufzuschreiben. Dabei fallen mir meistens noch weitere, den Traumtext vervollständigende Einzelheiten ein. Diesen Aufwand betreibe ich zwar nicht jeden Morgen, aber doch ziemlich regelmäßig, etwa einmal jede Woche.

Doch diesmal brauchte ich kein Erinnerungsritual. Der Traum war mit einer solchen Klarheit und Vollständigkeit da, daß meine einzige Unsicherheit in der anfänglichen Frage lag, ob ich wirklich geträumt oder die Geschichte im

Wachen erlebt hatte. Ich bezog den Traum sofort auf mein Buchprojekt, das mich am Vorabend bis zum Einschlafen beschäftigt hatte. – Hier nun der Traum:

»Ich trete aus einem Haus, in dessen obersten – dritten – Stockwerk ich soeben eine Supervision für Kolleginnen und Kollegen geleitet habe. Ich befinde mich in einer Großstadt, in der sich Einzelheiten von Berlin, Zürich, Paris, Hamburg, Amsterdam und Rom vermischen. Mit mir vor der Tür steht Fabian, ein junger, ehrgeiziger Kollege. Ich weiß, daß ich ins ›Quartier latin‹ gehen muß. Dieses jedoch bringe ich nicht mit dem gleichnamigen Viertel in Paris in Verbindung. Fragend schaue ich mich um. Vor mir liegt ein sehr großer, unübersichtlich und chaotisch wirkender Platz, den ich im Traum für den Potsdamer Platz in Berlin, zur Zeit eine Riesenbaustelle, halte. Ich spüre Widerwillen, ihn zu überqueren und hoffe, daß mein Ziel, das ›Quartier latin‹, auf der Seite des Platzes liegt, wo ich mich bereits befinde. Fabian bestärkt mich in meiner Abneigung, den Platz zu überqueren. So suche ich denn mit meinem Blick nach dem ›Quartier latin‹ diesseits des Platzes in der Nähe meines Standortes. Es ist ein häßliches, funktional wirkendes Viertel. Ich ›weiß‹, daß hier eine frühere Sekretärin von mir wohnt. Außerdem bemerke ich ein mir bekanntes Haus in Zürich, in dem früher ein Analytikerkollege gearbeitet hat. Das Viertel stößt mich ab. Die Atmosphäre ist grau und trist.

Auf einmal weiß ich mit Bestimmtheit: Nicht hier, sondern auf der gegenüberliegenden Seite des unheimlichen großen Platzes muß ich das ›Quartier latin‹ suchen. Es bleibt mir nichts anderes übrig, als ihn zu überqueren. Plötzlich befinde ich mich mitten auf diesem Platz. Hier ist es düster und feucht. Von der Baustelle sehe ich nichts mehr. Überall Pfützen, Schlamm, Dreck, chaotisch herumliegende unbehauene Steinbrocken, niedrigere und höhere horizontale Stangen, unter denen oder über die ich kriechen bzw. klettern muß. Es wird immer dunkler. Es riecht feucht und modrig. Um mich herum schemenhafte menschliche Gestalten, die ich mehr erahne als sehe. Nun ist es völlig dunkel. Erst tappe ich noch herum, dann krieche ich nur noch, doch ohne voranzukommen. Feuchte Wärme. Sie ist nicht unangenehm, aber sie fängt an, mich zu lähmen. Ein dumpfes Gefühl, daß ich von diesem Platz nie mehr wegkommen werde. Zur Dumpfheit gesellen sich Unruhe und Angst. Ich muß hier raus, doch komme ich nicht vom Fleck. Ich strenge mich an, um trotz der Dunkelheit sehen zu können. Mit ganzer Willenskraft konzentriere ich mich auf meine Augen und wiederhole den Satz: ›Ich muß sehen. Ich muß sehen.‹ Da merke ich körperlich, wie es in meinen Augen ganz warm, fast heiß wird. Diese Empfindung wühlt mich auf. Es ist wie ein Aufwachen mitten im Traum. Aber ich träume weiter.

Auf einmal wird es ganz hell. Ich bin an einem anderen Ort. Zuerst sehe ich nur gegenstandslose Helligkeit, dann, daß ich mich auf der anderen Seite des Platzes befinde. Es herrscht eine eigentümliche, fremde, ekstatische Atmosphäre, obschon das Szenario nichts wirklich Außergewöhnliches an sich hat. Vor mir beginnt eine auffällig lange Straße, an deren linken Seite sich eine unabsehbare Front mittelalterlicher Häuser aus rotbraunem Backstein erstreckt. Die einzelnen Häuser sind sehr breit, mit ausladenden Schrägdächern. Sie erinnern mich zum Teil an alte Lagerhäuser im Hamburger Hafen, zum Teil an Fassaden von Patrizierhäusern an Amsterdamer Grachten, nur sind diese etwas schmaler. Ebenfalls auf der linken Seite ganz in der Ferne steht ein im gleichen Backstein errichteter hoher achteckiger Turm mit stattlichem Durchmesser, wie ein romanischer Turm oben flach. Ich will mich in seine Richtung auf den Weg machen, da bemerke ich zur Linken direkt vor meiner Nase eine niedrige, unauffällige, kleine Kirche. Ich weiß, daß sie gewöhnlich geschlossen ist. Heute wurde sie für eine Kunstführung geöffnet. Ich trete ein. Ein schlichter, frühgotischer Innenraum. Die Expertengruppe im Chor lauscht den Ausführungen eines hageren Professors. Ich bleibe hinten in der Kirche stehen und bemerke links ein Fresko, das mich in seinen Bann zieht. Seltsam, daß es von der Gruppe nicht beachtet wird. Zwei, drei Schritte vor mir, wohl zu seinem Schutz, eine schmiedeeiserne Schranke. Vor diese trete ich hin und betrachte das Bild. Es stellt eine blonde, wunderschöne Frau dar, zugleich madonnenhaft durchgeistigt mit einem feinen und wachen Gesicht und sinnlich lebensfroh. Der erotische Hüftschwung fällt mir besonders auf. Auf einem Madonnenbild habe ich ihn noch nie gesehen, wohl aber auf altrömischen Darstellungen von Tänzerinnen. Dieses Bild ist das einzige, was mich in dieser Kirche noch interessiert. Anfänglich stört mich das gescheite Geplapper des Professors, doch dann bemerke ich es nicht mehr. Während ich ganz in das Bild versunken bin, meldet sich eine zweite Störung. Eine künstlich blondierte Frau stürzt exaltiert auf das Fresko zu, überpringt mit einem Satz die Schranke und preßt hektisch ihren Körper an das Bild, als wolle sie mit ihm verschmelzen. Ihre Distanzlosigkeit und Unruhe ärgern mich. Ebenso schnell und spukhaft, wie sie gekommen ist, verschwindet sie wieder. Jetzt bin ich ganz allein mit dem Bild, entzückt, ruhig, glücklich.

Auf einmal befinde ich mich wieder auf der lichtdurchfluteten Straße. Vor mir die lange Häuserfront und in der Ferne der oktogonale Turm. Es zieht mich vorwärts, und ich mache mich auf den Weg. Während ich gehe, sehe ich einen kurzen Moment, wie in einem Aufblitzen, daß vor mir auch die Frau, die auf dem ungewöhnlichen Marienfresko dargestellt war, geht. Das finde ich im Traum ganz natürlich und wundere mich nicht. Es sieht so aus, als folge ich ihr, doch eigentlich ist mir die Richtung selbst klar. Dann verschwindet sie, und ich gehe allein auf der langen Straße. Mit einem Gefühl von Freiheit, Süße und Intensität erwache ich.«

Diesen Traum Ihnen, meinen Leserinnen und Lesern, vorzuenthalten, hätte geheißen, von mir als Autor zu abstrahieren und Ihnen die Möglichkeit zu nehmen, in diesem Buch das zu finden, was wir in vielen Büchern heimlich oder offen suchen, nämlich Partner für einen inneren Dialog. Diese, wie ich meine, falsche Zurückhaltung jedoch würde dem Wesenszug unserer Träume widersprechen, eine Beziehung da herzustellen, wo bisher keine war.

Dieser Traum weist viele der für mich grundlegenden Eigenschaften eines Traumes auf. Während ich ihn erzählte und nun einige Schritte auf seiner Spur gehe, wurde und wird Ihnen vermutlich klarer, mit wem als Autor Sie es zu tun haben. Er ist der Ausgangsfokus, aus dem heraus ich die weiteren Themenkreise entfalten kann. Allerdings bin ich nicht in der Lage, Ihnen eine vollständige Analyse dieses Traumes zu geben, auch deswegen nicht, weil in bezug auf eigene Träume immer dunkle Flecken bestehenbleiben. Es geht mir um zweierlei: erstens, meine momentane persönliche Situation offenzulegen, soweit es mir im Rahmen dieses Buches sinnvoll und notwendig scheint, und zweitens, im konkreten Zusammenhang dieses Traumes auf Merkmale hinzuweisen, die vielen Träumen gemeinsam sind. Viele Einzelheiten dieses Traumes müssen unbesprochen bleiben, was sicherlich nicht heißt, daß ich mich mit ihnen nicht befaßt habe. In diesem Buch werden Sie eine große Zahl von Träumen und Träumern kennenlernen. Ich nehme mich davon nicht aus, sondern eröffne den Reigen. Ich gestehe, daß mir dies nicht leichtfällt.

Was ist der Ausgangspunkt des Traumes? – »Ich« trete aus dem Haus, in welchem ich die therapeutische Arbeit von Kolleginnen und Kollegen supervidiert habe. Das träumende Ich ist nur zum Teil mit dem wachen Ich identisch; deshalb die Anführungszeichen bei der ersten Erwähnung des Traum-Ich. Es ist empfänglicher sowohl für kreative als auch für komplexhafte Impulse aus dem Unbewußten. – Indem ich aus dem Haus trete, setze ich mich einer neuen Situation aus. Der Anfang eines Traumes entspricht oft der gegenwärtigen Lebenssituation des Träumers. Ich bin in meinem Leben mehrmals »aus dem Haus« getreten und habe mich von gewohnten Lebenssituationen verabschiedet. Zeigt der Traum, daß auch das Schreiben dieses Buches einen solchen entscheidenden Schritt bedeutet, und daß ich diesen aus innerer Notwendigkeit tun muß? Der Traum stellt mich gleich zu Beginn vor das Rätsel, ob das von mir gesuchte »Quartier latin« diesseits oder jenseits des großen, chaotischen Platzes liegt. Es wäre mir lieber, es läge diesseits, denn die unübersichtliche Baustelle zu überqueren, ist unbequem und mit unvorhersehbaren Risiken verbunden.

Das ist eine von mehreren Klippen, die ich in diesem Traum zu überwinden habe; ich muß dem Richtigen auch dann den Vorrang geben, wenn es unbequem und riskant ist. Solche Motive, die ich als Klippenmotive bezeichnet habe, leiten das ein, was Jung Verwicklung nennt – zweites Strukturelement im Ablauf eines Traumes. In der Ausgangssituation gibt es noch andere Klippen oder Versuchungen. Der Traum zeigt in der Folge bildhaft, wie ich sie angehe und mit ihnen fertig werde. Er kann es tun, weil er in einzigartiger Verdichtung meine gegenwärtige Situation, vergangene analoge Erfahrungen und genetisch vorgegebene Entwicklungsmuster zu einem schöpferischen Entwurf verbindet. Im Gegensatz zu diesem Traum gibt es viele – fremde und natürlich auch eigene – Träume, die vor solchen Energieklippen entweder abbrechen oder die Flucht zurück in vertraute Ausweichmanöver ergreifen.

Wie sehen die anderen *Klippen* aus, die der Traum thematisiert? Mit mir vor der Tür steht der Kollege Fabian, – ein ehrgeiziger junger Mann. Wie alle anderen Traumfiguren ist auch er als Ausdruck einer Versuchung ein Teil von mir. Lasse ich ihn möglichst ohne moralische Kontrolle frei aus mir sprechen, so sagt er: »Ich muß mein Buch bis ins letzte rational und logisch durchplanen und nichts dem Zufall überlassen. Das mir so wichtige ›Quartier latin‹ – eine Art Gelobtes Land – ist ausschließlich durch vernünftige, vorausseh- und begründbare Denkschritte zu erreichen. Zwischen mir und ihm darf nichts Chaotisches liegen. Baustellen gehören nicht in ein Buch. Ein Werk ist dazu da, das im Autor bereits vollendete ›Bauwerk‹ abzubilden. Also bitte schön: Keine Experimente! Ich bleibe beim Handwerkszeug, das ich an renommierten Institutionen wie im Jung-Institut Zürich gelernt habe. Was bilde ich mir eigentlich ein, wenn ich neue Wege ausprobiere? Das tut heute bald jeder zweite. Bei aller Befriedigung habe ich in letzter Zeit, da ich eigene Wege ging, auch viel Einsamkeit erlebt. Außerdem: Erfolg will geplant sein. – Ich überlege mir, wie das ein Spezialist für NLP (Neurolinguistisches Programmieren) machen würde und lasse meine Bedenken beiseite. Waren meine letzten Bücher nicht zu introvertiert? Sollte ich jetzt nicht das schreiben, was viele Leute lesen wollen? Dem, der es nicht liest, nützt das beste Buch nichts. – Hatte ich nicht mit mehreren Büchern beachtlichen Erfolg? Was ist eigentlich mit mir los? Werde ich alt? Den großen Platz zu überqueren, ist mir zu riskant.«

Eine zweite Versuchung ist der ersten ähnlich. Auf der Stadtseite, wo ich gern bleiben möchte, liegt das Haus eines Analytikerkollegen, mit dem ich früher Kontakt hatte. Ein langweiliger Mann, der sowohl sich als auch seine Arbeitsweise in zwanzig Jahren kaum verändert hat. Ich habe mich einige Male über ihn mokiert, doch auch insgeheim seine Beständigkeit bewundert. Auch ihn lasse ich möglichst ohne moralische Kontrolle aus mir sprechen, so, wie es mir gerade einfällt: »Auf mich kann man sich verlassen, sowohl meine Frau und meine beiden Kinder als auch meine Patienten. Alle wissen, woran sie mit mir sind und worauf sie sich in der Therapie einlassen. Das schulde ich ihnen. Von den narzistischen Eskapaden vieler Kollegen halte ich wenig. Meine Patienten haben ein Recht darauf, daß sich ihr Therapeut einer angesehenen Schule verpflichtet fühlt. Seit über zwanzig Jahren arbeite ich im gleichen Haus, im gleichen Stil. Das ist für mich eine Frage der Verantwortung. – Nun mache ich mich daran, ein Buch über Träume zu schreiben. Davon gibt es schon eine ganze Menge. Gleichwohl! Das bewährte jungianische Modell der Schattenintegration birgt in jeder Hinsicht ungeahnte Möglichkeiten. Nicht nur auf Träume, sondern auch auf Märchen läßt es sich endlos und locker anwenden. Mit dem Modell der Schattenintegration kann man mit regelmäßigem Erfolg ein Buch nach dem anderen schreiben. Verkünden nicht bereits die Pfarrer von der Kanzel den inneren Froschkönig? Nur böse Zungen behaupten, das sei munteres Geplapper über nicht wirklich gefühlte tiefe Dinge.«

Auch das Haus einer früheren Sekretärin liegt für den Traum im Stadtteil, wo ich mich zu Beginn befinde. In der Tageswirklichkeit wohnte sie irgendwo auf dem Land. Sie arbeitete sehr sorgfältig, nur mangelte es ihr etwas an Eigeninitiative und Selbständigkeit. Ich schätzte ihre Zuverlässigkeit. Auch ihr, das heißt diesem Teil von mir, gebe ich das Wort: »Mein wichtigstes Ziel: eine saubere Arbeit zu schreiben, hieb- und stichfest in jeder Einzelheit. Kritik fühle ich mich nicht gewachsen. Deshalb erfülle ich peinlichst meine Pflicht. Ich schreibe ein ordentliches, nützliches, verantwortungsvolles Buch, damit mich am Ende alle anerkennen und meiner Sorgfalt Bewunderung zollen. Wer zuviel wagt, riskiert Ablehnung. Ich hoffe, einige werden mich dafür sogar lieben, weil ich mich doch so angestrengt habe.«

Nachdem ich die drei Figuren, die sich für den Verbleib im Diesseits des chaotischen Platzes, der großen Baustelle, ausgesprochen haben, frei von der Leber weg habe sprechen lassen – allerdings, ich gestehe es, manchmal mit einer Prise Selbstironie –, plagt mich eine graue und triste Stimmung, noch stärker als an dieser Stelle im Traum selbst. Sie quält mich so sehr, daß ich es kaum mehr aushalte. Sicher, von jedem dieser drei habe ich Wichtiges zu beherzigen, einiges von diesen »Schattenfiguren« muß ich in der Tat integrieren, doch in bezug auf die Folgerung, die sie ziehen, haben sie unrecht; das spüre ich ganz deutlich. Ich weiß nicht weiter, aber hierbleiben kann ich nicht. Meinem eigenen Lebensdrang schulde ich etwas anderes. »Mehr vom Gleichen« würde mich in Raten umbringen. Ich muß die andere Seite des Platzes erreichen, und ich will es. Ich erinnere mich, daß ich vor fünf Jahren einem befreundeten Kollegen gegenüber nach einer folgenschweren Lebensentscheidung betont habe: »Vielleicht komme ich dabei um. Aber mein Leben will in diese Richtung.« Und ich bin nicht umgekommen, im Gegenteil, lebendiger bin ich geworden, auch wenn deutliche Risiken und Unsicherheiten heute noch bestehen. Das »Quartier latin« liegt nicht hier, sondern auf der anderen Seite des riesigen, unheimlichen Platzes. So wundert es mich nicht, daß mich der Traum plötzlich mitten auf diesen Platz – und damit in neue Versuchungen, vor neue Klippen und Aufgaben versetzt.

Auf dem Platz herrscht großes Chaos. Es ist unordentlicher als jeder Bauplatz, den ich bisher gesehen habe. Überall versperren mir horizontale Stangen wie Verbotsschranken den Weg: »Betreten der Baustelle verboten«, und doch muß ich durch. Wer einen neuen Weg sucht, mißachtet alte Verbote und lädt Schuld auf sich. Es bleibt mir nichts anderes übrig, als zu kriechen oder zu klettern. Noch gibt es hier keine vorgebahnten Wege, keinerlei vorgesehene Orientierung. Das wirkt mit der Zeit lähmend. Außerdem sehe ich fast nichts mehr. Und das ist die nächste Versuchung: »Ich kann nicht mehr.« Vor dem schwierigen Projekt, ein Buch über Träume zu schreiben, fühle ich mich wie gelähmt. Ich habe weder Schwung noch Übersicht. Die anfängliche innere Bewegung erlahmt. Ich tappse herum wie ein blinder Maulwurf oder wie ein Kleinkind, das die ersten Schritte versucht. Der feste Boden unter den Füßen fehlt mir. Es wird immer schlimmer. Durch Pfützen und Dreck krieche ich, wie in einer dumpffeuchten Höhle gefangen. Denn es geht nicht mehr voran. Sogar das Kriechen fällt mir jetzt schwer. Und um mich herum wird es eng. Ich verliere die Kontrolle über meine Bewegungen, fuchtle herum wie ein Neu- oder sogar Ungeborenes. Nun meldet sich Angst. Ich empfinde sie als Enge in der Brust. Dabei werde ich immer unruhiger. Die unkoordinierten Bewegungen von Armen und Beinen nehmen zu: »Ich muß hier raus!«, und dann: »Ich muß sehen. Sehen muß ich.« An diesem Punkt richte ich meine Aufmerksamkeit auf das körperliche Empfinden meiner Augen als Organ. Das tue ich bereits im Traum, vielleicht, weil ich es schon viele Male im Wachzustand geübt und andere dazu angeleitet habe. Was ich im Zusammenhang mit diesem Klippenmotiv schildere, ist keine Phantasie, keine bloße Vorstellung, kein visueller Einfall. Mit geschlossenen Augen, wie in einer leichten Trance, bewege ich mich in meinem Arbeitsraum, der sich zum Potsdamer Platz, zur Bau- und Umbruchstelle meines Traumes wandelt, und erfahre in spontaner Bewegung, in der Freiheit aufmerksamen Geschehenlassens von Gebärden, all das, was ich hier wiedergebe, ohne dabei den Traum bloß zu imitieren. So arbeite ich seit vielen Jahren mit anderen, nicht immer, aber ab und zu, vor allem, wenn sich ein Mensch in einer kritischen Situation befindet. Und während ich nun im Empfinden meiner Augen ausdauernd verweile, wird es in ihnen gleichzeitig warm und hell. Tränen steigen hoch. Eine neue, flüssige Stimmung breitet sich aus. Ich empfinde sie als »jenseitig«, das heißt nicht von dieser, meiner alten, bisherigen Welt, sondern gnadenhaft als Eigenes mir bestimmt. Wie immer sie sich im einzelnen entwickeln wird, – zunächst einmal ist sie einfach hell, gegenstandslose Helligkeit: Zwischen mir und meiner Lebensspur gibt es keine Dunkelheit, keinen undurchsichtigen Abstand mehr.

Im schnellen, flüssigen Übergang füllt sich die neue Welt mit neuen Gestaltungen, und sogleich taucht ein weiteres Klippenmotiv auf, das der Grandiosität: »Wie überwältigend! Diese ganze neue Welt gehört mir. Eine lange Straße öffnet sich vor mir; ein achteckiger Turm bietet sich als Ziel an. Welch erhabenes Gefühl! Immer nur nach vorn schreiten! All meine alten Probleme sind auf einen Schlag gelöst.« Gäbe ich jetzt diesem Zug ins Totale nach und übersähe den kleinen Anfang, dann würde alles Folgende zur sich rasch erschöpfenden Schaumschlägerei. Die Versuchung zur Großartigkeit, wenn sich nach langer Leere Fülle zeigt, die berauschende Verlockung des Ganzen und die Verachtung des Anfängergeistes, die eitle Selbstaufblähung mit dem, was mir doch geschenkt wurde, die Verlockung törichter Selbstgefälligkeit: »Wie wunderbar ist doch dieser Traum: mein Werk! Welch faszinierende archetypische Stadtansicht, was für ein eindrückliches Seelenbild, zusammengesetzt aus sechs der interessantesten europäischen Großstädte!« – Wie froh bin ich jetzt, da ich meinen Traum noch einmal durchlebe, über den kleinen Rest heilsamer Nüchternheit, der mich zufällig mit der Nase auf die kleine, unscheinbare Kirche zu meiner Linken stoßen läßt! Ihre Tür ist dank einer Expertengruppe offen, vermutlich Kunsthistoriker. Solide Wissenschaftlichkeit stößt manche Tür auf, auch wenn sie sie später oft wieder zuschlägt. Als Türöffnerin will ich sie gern gebrauchen. Da sie mit harter Arbeit verbunden ist, schützt sie vor Überheblichkeit.

Eben an dieser Stelle meldet sich bereits die nächste Klippe, die nächste Versuchung: Ich bin der hagere Professor, dessen Ausführungen die Kunstbeflissenen interessiert lauschen. Ich bin der asketische Professor, der sich daran macht, für »Traumbeflissene« ein Buch über Träume zu schreiben: »Gott sei Dank bin ich kein Psychotechnokrat, der den Traum als Produkt einer gut geölten Seelenmaschine betrachtet. Träume sind herrliche Kunstwerke des Geistes. In ihnen verflechten sich auf kunstvollste Weise Einflüsse verschiedenster Epochen aus dem Leben des Träumers. Diese aufzuschlüsseln, bemühe ich mich leidenschaftlich. Dabei trete ich selbst ganz zurück. Mein Leben steht im Dienste der Kunst des Träumens. Wer ich als einzelner Mensch bin, und was ich bei einem Traum, der mir erzählt wird, fühle, ist gleichgültig. Deshalb wage ich es auch, mich ganz vorn in den Chor zu stellen. Ich zähle nicht. Ich bin da und nicht da. Im Dienst am entstehenden Traumbuch löse ich mich auf. Daß ich schon fast vom Fleisch falle, ist Nebensache. Was bedeutet schon mein verkrümmter Körper angesichts des kunstvollen Gebildes eines Traumes!«

Je länger ich den verdienstvollen Professor aus mir sprechen lasse, desto mehr kommt mir das Lachen. Ich fühle mich wohl in meinem Leib, genieße gern Sexualität und Essen. Der Platz vorn im Chor war mal meiner, aber ist es nicht mehr. Wohler fühle ich mich nahe der Eingangstür.

Hier – wie auch an anderen Stellen des Traumes – zieht es mich nach links, zur Seite des Herzen, wo mir aus der uralten Mauer, aus dem ehrwürdigen Fresko eine junge, blonde, leuchtende Frau entgegentritt, die vieles von dem in sich vereint, was mir Frauen seit meiner ebenfalls blonden Mutter geschenkt haben. Sie woben den Stoff für das Bild meiner Seele. Hier nicht Jungs Begriffsbild der *Anima* – Seelenbild des Mannes – zu erwähnen, wäre feige Unterlassung. Die Frau in meinem Traum ist nicht nur jungfräuliche Mutter Gottes, offen für die Befruchtung durch den Geist, sondern auch sinnliches Weib mit tänzerischem Schwung der Hüften, und genau diese Verbindung fasziniert mich. Doch unerwartet meldet sich mit frecher Zudringlichkeit die nächste Versuchung. Daß auch die exaltierte Wasserstoffblondine, die ihren sich unnatürlich verrenkenden Leib schamlos an das mir so kostbare Bild klebt, einen Aspekt meiner selbst bedeuten soll, ist mir besonders widerwärtig und erfüllt mich mit Scham. Da kommt mir eine Erinnerung: Als neunjähriger Knabe spielte ich einmal beim Spazieren vor den Blicken meiner Eltern und Geschwister mit prickelnder Lust ein solches exaltiertes Hurenweib. Da tauchte aus der entgegengesetzten Richtung ein von mir tief verehrter Priester auf, und ich schämte mich in den Boden hinein. Wohl oder übel muß ich jetzt auch ihr das Wort geben, – sie aus mir sprechen lassen: »Ich verstehe mich auf wirkungsvolle Effekte. Das macht Spaß. Ich brauche Kicks. Langweilige Bücher gibt es genug. Mir kommt das Gähnen, wenn ich dem Professor da vorn zuhöre. Übertreibungen geben dem Leben Würze. Wem schadet es schon, wenn ich ab und zu die blöde Schranke überspringe, die Bildungsbürger um psychologische Buchprojekte herum aufrichten. Meine Kunst besteht darin, zu verwischen, daß zwischen mir und der Freskofrau ein Unterschied besteht. Deshalb presse ich mich hemmungslos eng an den Leib der

Freskofrau und verschmelze mit ihr. Und noch einmal: Das Verwirrspiel macht mir Spaß.« Welch merkwürdige Erfahrung! Während ich das schamlose, verlogene Weib aus mir sprechen ließ – es herausließ –, löste es sich allmählich auf, und jetzt ist es wie durch Spuk verschwunden. Nun fällt es mir auch leichter zu sagen, daß ich diese lustige Frau mag. Ihr frecher Pfiff hindert mich daran, wie gelähmt vor dem Frauenbild zu meiner Linken in Andachtsschaudern zu erstarren und mich selbst zum Heiligen – zum Säulenheiligen auf dem oktogonalen Turm, zu einem Symbol des schöpferischen Geistphallus – hochzustilisieren.

Nun befinde ich mich wieder vor der Kirche und am Anfang eines langen Weges. Die Figuren, die sich mir scheinbar als Hindernisse hemmend entgegengestellt haben, wirken in neuer, gewandelter Form an der Entstehung dieses Buches mit. Jung würde sie nicht nur Schattenfiguren, sondern auch Komplexpersönlichkeiten nennen: regelrechte Energiebündel, deren Kraft ich nutzen kann, solange ich mich ihnen nicht ausliefere. Vermutlich wird mich ab und zu die eine oder andere erneut mit einem unpassenden Totalitätsanspruch bedrängen. In diesem Fall werde ich versuchen, sie wie alte Bekannte zu begrüßen und sie daran zu erinnern, daß sie kein Recht haben, mich ganz zu bestimmen. Dann werde ich sie einladen, ein Stück Weg mit mir zu gehen, mich mit ihnen unterhalten und sie fragen, welchen Beitrag sie zu meinem Buch leisten können.

Zum Schluß erinnere ich an die unbehindert fließenden Ressourcen, die sich mir in diesem Traum offenbart haben. Das antike „Quartier latin" – lateinische Viertel –, nicht identisch mit dem gleichnamigen Intellektuellen- und Künstlerviertel in Paris: wohl ein Bild für die innere Stadt, die archetypische, jedem Menschen intuitiv zugängliche Struktur, die im Aufbau dieses Buches über Träume in Erscheinung treten will. Sollte ich mich beim Schreiben in

Details oder Überlegungen, die vom wesentlichen wegführen, verlieren, dann werde ich versuchen, innezuhalten und mich zu fragen: »Wo liegt das ›Quartier latin‹? Worum geht es wirklich? Was ist das Grundmuster?« Zur Beantwortung solcher Fragen werde ich gleichzeitig den Kontakt mit dem jeweiligen Thema und mit meiner Seele anstreben.

Eine weitere Kraftquelle, wohl die entscheidende, ist das Vertrauen in die Wandlung, das mich auf dem großen, dunklen, chaotischen Platz bis zum Embryo im feuchten, warmen, dunklen Mutterleib hat zurückgehen lassen. Zu diesem Vertrauen gehört viel Geduld. Wie bereits im Geschriebenen werde ich auch in dem noch zu Schreibenden oft steckenbleiben. Dies soll mich zum Innehalten veranlassen, zum notwendigen Bebrüten eines innen wachsenden neuen Wesens. Aus der Leere und Ratlosigkeit in solch bangen Momenten wächst der Samen zum Nächsten.

Insgesamt erscheint mir dieser Traum – und darin ist er, wie ich zeigen werde, keine Ausnahme – als *Parabel einer neuen Geburt.* Das triste Stadtviertel am Ausgangsort versinnbildet das bisherige überlebte Leben (erster Teil: »altes Leben«). Darauf folgt der Übergang zum »Potsdamer Platz«: das Eingehen in eine neue, mit Komplikationen verbundene Seelenschwangerschaft (zweiter Teil: »Schwangerschaft«). Sie wird gefolgt von der Ankunft auf der anderen Seite des Platzes und vom Betreten der kleinen Kirche (dritter Teil: »Eintritt in den Geburtskanal«) und schließlich vom Heraustreten aus der Kirche und vom Beginn eines neuen Lebensweges (vierter Teil: »Geburt«). Mit der Führerin auf diesem Weg, der hier anfängt, habe ich mich bereits in der kleinen Kirche verbunden. Auch wenn ich mich auf ein Zielfanal – den achteckigen Turm – zubewege, besteht das »neue Leben nach der Geburt« – das Schreiben dieses Buches – gleichwohl nicht im Erreichen eines fernen Ziels, sondern im Unterwegssein. Die aristotelische Philosophie nennt dies »*Entelechie*«, das heißt nicht: *am* Ziel sein, sondern wörtlich: *im* Ziel sein, das heißt, sich in der Gegenwart zielsicher bewegen. Darin besteht die Lysis – Lösung – dieses Traumes.

Im Anschluß an die Ausgangssituation (Exposition), die Verwicklung und den Umschlagpunkt (Peripetie) bildet die Lysis für Jung die vierte und letzte Etappe eines Traumes. Ich ziehe es vor, für den Aufbau eines in seinem Ablauf vorläufig abgerundeten Traumes – eines Kreativtraumes – anstelle der Struktur des antiken Dramas die *Geburtsmetapher* zu gebrauchen, also erstens: das alte Leben vor der symbolischen Schwangerschaft (Exposition), zweitens: die Seelenschwangerschaft (Verwicklung), drittens: der Eintritt in den Geburtskanal, bei dem Entscheidendes geschieht (Kulmination oder Peripetie), viertens: die Geburt (Lysis), Wandlung zu einem neuen Leben. Die Geburtsmetapher ist dem Traum als organischem Prozeß näher als die Strukturmetapher des antiken Dramas, tauchen doch in den Träumen selbst immer wieder symbolische Bilder auf, die sich auf die vier Phasen der Wandlungsgeburt beziehen. Die Geburtsmetapher ist auch inhaltlich passender: Die symbolische Geburt am Schluß eines Traumes versinnbildet die Entwicklungsdynamik eines Menschen, während die Lysis im antiken Drama die kathartische (wörtlich: reinigende), also entlastende Wirkung meint, welche die unausweichliche Tragik und Schicksalsverfallenheit der Protagonisten auf die Zuschauer ausübt. Ich komme im nächsten Kapitel darauf zurück.

Zum Schluß wende ich mich dem oktogonalen Turm zu, gehalten in den gleichen gefühlswarmen, rotbraunen Farbtönen wie die Häuserfront zur Linken, also wiederum auf der Herzseite: Betrachtet in seiner Grundform, liegt das *Achteck* zwischen Viereck und Kreis, verbindet also Struktur und Fluß. Außerdem bildet die Acht durch Verdoppelung eine Verstärkung der Vier, die erste Zahl, in der auch das Irdische, Weibliche, das Gefühl, die Intuition, das ganzheitliche, »polyperspektivische« und leibliche Denken (Nietzsche) ihren Platz finden. Die Acht bedeutet die Manifestation des Geistigen im Irdischen. Aus diesem Grund sind die Baptisterien – Taufkirchen oder -kapellen – als Achteck gebaut, soll doch in ihnen die »Vergöttlichung« des irdischen Menschen stattfinden. In der christlichen Zahlenmystik versinnbildet sie auch die Auferstehung Christi und ist Symbol eines neuen Lebensbeginns und auch des ewigen Lebens, zu dem die Taufe hinführt. Von daher wird es verständlich, daß nicht nur Baptisterien, sondern auch Mausoleen in Form eines Achtecks gebaut sind.[1] Die Acht ist also die Zahl des Irdischen, insofern sich dieses mit einem ordnenden, sinngebenden, geistigen Prinzip verbindet, oder umgekehrt des Geistes, insofern er den Weg in den Körper und die Welt findet. Der erste Gesichtspunkt ist der christliche: In ihm geht es um die *»Theiosis«*, d. h. die Vergöttlichung des Fleisches. Der zweite Gesichtspunkt dagegen ist der meines Traumes: Ich staune nicht über die Geistigkeit, sondern die Sinnlichkeit der »Madonna«. Der Übergang zu dieser Verbindung ist der Schritt von der Sieben zur Acht: vom Ende eines Zyklus zu einem neuen Anfang. Eben diese Verbindung kündigte sich bereits in der um die sinnlich-irdische Dimension ergänzten Madonna in der kleinen Kirche an. Mit der sinnlichen Qualität der Träume meine ich nicht an erster Stelle die sexuellen Motive, die oft in ihnen auftreten, sondern ihre allgemeine Dynamik auf Ver-Wirklichung hin. Der Wert dieses Buches scheint davon abzuhängen, ob es mir gelingt, den entscheidenden Schritt in die natürliche Verbindung von Geist und

1 H. Sachs et al. (Hrsg.), Wörterbuch zur Christlichen Kunst, o. J., Stichwort Zahlensymbolik, S. 374, o. J. Hanau.

Körper, den Schritt vom Traum in die Lebensbewegung, Ihnen, meinen Leserinnen und Lesern, zu vermitteln.

Außerdem: Das oktogonale Gebäude im Traum ist ein *phallisch* ragender Turm: Als solcher bringt er mich in lustvollen Kontakt mit meiner männlichen Kraft, die ich in den Dienst dieser Verwirklichung und Verleiblichung stelle. Ohne sie könnte ich kein Buch schreiben, und schon gar nicht eins über Träume. Der Weg des Schreibens liegt zwischen aktivem Vor- und Eindringen und passivem – keineswegs untätigem! – Aufnehmen. Träume – nicht nur von Männern, sondern ebenso von Frauen – tendieren dazu, zwischen diesen beiden ein dynamisches Gleichgewicht herzustellen. Auch das ist ein Aspekt der durch Träume geleisteten psychischen Verdauungs- und Integrationsarbeit. Ein Buch über Träume muß in diesen natürlichen Vorgang einstimmen. Den ganzen bevorstehenden Weg entlang liegen große, schöne Häuser, die mich an die stattlichen Lagerhäuser im Hamburger Hafen erinnern. Ich kann mir kein passenderes Bild für die unterwegs bereitstehenden Ressourcen vorstellen. Auch sie liegen links. Zu meiner Rechten dagegen – der Seite des Intellekts und analysierenden Verstandes – besteht offenbar, aus der Sicht meines Traumes, kein Bedarf an noch nicht vorhandenen Hilfsquellen. So werde ich also versuchen, meinen Weg zwischen den Häuserfronten links und rechts, entlang der Grenze zwischen Herz und Verstand zu gehen.

3
Freuds und Jungs Modelle der Traumdeutung: Versuch einer Synthese

Sigmund Freud

1899 vollendete Sigmund Freud sein großes Werk, die *Traumdeutung*, das er 1900, am Anfang des neuen Jahrhunderts, veröffentlichte. Er schreibt zu Beginn: Ich werde den Nachweis erbringen, »daß es eine psychologische Technik gibt, welche gestattet, Träume zu deuten, und daß bei Anwendung dieses Verfahrens jeder Traum sich als ein sinnvolles psychisches Gebilde herausstellt, welches an angehbarer Stelle in das seelische Treiben des Wachens einzureihen ist«.[1] Diese Technik bedient sich der *freien Assoziation*, die Freud so beschreibt: »Wir können einfach der chronologischen Ordnung folgen, wie sie sich bei der Erzählung des Traumes herausgestellt hat... oder wir können den Träumer weisen, sich zuerst die Tagesreste im Traum herauszusuchen... Wenn wir diesen Anknüpfungen folgen, haben wir oft mit einem Schlag den Übergang von der scheinbar weit entrückten Traumwelt zum realen Leben des Patienten gefunden. Oder wir heißen ihn, mit jenen Elementen des Trauminhalts den Anfang zu machen, die ihm durch ihre besondere Deutlichkeit und sinnliche Stärke auffallen... Es macht keinen Unterschied, auf welche Arten wir uns den gesuchten Assoziationen nähern.«[2] Auf diese Weise entsteht ein Netz zusammenhängender Gedanken, das eine Verbindung zwischen Traum, gegenwärtigen Lebensumständen

1 S. Freud, GW 2, S. 1.
2 S. Freud, GW 15, S. 11.

und Erinnerungen aus der Vergangenheit herstellt. Beim freien, das heißt unbehindert schweifenden Assoziieren gilt es, darauf zu achten, daß bestimmte, vor allem peinliche Einfälle nicht vermieden werden, auch wenn sie schamlos, absurd oder unwichtig scheinen. So offenbart sich nach und nach hinter dem manifesten, das heißt dem bewußt erinnerten Traum der latente, das heißt der darunterliegende, verborgene Trauminhalt, welcher die eigentliche Aussage des Traumes, die Traumgedanken, enthält. Diese Rückführung des manifesten Traumes zu seinen verborgenen Gedanken auf dem Weg der freien Assoziation nannte Freud »den Traum deuten«.

Warum träumen wir das mit dem Traum Gemeinte, den Trauminhalt, nicht direkt und unverschlüsselt? Weil er, so Freud, einen verpönten Wunsch enthält, den der *Zensor* nicht in den manifesten Traum passieren läßt. Wer ist dieser Zensor? Eine Art Aufpasser, nicht so streng wie das Über-Ich im Wachbewußtsein, aber wie dieses im Dienste der das Ich beherrschenden, verdrängenden Tendenzen. Warum braucht es sogar im Schlaf einen Aufpasser? Weil wir, so Freud, ohne ihn nicht weiterschlafen könnten: Der nicht entstellte, direkte Traum würde uns zu schnell aufwecken und so die in der Tageswirklichkeit versagte Wunscherfüllung auch im Schlaf vergällen: Wir würden aufwachen, bevor wir diese hätten träumend erleben können. Der Traum ist *Hüter des Schlafes*, und zu diesem Zweck inszeniert er *Wunscherfüllung*.

Aus dieser gerafften Zusammenfassung geht hervor, daß der im latenten Trauminhalt verborgene Sinn des Traumes in einer Wunscherfüllung, oder – wie Freud später präzisierte – im Versuch einer Wunscherfüllung liegt, und daß der Zensor dank seiner Wächterfunktion diese dem Träumer indirekt ermöglicht. Deshalb sein Bemühen, den Traum zu entstellen, soll doch der Schläfer so lange weiterschlafen dürfen, bis sich der im Traum verborgene Wunsch halluzinatorisch soweit wie möglich erfüllt. Gelingt dies nicht, wie zum Beispiel in *Angstträumen*, erwacht der Träumer. Diese treten laut Freud dann auf, wenn der Zensor einen direkten Wunsch, vor allem den nach verbotener Sexualität, nicht soweit entstellen kann, daß der Schläfer sich ihn im Traum zu erfüllen vermag. Ist also der Zensor überfordert, steigt im Träumer Angst vor dem jetzt übermächtigen Wusch hoch und weckt ihn. Der Sinn des Traumes, nämlich dem Träumer solche Wünsche zu erfüllen, die er sich im Wachzustand verbietet, gehorcht also dem Zweck des Traumes, der Hüter des Schlafes zu sein.

Eine kunstvolle Arbeit der Spurenverwischung ist nun angesagt. Dazu verfügt die unbewußte Psyche über einige virtuose Techniken, denen die von der Psychoanalyse entwickelte detektivische Methode der freien Assoziation auf die Schliche zu kommen versucht: Durch letztere soll die Entstellungsleistung des Unbewußten wieder rückgängig gemacht werden. Die Techniken der Psyche, die darauf abzielen, daß sich der Träumer soweit wie nur möglich heimliche, verpönte Wünsche erfüllen kann, faßt Freud im Begriff *Traumarbeit* zusammen. Darunter versteht er die unbewußte psychische Tätigkeit, die den latenten Trauminhalt in den manifesten Traum verwandelt. Letzterer präsentiert sich wie ein Bilderrätsel, dessen Zeichen übersetzt werden müssen. Nur in Kinderträumen und den eher seltenen direkten Träumen Erwachsener kommt der Wunsch unverhüllt zum Ausdruck. Zu diesen gehören Träume, in denen elementare Bedürfnisse wie Hunger, Durst, Harndrang oder der Wunsch nach Schmerzlinderung ihren Ausdruck finden und träumend befriedigt werden. In allen anderen Fällen kommt die Traumarbeit zum Zuge. »Durch die Produktion von Abschwächungen, Annäherungen, Anspielungen an Stelle des Eigentlichen, Akzentverschiebungen oder totale Umgruppierungen der Inhaltselemente wird der manifeste Traum den latenten Traumgedanken völlig unähnlich.«[3] – Freuds Auffassung, daß die Entstellung des im Traum eigentlich Gemeinten die Regel ist, während direkte Träume bei Erwachsenen eher die Ausnahme bilden, wird – dies sei kurz bemerkt – auch von einigen zeitgenössischen Psychoanalytikern wie Winicott nicht geteilt.

Welcher *Mechanismen* bedient sich die Traumarbeit? Freud erwähnt *fünf*: Der erste ist die Tendenz zur *Verdichtung*, die auch im Wachzustand anzutreffen ist, und zwar immer dort, wo etwas Gemeinsames hervorgehoben werden soll, wie etwa in Gattungsbezeichnungen. Im Traum jedoch dient die Verdichtung der Entstellung des ursprünglichen Wunsches, zum Beispiel kann der Traum durch die Betonung der Gemeinsamkeiten zweier Personen dem Wunsch dienen, die unangenehmen, zu verdrängenden Seiten einer der beiden zu verbergen.

Ich habe bereits betont und am Beispiel meines Anfangstraumes zum Teil veranschaulicht, daß der Verdichtungsvorgang im Traum einem viel umfassenderen Zweck dient, nämlich einen schöpferischen Integrationsprozeß zwischen der aktuellen Lebenssituation des Träumers, seiner vergangenen Biographie bis zurück in den Mutterleib, der ihn prägenden und herausfordernden Umwelt und dem in ihm angelegten Entwicklungsplan in Bewegung zu setzen. Oft zeigen Traumverdichtungen symbolisch eine lebbare Verbindung zwischen all diesen Faktoren auf. Zugunsten unserer Lebenssynthese werden von uns manchmal auch Opfer gefordert. Zum Beispiel müssen wir unter Umständen auf die isolierte Befriedigung eines einzelnen Bedürfnisses verzichten, doch liegt dieser Verzicht in der menschlichen

3 A. Becker, Über die psychoanalytische Theorie des Traumes, in: Tiefenpsychologie Band 1, S. 318.

Natur: Unsere Entwicklung zielt nicht auf eine einseitige, sondern eine möglichst ganzheitliche, integrierte Persönlichkeit hin. Der natürliche Entwicklungstrieb ist dem Lust- und dem Realitätsprinzip übergeordnet und schließt beide ein. So dient die Verdichtungsdynamik im Traum der Herstellung eines psychischen Gleichgewichts. Sie ist Teil der Selbstregulierung im menschlichen Organismus. – Daß innerhalb dieses umfassenden Prozesses auch Entstellungen des im Traum ursprünglich Gemeinten im Sinne der Psychoanalyse auftreten, halte ich für offensichtlich. Sie begegnen mir in vielen Träumen. Doch müssen wir das, was Freud Entstellung durch Verdichtung nennt, als einen zum Teil gelungenen, zum Teil mißlungenen Versuch zur Integration auffassen, oder genauer: als die unter den jetzigen Umständen bestmögliche Integration. Auch die entstellende Traumarbeit zielt letzlich auf eine Synthese der Gesamtpersönlichkeit hin.

So träumte neulich eine Klientin von ihrem Geliebten, der im Traum einige Gesichts- und Wesenszüge ihres Vaters hatte. Sie erfüllte sich im Traum den verpönten Wunsch nach einer inzestuösen Beziehung mit ihrem Vater. Hinter dem Geliebten verbarg sich der Vater. Aus dem Kontext ihrer Assoziationen und unserer Gespräche ging dies klar hervor. Doch war das alles? Im unbefangenen weiter schweifenden Assoziieren der Träumerin stellten sich aus der Verdichtung von Freund und Vater nach und nach noch zwei andere Bedeutungen heraus: Erstens hatte ihr Freund tatsächlich vieles mit ihrem Vater gemeinsam; das hatte sie bisher verdrängt, weil sie unbewußt die Liebe zum Freund nicht mit ihrer konflikthaften Beziehung zum Vater belasten wollte. Es ist leicht einzusehen, daß durch die Verdrängung eben dies geschah. Zweitens half ihr paradoxerweise die Verdichtung von Freund und Vater, sich vom letzteren etwas zu lösen. Warum? Indem der Traum an erster Stelle nicht den Vater, sondern den Freund zeigte, setzte er in der Träumerin eine Dynamik vom Vater zum Freund in Gang: Die Energie, die bisher das Bild ihres Vaters besetzte, begann, sich in die Beziehung zu ihrem Geliebten hinein zu verschieben. – Dieser spontane Einfall hatte für die Frau Evidenzcharakter: »Meine Energie verlagert sich vom Vater zum Freund. Das gibt mir ein Gefühl von Zuversicht und tut mir gut.« – In diesem letzten Einfall kommt die Entwicklungsdynamik der Träumerin zum Ausdruck. Zusammen mit den beiden anderen Aspekten – verdrängter Inzestwunsch und Verdrängung der Gemeinsamkeiten des Freundes mit dem Vater – ergibt er ein realistisches Bild, und der Verdacht auf Verdrängung des Inzestwunsches durch diese letzte Assoziation fällt dahin. Dies wurde durch den weiteren Verlauf ihrer Psychotherapie bestätigt. Die Lösung aus der inzestuösen Vaterbeziehung und die zunehmend realistischere Beziehung zum Freund bildeten von nun an deren Hauptdynamik. – Ich könnte viele ähnliche Beispiele, die für einen erweiterten Verdichtungsbegriff sprechen, anführen. Nicht nur in diesem Zusammenhang fällt mir Freuds Tendenz zur dogmatischen Verallgemeinerung auf.[4] Die meisten seiner Einsichten stelle ich nicht in Frage, wohl aber deren Verabsolutierung. Das war es auch, was von seiner Seite her zum Bruch mit einigen seiner begabtesten Schüler beigetragen hat und was die Psychoanalyse immer noch mit dem religiösen Nimbus eines fast unantastbaren Wahrheitsanspruchs umgibt. Dieser erschwert die offene, empirische Wahrnehmung des Gegebenen.

In dem ausführlich vorgestellten Ausgangstraum zu diesem Buch gibt es mehrere Verdichtungen, keine jedoch scheint mir der Entstellung eines verpönten Wunsches zu dienen. Eher unterstreichen sie die Tatsache, daß Kreativität

4 Vgl. auch A. Stevens, op. cit., S. 70–75.

immer synkretistisch ist, also aus einer momentanen individuellen Synthese verschiedenster, autonom assimilierter und verarbeiteter Einflüsse entsteht. Zu dieser Auffassung gelangt auch die moderne Traumforschung; ich habe es bereits erwähnt. Jeder einzelne Einfluß für sich allein gesehen bietet nichts Neues; in dieser Hinsicht trifft das biblische Sprichwort zu, daß es nichts Neues unter der Sonne gibt. Das Neue liegt in der Kombination. So verbinden sich auf dem Fresko in der kleinen Kirche die vom Geist erfüllte Madonna mit der sinnlichen Tänzerin zu einem Dritten, das in der Gestaltung dieses Buches zum Ausdruck kommen will.

Auch daß sich gleich sechs Großstädte zu einer Traum-Stadt verdichten, beflügelt meine Phantasie. Es sind alles Städte, in denen ich erlebt habe, wie Sinnlichkeit und Geistigkeit zu Lebens- und Entwicklungslust verschmelzen. In drei von ihnen, nämlich in Zürich, Rom und Paris, habe ich längere Zeit gelebt. – Daß der Weg dieses Buches in erster Linie ein innerer sein muß, wird mir aus der Verdichtung im Bild der kleinen Kirche klar: Am Vortag zum Traum (Tagesrest) betrat ich eine ähnliche Kapelle in Ghiffa oberhalb des Lago Maggiore, wo Benediktinerinnen in sogenannter »Ewiger Anbetung« vor der ausgestellten heiligen Hostie versunken knieten, und ich setzte mich einige Minuten zur Sammlung dazu. Dies hatte ich lange nicht mehr getan. Es gibt nur noch wenige solcher Stätten »ewiger Anbetung«. Zwar bin ich schon vor vielen Jahren aus der Kirche ausgetreten, doch liebe ich es nach wie vor, mich ruhig in einer Kirche hinzusetzen. Die kleine Klosterkirche in Ghiffa erinnerte mich an eine unscheinbare Kapelle auf der linken Seite der Piazza Venezia in Rom, in die ich während meines Theologiestudiums öfter zur inneren Sammlung ging. Auch in ihr gab es die »Ewige Anbetung«, und keine noch so großartige Kirche in Rom konnte mir das gleiche Gefühl von Zentrierung, Süße und Freiheit vermitteln. In dieser römischen Kapelle faßte ich zwei wichtige Entscheidungen, eine davon betraf die Thematik meiner Dissertation. Die gleiche Empfindung hatte ich in meinem ausführlich kommentierten Traum, als ich mich auf den Weg zum oktogonalen Turm machte. Diesen Traum träumte ich wie erwähnt in der Nacht, bevor ich mit der konkreten Planung zu diesem Buch begann, auch dies der Beginn eines neuen Weges. So verdichteten sich in diesem Traum – einem Initiationstraum, in welchem ich einen schwierigen Übergang passierte: Gegenwärtiges, Vergangenes und Zukünftiges. Allen dreien ist intensive Innerlichkeit gemeinsam, besonders passend zum Thema des Traumes.

Ich hielte es für unstatthaft, das Thema der Verdichtung zu verlassen, ohne auf einen letzten Aspekt hinzuweisen. Dieser hat nichts mit kreativer Synthese zu tun, vielmehr mit unserer psychisch labilen Zeitsituation. Täglich werden wir mit tausend unterschiedlichen, unzusammenhängenden Reizen bombardiert. Öfter verdichten sich sowohl im Wach- als auch im Traumzustand Elemente, die in keiner Weise zueinander passen, einfach deswegen, weil sie gleichzeitig oder kurz nacheinander mit starker Affektbesetzung auf uns einstürmen. So können auch im Traum inhaltlich heterogene Ereignisse des Vortages verschmelzen. Ohne innere Verwandtschaft wird dann das eine zum Signal für das andere nach dem Gesetz der automatischen Auslösung eines konditionierten Reflexes. Auch die Wirkung der Werbung beruht zu einem großen Teil darauf.

Ein Mann erzählte mir, er habe sich am gleichen Abend nacheinander zwei Fernsehfilme »reingezogen«. Der erste habe von einer wunderschönen Liebesgeschichte gehandelt, der zweite von einer gräßlichen Feuersbrunst in einem Hochhaus, in der viele Menschen ums Leben kamen. Merkwürdig sei nun folgendes: Wenn er sich nun an die Liebesgeschichte aus dem ersten Film erinnere, steige in ihm auch die Panik hoch, die er beim zweiten Film angesichts der zerstörerischen Feuersbrunst empfunden habe, und wenn er an diese denke, so empfinde er auch das zärtliche, zur Liebesgeschichte im ersten Film passende Gefühl. Und er fügte hinzu: »Solch ein heilloses Durcheinander produziert kollektive ›Schizophrenie‹.« – Ähnliche beängstigende Verdichtungen treten auch in neurotischen Symptomen auf, und manchmal auch in Träumen. Wenn sie hier auftreten, dann meist als hilflose Vermengung widersprüchlicher Tagesreste mit dem Ziel einer kathartischen, also reinigenden Abfuhr. Sie spiegeln die Übermacht äußerer Einflüsse und die damit verbundene Lähmung des inneren Menschen – und weisen auf die Notwendigkeit spürender Bezogenheit nach innen, die wir durch die Beachtung unserer Träume intensivieren können. Dann treten Träume mit unpassenden Verdichtungen immer seltener auf. – Es ist wichtig, auch auf solche im wesentlichen unpassenden Verdichtungen hinzuweisen, weil wir auf der Suche nach verbindenden Bedeutungen leicht die Augen vor ihnen verschließen.

Nach diesem über den Beitrag der Psychoanalyse hinausgehenden Exkurs zum Thema der Verdichtung im Traum kehre ich zu Freud zurück und erwähne vier weitere unbewußte Techniken der Traumarbeit. In der *Verschiebung* wird ein beunruhigender Traumgedanke in ein verwandtes, aber weniger beunruhigendes Bild verwandelt. Ich erwähne dazu ein Beispiel aus meiner Praxis, das mir die Gelegenheit gibt, Freuds Theorie in diesem Punkt sowohl zu bestätigen als auch zu erweitern. Ein 25jähriger Mann, der aufgrund einer schweren Zuckerkrankheit unter sexueller Impotenz litt, hatte folgenden Traum: »Ich sehe meinen früheren Schulkameraden Daniel vor mir. Zu meinem Erstaunen ist seine Nase hübsch und gerade. Er spricht einen Satz aus, der mich verwundert: ›Ich ekle mich vor Schwäche.‹ Vor ihm liegt eine Platte mit Spargel. Merkwürdig daran ist, daß nur die untere Hälfte der Spargel zum Essen präsentiert wird. Dabei schmecken doch die Spargelspitzen am besten.« Zu seinem früheren Schulkameraden Daniel assoziiert der Träumer folgendes: »Ich habe ihn seit fünf Jahren nicht mehr gesehen. Er war mir eher gleichgültig... Komisch, daß er im Traum auftaucht... Seine Nase war häßlich, auf einer Seite schief und nach unten gebogen, mit großen Löchern; später ließ er sie operieren, dadurch wurde sie etwas weniger abstoßend, aber nicht so hübsch wie im Traum... Seine Nase anzuschauen, war mir nach der Operation etwas weniger peinlich... Daniel war ein eher schwächlicher, im Sport unbeholfener Junge... irgendwie auch unmännlich, das war mir unangenehm.«

Zu den Spargelhälften, denen die Spitzen fehlten, fiel ihm zunächst nichts ein, dann lachte er verlegen: »Mit meinem Schwanz ist es genauso. Wenn er nicht steif wird, habe ich das Gefühl, er sei abgeschnitten... Das ist nicht mehr komisch... Ich leide sehr darunter... Meine Schwäche ekelt mich an.«

Warum taucht in diesem Traum die sexuelle Impotenz zunächst in der Verschiebung von unten nach oben, vom Penis zur Nase, auf? Der Träumer ist sich ihrer doch bewußt, eine Verdrängung scheint nicht vorzuliegen. Aus drei Gründen: Erstens, es bestand weiterhin eine Verdrängung, zwar nicht inhaltlicher, so doch emotionaler Art. Er hatte den Schmerz über seine Impotenz und das damit verbundene Gefühl von Schwäche und Unmännlichkeit noch nicht wirklich zugelassen, sondern es sich mit Ironie vom Leibe gehalten. Zweitens, seine krankheitsbedingte Impotenz rief alte Gefühle der Ohnmacht in ihm wach, die er als Kind seinem Vater gegenüber empfunden hatte. Nach einer längeren Reihe von Assoziationen, bei denen er sich immer mehr vom Bild der geköpften Spargel entfernte und zurück in die Kindheit schweifte, sagte er plötzlich auf französisch, seiner Muttersprache: »En sa présence, je me sentais comme scié à la base«, wörtlich übersetzt: »In seiner Gegenwart fühlte ich mich wie an der Basis abgesägt«, ein im Französischen aussagekräftiges Bild für Kastrationsgefühle, die auch im Bild der vorn abgeschnittenen Spargel durch *Anspielung* – eine weitere Möglichkeit der Verschiebungstechnik in der Traumarbeit – zum Ausdruck kommen. – Bis hierhin stimme ich Freud in seiner Beschreibung der Verschiebung zu. Doch gibt es für diese noch eine dritte Erklärung, die Freud nicht erwähnt. Sie betrifft wiederum den Aspekt der Entwicklungsdynamik. In meinem Traumbeispiel eröffnet diese dritte Bedeutung der Verschiebung dem jungen Mann einen Weg in die Zukunft. Er hatte bis jetzt gezögert, sich am Penis operieren zu lassen, obschon sein Arzt ihn auf diese Möglichkeit hinwies. Nun träumte er von einem Schulkameraden, der seine Nase in der Tageswirklichkeit mit einigem Erfolg hatte operieren lassen. Im Traum war der Erfolg sogar vollständig. Eine bloße phantasierte Wunscherfüllung? Jedenfalls trug dieses Traumbild dazu bei, den Mann zum Wagnis der Operation zu motivieren, und sie hatte Erfolg: In seiner Entscheidung hatte er also »eine gute Nase«. Wie auch hier zeigen Redewendungen oft die Bedeutung von Traumbildern auf. – Zwar fasse ich diesen Traum nicht als prophetisch, als Voraussage eines glücklichen Ausgangs der Operation auf, wohl aber als Ermutigung, den Schritt der Operation zu tun.

Erst wenn wir alle drei Bedeutungen der Verschiebung im Traum des 25jährigen zusammen betrachten, beginnen wir, die differenzierte und vielseitige Integrationsleistung der Traumarbeit durch Verschiebung zu würdigen. – Das Zentralnervensystem ist nicht nur passiv auf äußere Aktivierung durch Tagesreste, gespeicherte Erinnerungen und körperliche Signale, z. B. für eine noch nicht diagnostizierte Krankheit, angewiesen, sondern es erzeugt durch Stoffwechselvorgänge selbst Energie und bringt einen großen Teil der eigenen Informationen hervor. Deshalb bedeutet Träumen zu einem entscheidenden Teil eine von Umweltreizen relativ unabhängige Spontanaktivität. Über diese neue Erkenntnis der Neurophysiologie verfügte Freud noch nicht. Sonst hätte er sich der dritten Dimension der Traumarbeit in all ihren Techniken, nämlich jener der zukunftsorientierten Selbstregulierung, nicht verschließen können. Weil die Psychoanalyse in diesem Punkt »auf den überholten a-priori-Annahmen ihres Begründers ruht, hat sie sich wissenschaftlicher Verifikation widersetzt und ist bis heute in ihren Geburtsfehlern befangen geblieben«, unter Vernachlässigung der dramatischen Entwicklungen in der Neurobiologie und Traumforschung.[5] Die Tatsache der Spontanaktivität des Zentralnervensystems widerlegt auch Freuds Sexualtheorie, aus deren Sicht nicht nur Träume, sondern auch alle neurotischen Symptome, Perversionen, Witze, Versprecher, Fehlleistungen auf dem »unverzichtbaren organischen Fundament« der Sexualität beruhen. Freud würde seine häufig zitierte Mahnung an Jung heute vermutlich nicht mehr aussprechen: »Mein lieber Jung, versprechen Sie mir, nie die Sexualtheorie aufzugeben. Das ist das Allerwesentlichste. Sehen Sie, wir müssen daraus ein Dogma machen, ein unerschütterliches Bollwerk.«[6] Träume spiegeln und ordnen den mannigfaltigen Ausdruck allen psychischen Lebens, in dem Sexualität und Eros naturgemäß einen wichtigen, aber nicht den einzigen Platz einnehmen. Die zentrale Funktion der Träume besteht in der schöpferischen Regulierung zwischen allen psychischen Faktoren, die das menschliche Dasein bestimmen.

Die drei noch verbleibenden Techniken der Traumarbeit

5 A. Stevens, op. cit., S. 93 f.
6 C. G. Jung, Erinnerungen, Träume, Gedanken, S. 154 f.

zur Verhüllung des latenten Inhalts beschreibe ich in Stichworten. Aus *Rücksicht auf Darstellbarkeit* werden in Träumen oft Worte in Bilder verwandelt. Träumt der Schläfer zum Beispiel, er sitze auf etwas, so kann das bedeuten, daß er das Etwas besitzt oder besitzen will; oder bricht er sich im Traum den Arm, so kann sich in der Deutung herausstellen, daß er von einem Ehebruch geträumt hat; zwei Beipiele, die Freud anführt. »Es ist bemerkenswert, wie wenig die Traumarbeit an den Wortvorstellungen festhält; sie ist jederzeit bereit, die Worte miteinander zu tauschen, bis sie jenen Ausdruck findet, welcher der plastischen Darstellung die günstigste Handhabe bietet.«[7] – Was Freud als Rücksicht auf Darstellbarkeit bezeichnet, ist in Wirklichkeit jedoch oft der verdichtete Ausdruck einer oder mehrerer Bedeutungen. So würde es mich nicht wundern, wenn der Mann, der von einem Armbruch träumte, damit nicht nur seinen unbewußten Wunsch nach einem Ehebruch in Szene setzte, sondern gleichzeitig auch die aus diesem Wunsch entstehende, ihn psychisch lähmende, emotional bedingte Handlungsunfähigkeit. In dieser Annahme wäre der gebrochene Arm im Traum das überaus plastische, realistische Bild für die psychische Verunmöglichung der gewohnten Aktivität aufgrund der Schuldgefühle des Träumers. Mit dieser unverstellten Aussage wäre das Bild viel geladener als jede Beschreibung mit bloßen Worten. – Wie es in diesem konkreten Fall auch sei: jedenfalls haben sich mir ähnliche, aus Einfällen der Träumer abgeleitete Deutungen in vielen Fällen aufgedrängt. Traumbilder *können* Übersetzungen von Wörtern sein; selbst dann aber beinhalten sie meistens auch eine unmittelbare, direkte Aussage, die im Bild ihren passendsten Ausdruck findet und sich nicht auf eine bloße Wortübersetzung reduzieren läßt.

7 S. Freud, GW 10, S. 418 f.

Die Traumarbeit bedient sich auch der Verwendung von *Symbolen.* Für Freud bedeutet das Wort Symbol eine Regression von der gemeinten Wortvorstellung auf die bildhafte Darstellung. Er billigt dem Symbol also keine eigenständige, ursprüngliche Bedeutung zu, im Gegensatz zu Jung, für den ein Symbol den bestmöglichen Ausdruck eines zum Teil noch unbekannten Sachverhalts bezeichnet, also in die Zukunft weist. In Jungs Sicht bringt das Symbol den Menschen, der von ihm ergriffen ist, mit der eigenen Entwicklungsdynamik in Berührung. Wiederum zeigt es sich, daß Freud für diesen dritten Aspekt der Traumarbeit kein Sensorium hat, nämlich dafür, daß diese das Gemeinte nicht nur entstellt, sondern gleichzeitig auch seinen bestmöglichen Ausdruck anstrebt. Wenn wir im Sinne Jungs die Aktivierung der Entwicklungsdynamik als Teil der Traumarbeit betrachten, verliert diese insgesamt den Charakter der Spurenverwischung und erhält die Würde einer genuinen, kreativen Leistung. Der Traum ist dann wirklich seine eigene Deutung, wie Jung betont. Selbst die manchmal offensichtliche Entstellungen im erinnerten Traum bekommen eine neue Bedeutung, nämlich als Versuche zu einer möglichst weitgehenden, optimalen Tiefenspiegelung der psychischen Realität: eine realistische Positivierung, die der Funktion des Traumes entspricht, ein dynamisches Gleichgewicht in der Gesamtpersönlichkeit herzustellen.

Ähnliches ist zur letzten Aufgabe der Traumarbeit zu sagen, nämlich zur *sekundären Bearbeitung.* »Sie soll den entstellten und veränderten, in Bilder oder Symbole übersetzten Trauminhalt so bearbeiten, daß er gemäß den im Wachen geltenden Kategorien eine Ordnung erhält und etwas Ganzes, ungefähr Zusammenpassendes entsteht.«[8]

Jung hat nachgewiesen, daß die Endgestalt eines Traumes

8 A. Becker, op. cit., S. 325.

keineswegs nur das Produkt einer sekundären Bearbeitung ist, sondern in vielen Fällen eine schöpferische Synthese darstellt. Aus dieser erhält das psychische Wachstum des Träumers Nahrung. Es ist allerdings nicht zu übersehen, daß das sich an den Traum erinnernde Bewußtsein die Neigung zur sekundären Bearbeitung im Sinne Freuds hat. Dies mit dem Hinweis abzutun, die Phantasie, die dabei am Werke sei, habe die gleiche Quelle wie der Traum selbst, trifft die unbewußte Absicht solcher Entstellung in vielen Fällen nicht. Ich habe oft erlebt, daß Menschen, die mir einen Traum zweimal, mit einem gewissen zeitlichem Abstand zwischen dem ersten und zweiten Mal, erzählten, beim zweiten Mal scheinbare Ungereimtheiten in der ersten, ursprünglicheren Wiedergabe zugunsten eines vordergründig logischeren, einheitlicheren Traumtextes entweder »vergaßen« oder zurechtfrisierten. Es ist anzunehmen, daß solche sekundäre Bearbeitung bereits im Traum selbst anfängt. Die Tatsache, daß Träume, aus denen wir mitten in der Nacht plötzlich herausgerissen werden und an die wir uns sofort erinnern, eine größere Zahl solcher Ungereimtheiten enthalten als Träume, aus denen wir am Morgen langsam von allein erwachen, legt die Annahme einer sekundären Bearbeitung im zweiten Falle nahe.

Carl Gustav Jung

Die Leistung Jungs darf nicht dazu führen, diejenige Freuds zu schmälern. Es ist schwierig, hier der Polarisierung zu entgehen, zumal die beiden Pioniere der Traumforschung, jeder von seiner Seite aus, den Beitrag des anderen vernachlässigten, herunterspielten, einseitig darstellten oder nur zur »apologetischen« Verdeutlichung der eigenen Position beschrieben. Theoretisch betonte Jung zwar verschiedentlich, daß er den kausalen Gesichtspunkt Freuds in der Betrachtung eines Traumes, also die Bewußtmachung verdrängter Kindheitserinnerungen zur Erfüllung eines verpönten Wunsches, als notwendig anerkannte und durch den finalen Gesichtspunkt, nämlich durch die Analyse von Symbolen der Individuation, das heißt der Selbstverwirklichung, bloß ergänzte. Praktisch jedoch entdecken wir in Jungs Schriften nach 1913, dem Jahr seiner Trennung von Freud, kaum Hinweise auf analytische Entschlüsselung der Kindheitsbiographie aus Träumen. In keinem mir bekannten Fallbeispiel bezieht er die Traumarbeit im Sinne Freuds ein, außer, um sich von ihr abzusetzen. Was unter den damaligen Umständen (traumatische Trennung der beiden Freunde und schöpferische Entwicklung des eigenen Ansatzes) verständlich war, ist es heute nicht mehr. Und doch finden wir die gleiche, den Tatsachen widersprechende Polarisierung bis heute in den meisten von Jung inspirierten tiefenpsychologischen Abhandlungen über Träume. In meinen bisherigen Ausführungen habe ich mehrmals nachgewiesen, daß die unterschiedlichen Perspektiven Freuds und Jungs im gleichen Traumbild zusammenspielen. In den Schriften jungscher Analytiker habe ich außer verbalen Beteuerungen dazu wenig gefunden. Zugunsten einer wirklichkeitsgemäßen Erfassung des Traumsinnes ist es Zeit, die Trennung von hüben und drüben zu überwinden. Zwar ist es einfacher, einem einzigen Ideenstrang zu folgen, doch der Realität des Traumes werden wir dadurch nicht gerecht. In meiner Beschreibung der Traumarbeit ging es mir darum, auch begrifflich den kausalen und den finalen Gesichtspunkt sowohl in der unbewußten Traumarbeit als auch in deren Entschlüsselung zusammenzuführen.

Zusätzlich zur *Methode der freien Assoziation* bei Freud, durch welche die Entstellungen der Traumarbeit rückgängig gemacht und frühe Fixierungen aufgedeckt werden, und zusätzlich zur *Einfallsmethode* bei Jung, durch die ein Traumbild mit Einfällen umkreist wird, um das Wachstumspotential des Träumers zu erschließen, braucht es zur korrekten Traumdeutung noch ein Drittes, nämlich den *Einbezug des Körpers*. In der Tat: Durch die Auflösung der Bewegungshemmung, die im Traum herrscht, wird das nunmehr bewußte Traumerleben so sehr gesteigert, daß auch die Deutung wesentlich tiefer und präziser wird. Ich lasse es vorläufig bei dieser Bemerkung. Im nächsten Kapitel – »Vom Traum zum Tag« – wird mein Beitrag zur Traumdeutung Thema sein. Er wird überdies in die meisten Fallbesprechungen dieses Buches einfließen.

Jungs Ansatz zur Erschließung der Träume übt in unserer Zeit, da sich viele Menschen sowohl dem mythologischen Denken als auch der Erfahrung von Individuation mehr und mehr öffnen, eine wachsende Breitenwirkung aus. Damit verbunden ist die Gefahr der Vereinfachung und Verflachung, selbst bei ausgebildeten jungschen Analytikern. In der Besprechung meines Anfangstraumes sowie der Freudschen Traumdeutung habe ich bereits mehrmals auf Beiträge Jungs hingewiesen, und ich werde es auch in den folgenden Kapiteln tun. Daher beschränke ich mich hier darauf, die zahlreichen neuen Gesichtspunkte, die er in die Betrachtung des Traumes einbringt, zusammenzufassen. Dabei achte ich soweit als möglich auf Vollständigkeit.[9]

Jung stellt eine verblüffende Übereinstimmung zwischen der *natürlichen Struktur der Träume* und der formalen Struk-

9 In meiner Darstellung von C. G. Jungs tiefenpsychologischer Erfassung der Träume halte ich mich nahe an seine Texte. Da es störend wäre, fast bei jedem Satz Quellen anzugeben, erwähne ich hier die wichtigsten: In Band 8 der GW: Allgemeine Gesichtspunkte zur Psychologie des Traumes; Vom Wesen der Träume; in Band 16 der GW: Die praktische Verwendbarkeit der Traumanalyse; in Band 18, 1. Halbband, der GW: Über Grundlagen der analytischen Psychologie (Tavistock Lectures); in GW Supplementband Kinderträume: Zur Methodik der Trauminterpretation; in Der Mensch und seine Symbole: Zugang zum Unbewußten; Erinnerungen, Träume, Gedanken.

tur der griechischen Tragödie fest. Sie trifft jedoch nur für die noch näher zu erklärenden Kreativträume zu, in denen der Träumer einen neuen Strang seines Lebensentwurfs bis zu einer vorläufigen Lösung »durchzieht«. Komplexträume jedoch, in denen regressive Selbstunterbrechungen schließlich die Oberhand gewinnen, weisen die Kreisstruktur eines *circulus vitiosus*, eines Teufelskreises, auf: Dem anfänglichen Aufbruch folgt der Abbruch der Lebensbewegung. Diese Endlosschleife zeigt sich am deutlichsten in Angst- und Verfolgungsträumen.

Im Kreativtraum ebenso wie in der antiken Tragödie folgt auf die *Exposition* (Ort, Zeit und Personen der Handlung) die *Verwicklung,* in der die Spannung durch wachsende Komplikationen der Lage steigt, dann die *Kulmination oder Peripetie*, wo etwas Entscheidendes geschieht oder umschlägt, und schließlich die *Lysis,* Lösung, das durch die Traumarbeit erzeugte Resultat.[10] Aus Gründen, die ich im letzten Kapitel angedeutet habe, ziehe ich zur Klärung des Aufbaus von Kreativträumen die in der *Geburtsmetapher* enthaltene natürliche Struktur vor. Da es im weitesten Sinne um Wandlungsträume geht, finden sich an ihnen viele »Symbole der Wandlung«[11], die mit Schwangerschaft und Geburt zu tun haben. Mein Vorschlag zur Benennung der Strukturelemente eines Kreativtraumes lehnt sich also an die der Geburtsmetapher eigene Verknüpfung symbolischer Motive an.

Ich wiederhole die vier Etappen eines Kreativtraumes, indem ich mich der Geburtsmetapher bediene. Erstens, auf das *»alte Leben«*[12] – darunter verstehe ich den bewußten Jetzt-Zustand des Träumers, wie er sich oft zu Beginn eines Traumes darstellt – (Exposition) folgt zweitens die Phase

10 C. G. Jung, GW 8, S. 324f.

11 Vgl. Titel von C. G. Jung, Band 5: Symbole der Wandlung.

12 Vgl. Das Sprechen vom alten und neuen Menschen bei Paulus.

einer neuen, symbolischen *»Schwangerschaft«*, in der sich neues Leben trotz Widerständen, die aus Fixierungen an das alte Leben stammen, in Abgeschlossenheit von der Außenwelt selbst bebrütet und erstarkt (Verwicklung), bis drittens der *»Eintritt in den Geburtskanal«* (Kulmination oder Peripetie) und viertens die *»Geburt«* des neuen Lebens stattfindet – die Lösung eines anstehenden Lebensproblems oder wenigstens ein Schritt in ihre Richtung (Lysis). Die Struktur der antiken Tragödie auf den Kreativtraum anzuwenden, paßt, wie im letzten Kapitel erwähnt, auch deswegen nicht, weil die Lysis in der antiken Tragödie die komplexhafte Schicksalsverfallenheit des Helden bis zum tragischen Ende ausdrückt, während sie im Traum ja gerade Befreiung aus dieser Schicksalsverfallenheit zugunsten der Individuation meint. Der Kreativtraum dient nicht diesem kathartischen Zweck, sondern einem neuen Lebensentwurf. Im antiken Drama bezieht sich das Wort »Lösung« nicht auf das Drama selbst, sondern auf die Zuschauer, welche die Last ihres eigenen Schicksals auf die Protagonisten des Dramas abwälzen konnten. – Diese jedoch erleben nie eine Lösung, sondern sind einem Fluch von Generation zu Generation – dem Gegenteil dessen, was Individuation bedeutet – ausgeliefert. Die Götter unterstützen die unerbittlichen Schicksalskräfte. Es gibt kein Entrinnen aus der Bestrafung, durch welche die Ordnung wiederhergestellt wird. Die gräßlichen Mordtaten können weder von den Tätern noch den Betroffenen rückgängig gemacht werden. – Zum Beispiel wird in Euripides' Drama *»Hippolytos«* der von seiner Mutter Phaidra zu Unrecht angeklagte Protagonist vom Vater verflucht und dem Meeresgott Poseidon zur Vernichtung ausgeliefert. Sein Ende ist furchtbar: Im Kampf mit einem Meeresungeheuer fällt er vom Wagen, wird geschleift und zerrissen. Phaidra tötet sich selbst mit dem Schwert. – Oder in Euripides' *»Medea«* verbrennt die Braut von Jason im

Flammenkleid, und Medea schlachtet ihre beiden Söhne ab. Auch hier ist keine Rettung, kein Happy-End möglich. – Oder: Nachdem *»König Oidipos«* in Sophokles' gleichnamigem Drama erfährt, daß er unwissentlich seinen Vater ermordet und seine Mutter geheiratet hat, blendet er sich, verläßt seine Stadt Theben und wird zum heimatlosen Bettler. Noch zuvor erhängt sich seine Mutter Iokaste. – Von Lysis wie zum Schluß eines Traumes also auch hier, wie in allen antiken Tragödien, keine Spur. Erst die Erfahrung, das Schicksal mitgestalten zu können, ermöglicht eine neue Vorstellung von Lysis. Für diese ist eine andere Bezeichnung passender: neue Geburt.

Im Kontext von Traumbeispielen werden wir feststellen, daß sich die Struktur der Geburtsmetapher auch inhaltlich besser zur Erklärung der Struktur des Traumes eignet. Bedeutet nicht jeder Traum den Versuch zu einer Geburt, in der bisher getrennte Persönlichkeitsanteile aus Gegenwart und Vergangenheit probeweise sich verdichtend zu einer zukunftsorientierten, unvorhersehbaren, kreativen Lebenssynthese zusammenwachsen? Und bedient sich nicht die *»Nachtmeerfahrt«*, der eigentliche Wandlungsmythos, der Geburtsmatapher?[13]

Freud und Jung stimmen darin überein, daß es keine Deutung ohne den Träumer geben kann. Jung macht darin allerdings eine Ausnahme, nämlich in bezug auf Traumbilder, die ausschließlich kollektiver Natur sind, also nicht aus dem persönlichen Unbewußten, in dem verdrängte Erinnerungen gespeichert werden, sondern nur aus dem kollektiven Unbewußten stammen, in dem Entwicklungsbereitschaf-

13 In der Nachtmeerfahrt wird zuerst das bisherige Leben des Helden geschildert (»altes Leben«), dann sein Eingehen in das Meeresungeheuer (»Schwangerschaft«) und die entscheidende Tätigkeit in diesem, z. B. das Wegschneiden von Eingeweiden (»Eintreten in den Geburtskanal«), die schließlich zur Befreiung, in ein neues Leben (»Geburt«) führt.

ten phylogenetischen Ursprungs darauf warten, geweckt zu werden. Abgesehen davon, daß die Unterscheidung zwischen den beiden »Unbewußten« nie Trennung bedeutet, gibt es keine Traumbilder ohne jede persönliche und kulturelle Färbung des Träumers, selbst nicht in Kinderträumen. Deshalb halte ich den Satz, daß es keine Deutung ohne den Träumer gibt, für eine allgemeine Regel. Es trifft allerdings zu, daß sowohl in Kinderträumen als auch in sogenannten Großen Träumen, die nicht nur für den Träumer selbst, sondern auch für sein soziales Umfeld von besonderer Bedeutung sind (in Stammesgesellschaften werden sie deshalb, wie gesagt, öffentlich inszeniert), die archetypischen Elemente vorherrschen, aber immer mit persönlichen und kulturellen Nuancen.

Der wichtigste Beitrag des Träumers zur Traumdeutung sind seine Assoziationen (Freud) beziehungsweise Einfälle (Jung) zu allen wichtigen Elementen im Traum. Was Freud unter Assoziation versteht, habe ich bereits erklärt. Es unterscheidet sich teilweise von dem, was Jung als Einfall bezeichnet. Dieser kritisiert an Freuds Methode der freien Assoziation, daß sie regelmäßig vom Traumbild weg zu den stets gleichen Komplexen hinführt und somit die Bedeutungsnuancen des Traumes zugunsten von alten, affektiv geladenen Vorstellungen vernachlässigt. Dies habe zur Folge, daß der Patient durch die analytische Arbeit an seinen Träumen ausschließlich in seine biographische Vergangenheit zurückgeführt werde. Wohin? Zu jenen Schwellen, wo seine Komplexe entstanden sind und sich fixiert haben oder wo sie sich später in seinem Leben besonders deutlich ausgewirkt haben. So könne Freuds Assoziationsmethode den Reichtum eines Traumbildes nicht erschließen und werde dem Traum als zukunftweisendem, kreativem Lebensentwurf nicht gerecht. In seiner Kritik an Freud weist Jung also wiederum auf seine finale Betrachtungsweise hin, für die das Sinnvolle gerade in der Verschiedenheit des symbolischen Ausdrucks und nicht in dessen Eindeutigkeit liegt. Deshalb sei es wichtig, jederzeit so nahe wie möglich beim Traumbild zu bleiben, und eben dies geschehe in Freuds Assoziationsmethode nicht. Wenn nun aber der Träumer in seinen Einfällen immer wieder zum Ausgangsbild zurückkehre, werde dieses nach und nach bis zur Sichtbarkeit erweitert. Jung lehnt es ab, Träume wie neurotische Symptome als uneigentlichen Ausdruck verdrängter kindlicher Fixierungen zu betrachten. Für ihn stehen Träume im Dienste des Zielsinns, »dem der gesamte psychische Apparat unterliegt und der beständiges Streben nach Realisierung der Persönlichkeit im Leben bedeutet«. Er bekommt dabei Unterstützung durch neue Forschungen. »Für J. Allan Hobson beispielsweise, einen der führenden Köpfe der modernen Traumforschung, überwiegt beim Vorgang des Träumens das progressive gegenüber dem regressiven Element..., das kreative gegenüber dem destruktiven. Kurzum der Traum ist eher etwas Heilsames denn etwas Neurotisches.«[14]

So fordert denn Jung den Träumer auf, nach jedem Einfall zum Traumbild zurückzukehren und sich von diesem, nicht vom letzten Einfall, zu einem neuen Einfall inspirieren zu lassen, allerdings nicht endlos, sondern nur soweit, als zu seinem Begreifen unbedingt notwendig ist. Sonst bestünde wiederum die Gefahr, das Traumbild aus dem Blick zu verlieren. Mit seinen Einfällen umkreist der Träumer alle markanten Einzelheiten des Traumes, eine nach der anderen, und dadurch mehr und mehr den Traum als Ganzes. Dieses Verfahren nennt Jung auch *Kontextaufnahme*, betrachtet er doch den Traum wie einen alten Text, in dem einige Stücke fehlen. Durch die Kontextaufnahme können diese zum Teil ergänzt werden.

14 A. Stevens, op. cit., S. 97.

Zur Kontextaufnahme gehören nicht nur Einfälle, die aus dem gegenwärtigen Alltagsleben und der Vergangenheit des Träumers stammen, sondern auch Beiträge des Analytikers über verwandte Motive aus Mythos und Märchen. Auch diese helfen, den lückenhaften Traumtext zu vervollständigen. Jung nannte diese zweite Form der Kontextaufnahme *Amplifikation*, wörtlich: Erweiterung. Er setzte sie erst ein, wenn sich die persönlichen Einfälle des Träumers erschöpft hatten. Für Jung verbirgt der Traum nichts; wir verstehen ihn einfach noch nicht. Er schreibt: »Ich glaube nicht, daß der Traum etwas verbirgt; wir verstehen nur seine Sprache nicht.«[15] Die analytische Arbeit mit Träumen gleicht einem Sichtungsprozeß mit der vergleichenden Methode, wie er zur Durcharbeit jedes historischen Materials angebracht ist. Unsere Träume bedürfen nicht deshalb der Deutung, weil sie etwas verschleiern, sondern weil sie sich einer bildhaften Sprache bedienen. Der Traum ist seine eigene Deutung.

Solche Sätze stehen häufig in Jungs Gesamtwerk. Als unsichtbarer Gesprächspartner, gegen den Jung sich zu behaupten hat, ist Freud immer mit dabei. Daher die auffällige Einseitigkeit solcher Aussagen. Mit Hilfe verschiedener Beispiele habe ich in meinen Ausführungen über Freuds Traumdeutung, im Zusammenhang mit den fünf Techniken der Traumarbeit, deutlich gemacht, daß der Traum manchmal tatsächlich auch etwas verbirgt. Er verfügt über raffinierte Fähigkeiten, sich als äußere Gestalt eine Fassade – eine Traumfassade, wie Freud sich ausdrückt – zu geben, hinter die nur die Methode der freien Assoziation führen kann. In der Traumarbeit findet eine kreative Verdichtung statt zwischen regressiv in die Vergangenheit weisenden, das eigentlich Gemeinte entstellenden Motiven und pro-

15 C. G. Jung, Tavistock Lectures, S. 90.

gressiven symbolischen Bildern, denen eine Wachstumstendenz innewohnt.

Erinnern wir uns doch in diesem Zusammenhang an den Traum eines 25jährigen zuckerkranken Mannes von einem ehemaligen Schulkameraden, dessen Nase mit partiellem Erfolg operiert wurde. In der Verschiebung von unten nach oben, vom impotenten Geschlecht zur durch eine Operation verschönerte Nase, verdichteten sich sowohl die eigenen verdrängten Kastrationsängste als auch die Motivation, seine körperlich bedingte Impotenz doch operieren zu lassen, was denn auch nach dem Gespräch über den Traum mit Erfolg geschah. Um den unangenehmen Kastrationskomplex aufzudecken, bedurfte es der freien Assoziation, durch die er sich nach und nach vom Traumbild der schönen Nase entfernte, entfernen mußte. Um ihn zum anstehenden Lebensschritt, nämlich zum Wagnis der Operation zu ermutigen, brauchte es jedoch auch die das Traumbild in all seinen Besonderheiten und Bedeutungsnuancen umkreisende Einfallmethode. Anders ausgedrückt: Im Bild der schönen Nase seines Schulkameraden versteckte und erfüllte sich der doppelte Traumwunsch, daß auch unten im Geschlecht alles gut werde und die durch den Vater geförderten Kastrationsängste sich auflösen. Gleichzeitig ermutigte dieses Bild den Träumer, seiner guten Nase zu folgen und das Nötige zur Überwindung seiner Impotenz zu unternehmen, dies wiederum in zweierlei Hinsicht, erstens medizinisch durch eine Operation und zweitens psychotherapeutisch. Wer in der Verdichtung nur entweder das eine oder das andere wahrnimmt, wer sich also entweder Freuds Assoziations- oder Jungs Einfallsmethode unter Ausschluß der anderen verschreibt, läßt die ausgeblendete Hälfte im Dunkel der Verdrängung. Das kann in einer freudschen Analyse zur quälenden und lustvollen, endlosen Wiederholung der stets gleichen Assoziationen führen, ohne daß sich eine Veränderung abzeichnet, und in einer jungschen Analyse zur Flucht vor Vergangenheitsbewältigung in ideale Zukunftsbilder, die im Alltag nicht greifen. Auf diesem Hintergrund wird verständlich, daß Freudianer dazu neigen, Träume, die zur Hauptsache eine bestimmte Zukunftsdynamik symbolisieren, also Kreativträume, zu vernachlässigen, ebenso wie Jungianer Träume, die zur Hauptsache frühe Fixierungen verbergen, also Komplexträume. Die Folgen beider Vermeidungen lassen sich an den Analysierten ablesen. Tatsache ist, daß Komplex- und Kreativträume etwa mit gleicher Häufigkeit auftreten.

Welche Funktion erfüllt der Traum für Jung? Nicht die der bloßen Wunscherfüllung (Freud), sondern der *Kompensation.* Der Traum zeigt, was der bewußten Einstellung fehlt, und er tut es nicht im Sinne einer bloßen Komplementierung, also einer zwangsläufigen Ergänzung, sondern auf unvorhersehbare, autonome und schöpferische Art. Je nachdem wie einseitig oder umfassend die bewußte Einstellung ist, zeigt der Traum entweder die Gegenseite (Beispiel: Eine eingebildete, hochnäsige Frau sieht sich im Traum in einem Stall mit Kühen, d. h. ihren Freundinnen), oder Varianten zur bewußten Einstellung (Beispiel: Ein streßanfälliger Geschäftsmann sieht im Traum gleichzeitig sich bei der üblichen Büroarbeit und einen meditierenden Mönch) oder, wenn das Unbewußte mit der Bewußtseinslage des Träumers »einverstanden« ist, zu deren Verstärkung die Koinzidenz zwischen beiden. Um das Ausmaß der Kompensation zu erfassen, brauchen wir die Kenntnis der Bewußtseinslage.

Am Beispiel der Koinzidenz merken wir, daß der Begriff Kompensation zur Bezeichnung der Traumfunktion nicht zu allen Träumen paßt. Auch aus diesem Grund ziehe ich es vor, die Funktion des Traumes allgemein in der *Herstellung eines dynamischen psychischen Gleichgewichts* zu sehen, Ausdruck der psychischen Homöostase. Die Psyche als selbstregulierendes System bemüht sich kontinuierlich, widerstreitende Strebungen ins Gleichgewicht zu bringen. In dieser Auffassung findet auch Jungs Kompensationslehre ihren Platz. Diese trifft für viele Kreativträume zu. Doch in den zahlreichen Komplexträumen sucht die Psyche ihr Gleichgewicht nicht durch vorwiegend kompensatorische, sondern durch hauptsächlich kathartische Träume: Fixierte Komplexe verlieren einen Teil ihrer Energieladung durch halluziniertes Ausagieren, zumindest vorübergehend. Die häufige Koinzidenz zwischen Wach- und Traumbewußtsein in Komplexträumen hat ihren Grund nicht darin, daß der Traum den Träumer in seiner fixierten Komplexhaltung unterstützen »will«, sondern im Bedürfnis nach Entladung blockierter Energie. Das gilt auch für die von Jung erwähnten *Reaktionsträume*, in denen ein seelisches Trauma oder eine körperliche Krankheit manchmal über einen längeren Zeitraum zur Spannungsabfuhr träumend wiedererlebt wird. – Ich fasse zusammen: Alle Träume gehorchen dem Gesetz der psychischen Selbststeuerung, ob dies durch Kompensation, bekräftigende Koinzidenz, bloße Energieabfuhr oder durch einen in die Zukunft weisenden, ganzheitlichen, schöpferischen Lebensentwurf geschieht.

Letzteres, das ich noch nicht erwähnt habe, nennt Jung die *prospektive,* also wörtlich nach vorn schauende *Funktion*, die nicht in allen, sondern nur in wenigen Träumen wirkt. Was versteht Jung darunter? Die Fähigkeit des träumenden Menschen zum vorwegnehmenden Probehandeln, zum ganzheitlichen Entwurf von Konfliktlösungen. Im prospektiven Traum verschmelzen unterschwellige Wahrnehmungen und Erinnerungsspuren zu einem Lebensentwurf, den zu planen das bloße Bewußtsein mit seinen begrenzten Inhalten nicht in der Lage wäre. Weil er bloße Wahrscheinlichkeiten vorauskombiniert, darf er nicht als prophetischer

Traum bezeichnet werden. – Jung erteilt dem prospektiv Träumenden allerdings keine gute Diagnose: Seine Lebenseinstellung sei unangepaßt; deshalb könne sich das Unbewußte im Traum nicht auf die kompensatorische Funktion beschränken, sondern müsse eine führende, eben prospektive Funktion ausüben; auch dies sei eine Form von Kompensation, und zwar eine sehr extreme, als Antwort auf einen ebenso extremen Mangel.

Ich teile Jungs generell schlechte Diagnose des prospektiv Träumenden nicht und bin mir fast sicher, daß sie mehr aus dem Bedürfnis, möglichst alle Träume in seine Kompensationslehre einordnen zu können, als aus der klinischen Beobachtung stammt: Bei einer großen Zahl von Menschen habe ich festgestellt, daß sie in besonderen Schicksalsmomenten gehäuft prospektive Träume haben, auch dann, wenn sie fest und richtig im Leben stehen. Wie auch in luziden Träumen fließt die bewußte Haltung mit in den Traum ein. Auch in Spontanritualen ist nicht die kompensatorische, sondern die prospektive Funktion am Werk: Das Resultat ist ein richtungweisender ganzheitlicher Lebensentwurf. – Ein Grund mehr, nicht die Kompensation, sondern die psychische Selbstorganisation als allgemeine Funktion der Träume zu bezeichnen. In ihr ist auch die kompensatorische Funktion mancher Träume mit enthalten.

Nicht identisch mit den prospektiven sind die *prodromalen Träume* (wörtlich übersetzt: Träume als »Vorläufer«), in denen sich eine noch nicht ausgebrochene und nicht einmal bewußt gespürte Krankheit in symbolischen Bildern ankündigt. Die Assyrer und Ägypter interessierten sich für diese und andere als prophetisch verstandenen Träume. Der bedeutende griechische Arzt Hippokrates (426–348 v. Chr.) benutzte prodromale Träume für medizinische Diagnosen; er meinte beispielsweise, wenn man von Quellen und Flüssen träume, deute dies möglicherweise auf drohende urogenitale Probleme hin. – Ich selbst hatte vor Ausbruch einer schweren Krankheit, von der ich noch nichts wußte, einen deutlich prodromalen Traum. Ein solcher Traum ist weder prospektiv – er weist keinen Weg zur Heilung – noch prophetisch – er entspringt unterschwelligen körperlichen Wahrnehmungen, wie überhaupt in viele Träume latente organische Empfindungen einfließen. Freud hielt diese zu Recht für eine der *Traumquellen*, nebst äußeren und inneren Sinnesregungen und rein psychischen Traumquellen. Daß er die Eigenaktivität des Zentralnervensystems als wichtigste Traumquelle noch nicht kennen konnte, habe ich bereits ausgeführt.

Die Tatsache von wirklich *prophetischen* und auch *telepathischen Träumen* stelle ich nicht in Frage; es gibt dafür genügend gesicherte Belege, allerdings noch keine empirisch fundierten Erklärungen. Ohne die Annahme der Relativität von Raum und Zeit sind solche Träume nicht denkbar. Die Bibel und andere antike schriftliche Quellen sind voll von prophetischen Träumen. Ich erinnere an den Traum des Pharao von den sieben fetten und den sieben mageren Kühen, den der junge Joseph in seinem ägyptischen Exil als bevorstehende sieben fette und sieben magere Jahre deutet. – Neben wirklichen prophetischen und telepathischen Träumen begegnen wir oft bewußten oder unbewußten Entstellungen von erinnerten Träumen, in denen das fabulierte prophetische oder telepathische Element einem unbewußten Minderwertigkeitskomplex und dem kompensierenden grandiosen Bedürfnis nach eigener Bedeutung entspringt. – Im Zusammenhang mit Transzendenzträumen komme ich auf diese Themen zurück (neuntes Kapitel).

Nachdem wir uns im Zusammenhang mit Jungs Traumtheorie mit dem Aufbau des Traumes, der Einfallsmethode zur Erschließung des Traumsinns, der Frage nach der Funktion der Träume, der prospektiven Funktion mancher

Träume, und kurz auch mit den prodromalen und prophetischen Träumen beschäftigt haben, bleibt noch eine wichtige Frage zur *Deutung der Traumfiguren* und eine Bemerkung über den Wert sogenannter *Traumserien.*

Nicht erst Jung, sondern bereits Freud deutete das Auftauchen einer vom Traum-Ich verschiedenen Traumfigur nicht immer als äußeres »Objekt« beziehungsweise als dessen »Internalisierung« in einer »Imago«, das heißt als ein verinnerlichtes Bild der Außenwelt, sondern oft als einen Teilaspekt des Träumers selbst. Er sah darin allerdings nur das Resultat einer Entstellung durch die Traumarbeit, nicht aber ein realistisches Spiegelbild des Träumers selbst. Eben letzteres aber meint Jung, wenn er von der *subjektstufigen* im Gegensatz zur *objektstufigen Deutung* einer Traumfigur spricht. Auf der Subjektstufe spiegeln die Traumfiguren personifizierte Züge des Träumers selbst. Sie verbergen nicht, sondern offenbaren den Träumer. Ich habe diese Auffassung Jungs bereits einer Kritik unterzogen und sie als einseitig bezeichnet: Traumfiguren können den Träumer sowohl verhüllen als auch offenbaren. Was im Einzelfall zutrifft, läßt sich ohne Einbezug des Träumers nie feststellen.

Traumfiguren sind die Schauspieler im inneren Drama eines Traumes; gruppenpsychotherapeutische Methoden wie Psychodrama und Voice Dialogue arbeiten mit Erfolg auf der Basis dieser Theorie (fünftes Kapitel). Auf der inneren Bühne treten sowohl *archetypische Figuren* aus dem phylogenetischen Schatz der Menschheit auf, natürlich immer geformt aus dem begrenzten »Stoff-Angebot« des träumenden Individuums und der ihn prägenden Kultur, als auch *»Schattenfiguren«.* Unter diesen versteht Jung innere Figuren, die verdrängte Persönlichkeitsaspekte des Träumers aus seinem »persönlichen Unbewußten« spiegeln. Sie erscheinen nicht nur in Träumen, sondern auch in Projektionen auf Mitmenschen. – Im einen und anderen Fall sind sie affektiv aufgeladen und verweisen auf unverarbeitete Komplexe. Mir scheint, daß Traumfiguren meist eine Mischung von archetypischen Figuren und Schattenfiguren darstellen.

Welches sind Jungs Kriterien, die für eine Deutung auf der Objekt- beziehungsweise auf der Subjektstufe sprechen? Träumt jemand von nahen Menschen in lebenswichtigen Beziehungen, gilt es, den Traum »objektiv«, das heißt auf diese hin zu deuten. Eine Deutung auf der Subjektstufe würde aus Abwehr der eigenen Verantwortung für die Beziehung kommen; bei introvertierten Menschen ist dieser unbewußte Abwehrmechanismus häufig zu beobachten. Überhaupt mache ich die Erfahrung, daß sich bei introvertierten Menschen die objektstufige Deutung besonders oft aufdrängt, neigen sie doch zur Entwertung ihrer sozialen Beziehungen, während extrovertierten Menschen, die sich leicht an ihre Umwelt verlieren, öfter die subjektstufige Deutung ihrer Träume und somit das Suchen nach einem inneren Standpunkt nahezulegen ist. Doch soll der Psychotherapeut keine Deutung auf direktive, willkürliche Weise anbringen. Durch besondere Aufmerksamkeit für unbewußte Signale, die entweder auf blinden, naiven Subjektivismus beim Extrovertierten oder auf blindes, unreflektiertes Vertrauen oder Mißtrauen zu einem »Objekt« der Umwelt beim Introvertierten hinweisen, vermag er die entsprechende Einsicht zu vermitteln. Solche Signale sind zum Beispiel abwehrende Gleichgültigkeit, ein penetranter, eifernder Tonfall, absolute Formulierungen, die keine Widerrede zulassen, undifferenzierte Verallgemeinerungen, Schwarzweißmalerei wie im Westernkino, fixierendes Klebenbleiben an der gleichen Traumfigur, Rationalisierungen, unpassender Themenwechsel oder momentaner Verlust der Beziehung zum Therapeuten.

Als introvertierter Mensch war Jung stärker von der subjektstufigen Deutung fasziniert. Für sie stellt er eine ganze Reihe von Kriterien auf. Abweichungen einer Traumfigur vom realen Menschen, den sie auf der inneren Bühne abzubilden scheint, legt laut Jung die Deutung auf der Subjektstufe nahe. Dazu ein Beispiel: Die verstorbene Mutter eines Träumers hat im Gegensatz zur erinnerten Realität weiche, warme Gesichtszüge; dies kann vielleicht als Hinweis auf die erwachende positive Mütterlichkeit des Träumers selbst gedeutet werden. Das gleiche gilt, wenn im Traum unbekannte oder indifferente Menschen auftauchen. Fällt dem Träumer zu einem gleichgültigen Menschen im Traum jemand anderer ein, der ihm keineswegs egal ist, so deutet Jung diese Traumfigur nicht als Ersatz für die andere, die direkt zu träumen ihm peinlich wäre (Freud), sondern im Gegenteil als Hinweis dafür, daß die unbewußte Psyche daran ist, den zu starken Affekt von der durch Einfälle entdeckten Hintergrundsfigur abzuziehen und ihn dem Träumer zurückzuerstatten. Die subjektstufige Deutung setzt in diesem Fall das Werk des Traumes fort und fördert die Integrierung eines eigenen Schattenanteils. – Allgemein unterstreicht Jung: Je subjektiver und affektvoller der Eindruck vom Objekt ist, desto eher ist die Deutung auf der Subjektstufe indiziert.

Doch geraten wir hier in die Nähe von vereinfachenden Rezepten. Es ist ja keineswegs ausgeschlossen, daß der starke Affekt, der sich im Traum beim Auftauchen einer realen Bezugsperson und erneut in der Besprechung dieses Traummotivs einstellt, auf Abwehr einer realistischen Beziehung zur geträumten Person hinweist, zum Beispiel dem Träumer die bisher verdrängte Frage nahelegt, ob er eine Partnerschaft mit ihr eingehen oder abbrechen soll. Überhaupt ist zu betonen, daß beide Ebenen der Traumdeutung, die objekt- und die subjektstufige, nie zu trennen sind und bei jeder Arbeit mit Träumen natürlicherweise zusammenspielen.

Persönlich halte ich es so, daß ich zuerst auf die vom Träumer spontan eingenommene Deutungsstufe eingehe. Früher oder später meldet sich auch die andere, etwa durch eine neue Wahrnehmung oder Überlegung zu der im Traum auftretenden Person oder umgekehrt durch eine Bemerkung zur eigenen Gefühlslage. Dann folge ich dieser Umpolung und wende mich zusammen mit dem Träumer der anderen Deutungsstufe zu.

Im Wort »Beziehung« sind beide Deutungsstufen enthalten. Der bezogene Mensch im Wachzustand erlebt seine Identität im bewußten Zwischen. Dabei erfährt er sich selbst zunehmend »objektiv« und sein Gegenüber zunehmend »subjektiv«, das heißt, er merkt, daß beide Standpunkte nie zu trennen sind. Natürlich verlagert sich der Schwerpunkt der Aufmerksamkeit mal mehr zum subjektiven, mal mehr zum objektiven Pol, doch das Wichtigste bleibt jederzeit die bewußt wahrgenommene Polarität: das, was zwischen zwei Subjekten in Schwingung gerät, etwa gemeinsame Angst, gemeinsame Resignation, den anderen abwehrende Grundstimmung, gegensätzliche Bedürfnisse, unterschiedliche Intensität der Empfindungen oder erotische Verschmelzung. Dank der psychotherapeutischen Arbeit mit Träumen, in denen sich der subjektive und der objektive Pol ständig begegnen und offensichtlich zusammengehören, wird das Wort »Beziehung« mehr und mehr zur gelebten Realität. Oft reicht von seiten des Therapeuten schon das kleine Sätzchen »Sie, nur Sie haben das geträumt, Sie, nur Sie haben diese Person im Traum so und nicht anders erlebt«, daß der subjektive Pol in die Wahrnehmung des Träumers zurückkehrt.

Trotz dieses einschränkenden Hinweises halte ich die Unterscheidung beider Deutungsarten für praktisch sinnvoll. Erscheint zum Beispiel im Traum eine Person, die auf den Träumenden zwingende, magische Gewalt ausübt, so ist es befreiend, diese als innere Figur und innere Kraft zu verstehen, selbst wenn sie als reale Gestalt der Außenwelt einiges zu dieser freiheitsberaubenden Wirkung beiträgt. So kann Integration des Geträumten geschehen, und der Traum hat seine selbststeuernde Funktion erfüllt.

Das letzte Wort im Zusammenhang mit Jungs Auffassungen vom »Wesen der Träume«[16] gilt den *Traumserien.* Wir gelangen zu erstaunlichen Einsichten, wenn wir unsere Träume über einen längeren Zeitraum aufschreiben und ihre Folge als zusammenhängende Reihe, eben als Traumserie betrachten. Diese spiegelt ein Stück Individuationsprozeß. Einesteils entdecken wir vielleicht in einer solchen Traumabfolge planvolle Stufen der eigenen Selbstwerdung, was uns ein Gefühl von Entwicklung und Zielsinn gibt. Andernteils erschrecken wir unter Umständen über die stets wiederkehrenden gleichen Motive. »Bin ich denn noch nicht weiter?« mag sich da mancher fragen. – Dann gilt es, sich daran zu erinnern, daß psychisches Wachstum wie in einer Spirale verläuft. Aus diesem Grund sind die Träume einer Serie nicht als lineare, logische Abfolge, sondern in radiärer Anordnung um einen unbekannten Mittelpunkt zu sehen. – Vermutlich nehmen wir nicht immer die steigende Tendenz der Spirale wahr. – Vielleicht befinden wir uns gerade in einer Phase der Bebrütung des Gleichen, oder wir bewegen uns sogar zurück. Aber das ist unwichtig. Manchmal übt der Entwicklungsgedanke eine hemmende Wirkung auf die Psyche aus. Selbst das Wissen um die Stufenfolge der Individuation in bestimmten symbolischen Motivverknüpfungen, wie Jung sie oft beschreibt[17],

16 Titel von C. G. Jungs gleichnamiger Schrift in GW 8.

17 Z. B. in C. G. Jung, Symbole der Wandlung, Der Mensch und seine Symbole, Psychologie der Übertragung, Psychologie und Alchemie.

kann zur subtilen, äußeren Normierung entarten und die direkte, motivierende Erfahrung des Gelernten erschweren. Der Mensch »muß« nicht vorgenormte Phasen durchleben, um Mensch zu werden, trotz aller archetypischer Gesetzmäßigkeiten. Traumserien sind letztlich ebenso geheimnisvoll wie der Mensch selbst. Wer spürend in seiner Gegenwart lebt, für den treten alle, auch die zutreffendsten Entwicklungsmodelle, in den Hintergrund, und er entdeckt sie erst dann wieder, nachdem er sie ganz vergessen hat – wenn überhaupt.

4
Vom Traum zum Tag

Hinführung

Ein Körperpsychotherapeut – darunter verstehen wir einen Psychotherapeuten, der tiefenpsychologische und körpertherapeutische Ansätze zu einer organischen, ganzheitlichen Arbeitsweise verbindet – macht manchmal folgende Erfahrung: Jemand, den er therapeutisch begleitet, führt in einem traumähnlichen Zustand bestimmte, unerwartete Bewegungen aus und beschreibt gleichzeitig, was er dabei erlebt. Er befindet sich nicht als Zuschauer vor einem Bild seiner Vorstellung, auch nicht bloß imaginierend darin, sondern drückt es, mit ihm identisch, in Gebärden und Handlungen aus. In einem anderen therapeutischen Rahmen, nämlich in dem einer bloßen Gesprächstherapie, würde er sein Vorstellungsbild vom äußeren Standpunkt des Erzählers aus wiedergeben oder in ihm aktiv weiterphantasieren. Doch in einer Körperpsychotherapie überschreitet er spontan diese Grenze: Er weiß um diese Möglichkeit. In seinem körperlichen Agieren ist er keineswegs unbewußt, nicht auf der Flucht vor bewußter Verarbeitung, kein »Träumer im Wachen«, wie *Kant* den Menschen im Wahnsinn umschreibt, eher ein *Wacher im Träumen* – kein Wacher, der seinen Traum nur erzählt, mit Assoziationen und Einfällen kommentiert oder imaginierend weiterspinnt, sondern einer, der sein Wachsein dazu nutzt, im körperlichen Ausdruck zu träumen: sich wach träumend zu bewegen und zu beschreiben, was er dabei empfindet.

Diese besondere Erfahrung mit Klienten machen auch

bloße Körpertherapeuten nicht, ob sie nun primärtherapeutisch, bioenergetisch, atemtherapeutisch oder nach anderen körperorientierten Methoden arbeiten, es sei denn, sie lernen eine neue Form von Wahrnehmung, die ich in der Folge beschreiben werde. Welches sind die Gründe dafür? Ich sehe drei: *Erstens* haben sie für die symbolischen, den momentan anstehenden Entwicklungsschritt subtil und differenziert ausdrückenden, jedes körpertherapeutische Schema sprengenden Gebärden kein Sensorium und beschränken sich daher auf die Lösung von körperlichen Blockierungen, auf das Spüren von Körperempfindungen, die Erforschung des Atemverhaltens und so weiter. Gebärden aber bedeuten mehr: Wie jeder menschliche Ausdruck verbinden sie allgemein Menschliches und nur Individuelles auf unverwechselbare Art. Ziel einer Psychotherapie ist es nicht, die individuelle Note wegzutherapieren, als würde diese nur aus Fehlentwicklungen, Komplexen und Verspannungen bestehen, sondern sie im Gegenteil zu förden – *Zweitens*: Das begleitende und klärende Wort kommt zu kurz. Und *drittens*: Die für solche spontanen, individuellen Wachstumsprozesse notwendige besondere Form der Beziehung zum Therapeuten wird ebenfalls nicht genügend erfaßt und genutzt.

Und wie steht es mit den Gesprächstherapeuten: den Analytikern freudscher und jungscher Richtung, Transaktionsanalytikern und anderen? Durch den anfangs klar umrissenen Therapierahmen und die mangelnde Beachtung spontaner Bewegungsimpulse und Gebärden, geschweige denn differenzierterer, gleichzeitig motorischer, gefühlshafter und bewußter körperlicher Prozesse, entwerten sie diese indirekt als unwesentlich oder direkt als unbewußte Abwehr und hemmen sie dadurch wirksam. – In tiefenpsychologisch und körperlich orientierten Psychotherapien jedoch wird jeder Ausdruck auch in seiner körperlichen Dimension vom Therapeuten wahrgenommen, ermutigt, begleitet, durch Benennung und Deutung intensiviert und verankert, vielleicht auch mit eigenen Gebärden beantwortet. Auf diese Weise wird der Körper als Leib, das heißt als beseelter Organismus, gesehen, gespürt, gewürdigt. Das gibt den therapeutisch begleiteten Menschen die Möglichkeit zu den beschriebenen, für beide Seiten erstaunlichen und bewegenden Spontanabläufen, Ausdrucksphantasien des ganzen Menschen. Sie sind besonders in emotional geladenen Situationen unersetzbar.

So viel sei jetzt schon gesagt: Damit arbeiten meine Schülerinnen, Schüler und ich sowohl in Einzel- als auch in Gruppentherapie. Es ist ein Kennzeichen der von mir entwickelten Therapierichtung, die ich seit 1985 *Psychoenergetik* nenne. Wir folgen der Energiespur des jeweils am stärksten besetzten Ausdruckssignals.[1] – In einer Einzeltherapiesitzung lassen wir es oft bei einer einzigen Ausdrucksimprovisation und geben dem analysierenden und deutenden Gespräch viel Raum. Im Rahmen einer Gruppenpsychotherapie dagegen ermutigen wir unsere Klientinnen und Klienten häufiger, eine spontane Ausdrucksphantasie in eine nächste und eine übernächste hinein zu verlängern, und so weiter, bis sich schließlich der Ablauf in einer relativ geschlossenen natürlichen Struktur rundet, die ich als *Spontanritual* bezeichne. Dieses besteht aus sinnvoll verknüpften Einzelsequenzen, eben den erwähnten *Ausdrucks-* oder, was dasselbe bedeutet, *Körperphantasien.*

Solche spontanen Ausdruckssequenzen – Träume im Wachen – im Anschluß an einen nächtlichen Traum sich entwickeln zu lassen, ist besonders sinnvoll und fruchtbar. Hier liegt der Zusammenhang mit dem Thema Traum, auch wenn ich mich vorübergehend scheinbar von ihm ent-

1 Vgl. P. Schellenbaum, Nimm deine Couch und geh!

ferne. In diesem Kapitel erkläre ich generell meine Arbeitsweise als Voraussetzung für alles weitere, was ich über die psychoenergetische Arbeit mit Träumen mitzuteilen habe. – Ausdrucksimprovisationen müssen nicht immer zu einem ganzen Spontanritual führen. Auch eine oder zwei für sich allein lassen uns den Traum weiterträumen. Im nächsten Kapitel ist von einigen Techniken die Rede, die zu kennen für die Entfaltung solcher aktiv angestrebter Ausdruckssequenzen von Nutzen ist. Zum Teil können Sie sie auch ohne therapeutische Begleitung für sich ausprobieren, zum Teil geht es nicht ohne begleitende Unterstützung. Kriterien dafür werde ich angeben.

Welche Ausdruckstechnik sich im gegebenen Fall am besten eignet, hängt von Ihrem spontanen ersten Impuls im zentrierten, spürenden Zustand einer leichten wachen Trance ab. Ich nenne ihn *Energiesignal*. Dieses ist Anstoß zu weiteren Schritten aufgrund weiterer Energiesignale. Auch wenn ich mich in diesem Kapitel oft auf das Spontanritual als natürliche »Vollform« eines solchen kreativen Prozesses beziehe, meine ich damit nicht, daß nur dieses in seiner Ganzheit zur Verarbeitung eines Traumes eingesetzt werden kann, im Gegenteil: Oft ist ein einzelner Schritt, eine einzelne Ausdruckssequenz angezeigter. Eine spontane Körperphantasie kann nicht nur als Baustein zu einem Spontanritual, sondern auch für sich allein betrachtet werden.

Ein Spontanritual hat die gleiche Struktur wie ein Kreativtraum, nämlich die einer symbolischen Geburt. Der Übergang von einer Sequenz zur nächsten erfolgt aufgrund eines neuen Energiesignals des Klienten in der Gruppenmitte. Ein *Energiesignal* bezeichne ich auch als *Ausdruckssignal* oder als *alternativen Lebensimpuls*. In jedem neuen unbewußten Signal oder Impuls bewahrheitet sich im Kleinen ein Satz aus Rilkes »Briefe an einen jungen Dichter«: »Die Zukunft zeigt sich in uns, lange bevor sie eintritt.«

Ein Spontanritual kann sich auf der Spur einer Erinnerung, Vorstellung, Wahrnehmung oder Begegnung in der Außenwelt, Zukunftsphantasie, Körperempfindung, Emotion, Bewegung, Gebärde, Muskelverspannung, Körperhaltung, eines Bildes, Wortes, Satzes oder Atemmusters vorwärtsbewegen. Jederzeit achten wir dabei auf den *körperlichen Anker*: Bei jeder gelebten Ausdrucksphantasie gibt es ein bestimmtes Körpererleben, das der Klient – im Spontanritual nenne ich ihn *Selbstinitiand*, das heißt durch das eigene Selbst zu Initiierender –, im Moment am stärksten spürt. – Hier verwurzelt er sich wie beiläufig mit einem kontinuierlich spürenden *»Randbewußtsein«*, also mit einer unscharfen, für mögliche Verschiebungen und Änderungen offenen Aufmerksamkeit.

Ein Spontanritual, im Gegensatz zu einzelnen Ausdrucksphantasien, findet aus drei Gründen *vorzugsweise in einer Gruppe* statt: *Erstens*, weil diese dem Selbstinitianden ein haltendes und nährendes Gefäß bietet, in dem seine Lebensenergie durch Zentrierung stärker aktiviert wird; *zweitens* aus praktischen Gründen der Inszenierung: Er kann unter anderem für Rollenspiele, Stützfunktionen und gemeinsame Bewegungserfahrungen[2] Gruppenmitglieder herbeiziehen. Dadurch wird die Übertragung auf den Therapeuten schwächer, was dessen Aufgabe als bewußter Resonanzkörper erleichtert. *Drittens* ist zu betonen, daß Spontanrituale Schwellenmomenten des Lebens vorbehalten sind, in denen sie wesentliche Orientierungshilfen geben sollen. Eine Inflation von Spontanritualen würde diesem Sinn widersprechen.

Was ist zum *Einsatz der Sprache* in solchen Abläufen zu sagen? Alle Bemerkungen des Therapeuten gleiten auf dem momentanen Energiefluß des Klienten. Selbst analytische

2 Vgl. zum Beispiel die Pesso-Technik.

Gespräche entfernen sich nicht von ihm. Das zeigt sich in der Erlebnisnähe und Wortwahl, dem Rhythmus und Tonfall. Der Therapeut soll auf Ausdruckssignale, die natürlich auch in Gesprächen auftreten, aufmerksam machen, ohne sie jedoch immer in eine Körperimprovisation hineinmünden zu lassen. Auch diese könnten Klienten nämlich als unbewußte Abwehr von etwas, das jetzt in erster Linie sprachlich zu erfassen und zu strukturieren ist, mißbrauchen.

Ausdrucksphantasien in der Psychotherapie

Körperpsychotherapeuten in diesem Sinne, selbst in Ansätzen, gibt es bisher nur wenige. Wilhelm *Reich* gehörte trotz seines innovativen Muts noch nicht zu ihnen. Sein Modell ist durch und durch mechanistisch (entweder fließt die Energie oder sie fließt nicht: Der Therapeut ist »Klempner am Rohrleitungssystem eines Hauses«) und reduktionistisch (der Geist wird »auf einen einzigen simplen Aspekt des Körpers reduziert, den Energiefluß«). Reich begünstigt die Überbetonung von kathartischen und befriedigenden Erlebnissen, engt die Beschreibung des Körpererlebens auf den Energiefluß ein, statt dieses auch in seinen qualitativen Verschiedenheiten zu erfassen, und ordnet alle körperlichen Empfindungen der anzustrebenden Vitalität unter.[3] So konnten sich in seiner Begleitung schöpferische, symbol- und entwicklungsträchtige, individuell differenzierte Lebensbewegungen nicht entfalten. Reichs Schüler Alexander *Lowen* – mit John *Pierakos* Begründer der *Bioenergetik* –, läßt, wenn er anfängt, mit dem Körper zu arbeiten, den Patienten weder benennen noch beschreiben, was er gerade

3 G. Downing, Körper und Wort in der Psychotherapie, S. 372–377.

erlebt und empfindet. Aufgrund dieser ihm verordneten Sprachlosigkeit kann der Patient nicht in den gleichzeitig klar bewußten und traumähnlichen, schöpferischen Zustand geraten, der Voraussetzung für ganzheitliche Prozeßerfahrungen ist. Lowen selbst als Therapeut kommentiert allerdings fast pausenlos; »sagt dem Patienten sogar, welcher Affekt als nächster zutage treten müßte; und wenn er sich zeigt, was er bedeutet«.[4] Er weiß also immer schon alles; das beeindruckt die Zuschauer. »Allwissende« Therapeuten sind heute in einer Zeit der Orientierungslosigkeit sehr gefragt: ein Zeitsymptom und eine gefährliche Falle für die Psychotherapie. Das Geheimnis einer Gebärde aber bleibt im dunkeln.

Karlfried Graf *Dürkheim* bewegte sich in seiner *»Leibtherapie«* als einer der ersten in die Richtung einer ganzheitlicheren Psychotherapie, doch kamen und kommen bei ihm und seinen Schülern der analytische, tiefenpsychologische Beitrag, wie ich ihn im letzten Kapitel zusammengefaßt habe, und auch der körpertherapeutische Beitrag zu kurz. Wesentlich weiter gehen zwei integrative, für Weiterentwicklungen offene Körperpsychotherapeuten mit fundiertem Kulturwissen: Erstens, Hilarion *Petzold* bezeichnet Ausdrucksphantasien, die er in der *Gestalttherapie* nutzt, als *»Leibimprovisationen«* – Leib verstanden als der ganze: körperliche, seelische und geistige Mensch. Zweitens, George *Downing* nennt »Innere Techniken«,[5] jene Beiträge des Therapeuten, die sich an den spontanen Ausdruck des Klienten anlehnen. Einige von ihnen beschreibt er ausführlich.

Obschon die Integration von Geist und Körper, Sinn und Sinnlichkeit – ich erinnere an meine Führerin im Anfangstraum zu diesem Buch – in der Psychotherapie das Allerna-

4 Ebenda, S. 380.
5 Ebenda, S. 86f.

türlichste wäre, scheuen sich doch die meisten Kolleginnen und Kollegen, diesen selbstverständlichen Schritt in ihrem persönlichen Leben und ihrer Arbeit zu tun. Selbst wenn sie einerseits in Gesprächs- und andererseits in Körpertherapie bewandert sind, bringen sie beide meist nicht soweit zusammen, wie es möglich wäre. Die Synthese steht noch aus. Erschwerend wirkt außerdem der Umstand, daß durch den Einfluß der Körper- und Verhaltenstherapien viele einen direktiven therapeutischen Arbeitsstil bevorzugen. Dieser verunmöglicht oder schwächt die freie Entfaltung von Ausdrucksphantasien und Spontanritualen. Selbst die erwähnten Kollegen Petzold und Downing, die den therapeutischen Wert von Körperphantasien erkennen und ihnen Raum geben, begrenzen unnötigerweise deren Entfaltungsmöglichkeiten, indem sie, wie mir scheint, den nicht mehr durch den Klienten initiierten, sondern durch eigenes Know-how motivierten Beiträgen einen zu wichtigen Platz einräumen. Gleichwohl verdanke ich Downings klarem und kompetenten Buch »Körper und Wort in der Psychotherapie« wichtige Impulse zur Präzisierung meines in diesem Buch beschriebenen Therapieansatzes.

Wie ich zeigen werde, verfügt der Therapeut auch in meinem, dem psychoenergetischen Modell über die meisten notwendigen Interventionsmöglichkeiten. Diese gehören zur *»aktiven Resonanz«*, die ich im sechsten Kapitel beschreiben werde. Den gleichen Vorbehalt melde ich gegenüber dem wie ich aus der jungschen Schule stammenden Arnold *Mindell* an: einem phantasievollen, expressiven und innovativen amerikanischen Therapeuten. In seiner »Traumkörper-Arbeit«[6] verbindet er Körperimpulse und

6 A. Mindell, The Dreambody, Fellbach-Oeffingen 1985. Sein Modell hat einiges mit meinem gemeinsam. Vgl. z. B. S. 46/47: »Ein anderer Mann, der an chronischen Darmkrämpfen litt, träumte, sein Krampf zwinge ihn dazu, sich genau in dem Augen-
Fortsetzung der Fußnote siehe S. 88

Träume auf originelle und fruchtbare Art, doch mißt auch er der Eigeninitiative des Therapeuten ein zu großes Gewicht bei. Das zeigt sich in der Gruppenpsychotherapie unter anderem in der Verlagerung des Schwerpunktes von den seltenen Einzelarbeiten zu den am meisten Platz einnehmenden Gruppenerfahrungen, zum Beispiel in Partnerspielen, bei denen die Übungsanweisungen für alle Teilnehmer gleich sind. Gruppen von über hundert Menschen sind allerdings nicht anders zu bewältigen.

Was sich, dem inneren Zielsinn folgend, zur Ausdrucksphantasie oder zum Spontanritual entwickeln möchte, kann aufgrund der Beschneidung von Spontaneität sein natürliches Potential nur noch begrenzt aktivieren. – Ähnlich wie Initiationsriten, z. B. Pubertätsriten oder Berufungsrituale der Schamanen, nicht mittendrin, wenn ein momentaner Stillstand eintritt, abgebrochen und durch andere scheinbar sicherere, bewährte Wege ersetzt werden, ebensowenig können Spontanrituale mit direktiven Verfahren kombiniert werden; dadurch verlören sie Sinn und Wirkung. – Nur selten drängt es sich auf, daß der Therapeut vorübergehend zum »Versorger« seiner Klienten wird, also selber das Heft in die Hand nimmt.

Im Bereich der *Esoterik* gibt es eine ganze Anzahl therapeutischer Leitfiguren, mit oder ohne fachliche Qualifikation, die zwar den Erlebnischarakter spontaner Bewegungserfahrungen fördern, aber meist das benennende, beschreibende, analysierende und deutende Wort vernachlässigen, so daß sie einer zwar rauschhaft erlebten, doch therapeutisch unfruchtbaren, gar schädlichen Regression Tür und

blick zu bücken, als er an einer Gruppe von Homosexuellen vorbeilaufen wollte, so daß er ihnen als Homosexueller erscheinen mußte. Der Träumer sah ein, daß die Krämpfe ihn dazu zwangen, sich seine eigene Homosexualität, seine Exzentrizität, einzugestehen. Im bewußten Leben wollte dieser Mann »normal« sein. Dieser letzte Traum zeigt die physische Erfahrung des Traumkörpers als eine Kraft, die den Körper buchstäblich in bedeutungsvolle Haltungen, Handlungen und Einsichten zwingt.«

Tor öffnen. Oft stellen sie sich selbst zu sehr in den Mittelpunkt und begünstigen dadurch großartige Gefühle der Verschmelzung mit ihnen, was wiederum die ungestörte, sorgfältige, geduldige und progressive Eigenerfahrung des Klienten verunmöglicht. Die zentrale Bedeutung der Beziehung in der Psychotherapie – Übertragung, Gegenübertragung und das, was ich Resonanz nenne (sechstes Kapitel) –, wird durch solche Therapeuten nicht oder kaum in die Arbeit einbezogen, oft nicht einmal dann, wenn eine unangenehme Störung, etwa drohender Therapieabbruch, dazwischenkommt. Dann halten sie es mit dem neutestamentlichen Satz: »Viele sind berufen, wenige aber auserwählt«: Es gibt ja noch genug andere, wandlungsbegierige Menschen, die nachrücken; eine sektiererische, für die Betroffenen gefährlich ansteckende Abwehrreaktion.

1986 begann ich, die Technik der Spontanrituale zu entwickeln. 1992 faßte ich meine Erfahrungen mit ihnen im Buch »Nimm deine Couch und geh!«[7] zusammen. Doch erst die *Verbindung von Traum und Spontanritual* zeigt die therapeutischen Möglichkeiten des letzteren in vollem Ausmaß. Die einzelnen Ausdruckssequenzen, auch jedes für sich allein und ohne Verknüpfung zu einem ganzen Spontanritual, holen den Traum in den Leib, träumen ihn in realer Bewegung weiter, verankern ihn im sozialen Umfeld des Träumers und tragen zu seiner genaueren, umfassenderen Deutung bei. In den beiden Kapiteln über Komplex- und Kreativträume veranschauliche und belege ich dies mit vielen Beispielen.

7 P. Schellenbaum, Nimm deine Couch und geh! – Ansätze dazu finden sich bereits in: Abschied von der Selbstzerstörung und: Die Wunde der Ungeliebten. Weiterentwicklungen in: Aggression zwischen Liebenden und: Die Spur des verborgenen Kindes.

Einflüsse verschiedener therapeutischer Schulen

Welche psychotherapeutischen Impulse fließen in meine Arbeit ein? Basis bleibt meine tiefenpsychologische Ausbildung am C. G. Jung-Institut in Zürich, wo ich ein Jahr nach der Diplomierung 1979 für fünf Jahre bis zu einer gesundheitlichen Krise Ausbildungsleiter war und bis heute Lehranalytiker und Dozent bin. Bei diesem ersten Einfluß brauche ich mich nicht aufzuhalten; er war Thema im letzten Kapitel. Wenig später machte ich eine Zusatzausbildung zum Psychodrama-Leiter; davon wird wenig später die Rede sein. Jungs Psychotherapiemodell und Morenos Psychodrama ließen sich leicht integrieren. Erst infolge der erwähnten körperlichen Störung, die mir den Anstoß gab, mich während zweier Jahre einer zur Hauptsache bioenergetisch und primärtherapeutisch orientierten Körpertherapie zu unterziehen, integrierte ich nach und nach auch körpertherapeutische Elemente in meine Gruppenarbeit, bis ich schließlich das mir gemäße verbindende Modell in den Spontanritualen und in sich an diese anlehnenden Formen der Einzel- und Gruppenpsychotherapie fand. Einige Erfahrungen mit *Atemtherapie*, vor allem nach Ilse *Middendorf* (mit dem Atem als wohl wichtigsten körperlichen »Anker«), *Biodynamik* nach Gerda *Boyesen* (sanfter und tiefer wirkend als Bioenergetik), *Gestalttherapie* nach *Perls* (für meine Arbeit besonders wertvoll, weil sie die kontinuierliche Aufmerksamkeit für körperliche Empfindungen und Bewegungen fördert), *Focusing* nach Eugene *Gendling* (zum Spüren der spezifischen Qualität des momentanen Selbsterlebens) mit *Feldenkrais* (Moshe Feldenkrais: wirksame Neustrukturierung des Skeletts), mit den Druckpunkttechniken von *Rolfing* (Ida P. *Rolf*), mit *Shiatsu* und *Polarity* (zur Streckung und Dehnung von verfestigtem und verknotetem Gewebe) und mit der *Alexandertechnik* (F. Matthias

Alexander: zur Ausrichtung von Kopf, Hals und Schultern) wurden mir hauptsächlich durch Schülerinnen und Schüler vermittelt, die in diesen Techniken ausgebildet sind.[8] Diese und andere Erfahrungen, die ich mir nach und nach anzueignen versuche, integriere ich in beschränktem Maß, nämlich nur soweit, als ich sie am eigenen Leib kenne – in keiner von ihnen bin ich ausgebildet – und zur Stützung der durch meine Klienten selbstinitiierten Prozesse herbeiziehen kann.

Mit dem vorrangigen Respekt für die Menschen, die ich begleite, und dem Vertrauen, daß »etwas« in ihnen um den eigenen Weg weiß, mache ich die besten Erfahrungen. Außerdem zwingt es mich, *Möglichkeiten der aktiven Resonanz* zu entwickeln, die sich alle auf wahrnehm- und vermittelbare Entwicklungssignale – Energie- oder Ausdruckssignale – beziehen. Weder in der Begleitung von Spontanritualen oder Ausdrucksphantasien noch in Therapiegesprächen weiche ich auf direktive Interventionen aus. Diese lösen zwar manchmal im Moment eine scheinbar schnellere Wirkung aus, doch oft kehren Menschen früher oder später zu dem Punkt zurück, wo sie »zu ihrem Besten« das Steuer aus der Hand gegeben haben. Außerdem verführt das prinzipielle Ja zu regelmäßigen direktiven Interventionen den Therapeuten manchmal dazu, sein Wissen, seine Intuition und Erfahrung anstelle der jetzt möglichen offenen Wahrnehmung von Entwicklungssignalen zu setzen, eigenes Können also zu früh einzubringen.

Natürlich fließen in meine Resonanz auf Klienten auch viel therapeutische Erfahrung, Intuition und Wissen ein; das Gegenteil wäre Zauberei. In vielen Fällen sehen sich therapeutische Beiträge aufgrund aktiver Resonanz und solche

8 Zur Literatur über die hier erwähnten Therapierichtungen verweise ich auf die Literaturliste.

aufgrund rationaler Entscheidung ähnlich, sind vielleicht sogar identisch. Und doch hat der Klient im zweiten Fall nicht das gleiche klare Gefühl wie im ersten dafür, daß es radikal nur um seinen unverwechselbar eigenen Weg geht und er daher jeden Schritt selbst bestimmt – bestimmen muß, weil es nicht anders geht –, wie immer dieser vom Therapeuten mit besten persönlichen und fachlichen Gründen beurteilt werden könnte. Sonst entstehen latent subtile Abhängigkeit und Unselbständigkeit selbst in der neuen Unabhängigkeit und Selbständigkeit, also doch »mehr vom Gleichen« (*Watzlawick*). Die zeittypische paranoide Dynamik in der Pathologie vieler heutiger Menschen verweist auf wachsende Abhängigkeit von äußeren Zwängen und Einflüssen. Es paßt, daß oft gerade bei solchen Therapeuten das Heil gesucht wird, die andere Abhängigkeiten, etwa vom Familienschicksal, letztlich durch die Abhängigkeit von ihrem machtvollen, richtigen Wort und Tun zu lösen versuchen. Wie immer eine solche Therapie wirkt – und sie wirkt auch »Gutes«, wie ich etwa über Bert *Hellingers* Arbeit (Systemische Familientherapie) höre –, und wie begabt ein Therapeut, der sie ausübt, auch sein mag: Sie bleibt doch dem Zeitgeist verhaftet und schafft eine Ordnung, die letztlich nicht die der Freiheit, sondern der Macht, der Bemächtigung und Übermächtigung ist. Das »Erwachen«, das ich im Buchtitel »Träum Dich wach!« anspreche, meint das Gegenteil.

Sicherlich gibt es Ausnahmesituationen, in denen ein Patient auf die stellvertretende Aktivität des Therapeuten, auf seine umsichtige und kompetente Stützung angewiesen ist, zum Beispiel in psychotischen oder präpsychotischen Zuständen oder bei akuter Suizidalität. Dann sind entweder keine oder nur sehr subtile, feine Ausdruckserfahrungen und keine kompletten Spontanrituale am Platz.

Letztlich ist es die ethische Grundhaltung des Respektes

vor dem Geheimnis, das den ganzen Menschen, nicht nur einen Teil von ihm betrifft, die mich zu diesem in einer Zeit der *»All-Macher«* wenig attraktiven Weg motiviert. Doch hat sich, was meine Arbeit betrifft, keine andere therapeutische Einstellung als wirksamer erwiesen. Manchmal brauche ich allerdings etwas mehr Geduld, geht es doch um organisches Wachstum. Selbst NLP kann Pflanzen nicht in einer zwanzigminütigen Sitzung zum Wachsen bringen; sie würde sie beim Versuch aus dem Boden reißen. In einer Zeit zunehmender Entwurzelung, die heute durch die wachsende Arbeitslosigkeit noch verstärkt wird, wächst auch das Gefühl allgemeiner Bedrohung – und die Verführbarkeit durch aggressive, der Eigenentfaltung des Lebens feindlich gesinnte und manipulatorische Methoden auch in der Psychotherapie. Diese sind symbolische, sich großspurig gebende apotropäische Gesten, durch Angst aufgeladener Abwehrzauber: Imponiergehabe.

Anfänglich dachte ich, meiner therapeutischen Einstellung seien viele realistische Grenzen gesetzt und ich schulde meinen Klienten, daß ich mich ab und zu von ihr trenne. Doch selten sind die Situationen, wo dies notwendig wird, und selbst dann nicht auf Dauer. – Allmählich gelang und gelingt es mir, die therapeutische »Technik« der aktiven Resonanz in einem Ausmaß zu erweitern, daß in ihr *fast* alle (auch die aktive Resonanz ist kein Dogma!) sich mir als notwendig aufdrängenden sprachlichen und körperlichen Beiträge Platz finden. Die meisten Aktivitäten eines Therapeuten lassen sich seiner wichtigsten Funktion, nämlich bloßer verstärkender Resonanzkörper im Entwicklungsprozeß eines anderen Menschen zu sein, unterordnen: Mitteilungen an den Klienten, Aufforderungen an ihn, dieses und jenes zu überprüfen, Erinnern an Zusammenhänge, begleitende Deutungen und paradoxe Äußerungen, Vorschläge und Einladungen zu Experimenten, Berührungen und sonstige körperlichen Beiträge, mitgehende und antwortende Bewegungen, Einnahme von Rollen und so weiter. Dadurch wird die Aufmerksamkeit des Therapeuten in jeder neuen Situation hin zu den Entwicklungsbedürfnissen seiner Klienten gelenkt.

5

Damit Träume wahr oder nicht wahr werden: aktive Möglichkeiten

Träume mit Entwicklungsimpulsen wollen wahr werden, solche mit zerstörerischen Motiven dagegen aufrütteln, damit sie nicht wahr werden, sondern durch aufmerksames Weiterträumen im Wachzustand, wie wir es auch in Ursprungsgesellschaften antreffen, eine förderliche Richtung finden. Um Möglichkeiten des aktiven Weiterträumens geht es in diesem Kapitel, und zwar vor allem in folgenden Themenkreisen: Traum und Spiel, James *Hillmanns* Verherrlichung der menschlichen Phantasie, die von Jung entwickelte Aktive Imagination, Rollenspiele in der Gestalttherapie, im Psychodrama, in Voice Dialogue und in Albert *Pessos* bewegungsorientiertem Psychodrama. Aktive Imagination und Rollenspiele in verschiedenen Varianten sind für die Verarbeitung von Träumen wertvolle Techniken; ich setze sie auch in Leibimprovisationen und Spontanritualen ein. Nach der Besprechung dieser Methoden im Wachzustand wende ich mich der faszinierenden Technik der luziden Träume oder Klarträume zu, in denen sich der Träumer, während er träumt, bewußt ist, daß er träumt. – In allen Ausführungen steht der Bezug zu Ausdrucksphantasie und Spontanritual und die Frage nach den Integrationsmöglichkeiten im Vordergrund. Im Vergleich mit diesen Betrachtungsweisen und Methoden werde ich auf Besonderheiten meiner Arbeitsweise hinweisen und sie im einzelnen beschreiben.

Traum ist Spiel. Freud zitiert dazu den romantischen Dichter *Novalis*: »Der Traum ist eine Schutzabwehr gegen die Regelmäßigkeit und Gewöhnlichkeit des Lebens, eine freie Erholung der gebundenen Phantasie, wo sie alle Bilder des Lebens durcheinanderwirft und die beständige Ernsthaftigkeit des erwachsenen Menschen durch ein fröhliches Kinderspiel unterbricht.«[1] Was liegt näher, als das Spiel der Träume in den Tag hinein zu verlängern, um in der Befreiung der Phantasie den Kontakt mit den kindlichen Quellen des Lebens wiederzufinden? Die Dynamik vom Traum zum Tag ist so alt wie der Mensch, ja, noch älter: Auch Säugetiere üben sich träumend in den Tag, in die Bewältigung ihrer Lebenswirklichkeit, in ihr Instinktprogramm ein. Wie im Traum findet auch in Spontanritualen eine selektive Informationsverarbeitung entsprechend dem Vorrat an kodierter Information im Zentralnervensystem statt: das sinnvolle Spiel des Lebens auch in ihnen. Die seelische Vitalität zieht sich in der heutigen Zeit mehr und mehr aus den religiösen und kulturellen Traditionen zurück und führt ein um so intensiveres Katakombendasein in unseren Träumen. Die Spontanrituale wollen eine neue Verbindung von diesen zum Leben in der Außenwelt schaffen.

In den Stammesgesellschaften sind Mythos und Ritual Erweiterungen von Großen, also für das ganze Kollektiv bedeutsamen Träumen einzelner in das kulturelle Leben hinein. Das Ritual als inszenierter und den Stammesbedürfnissen angepaßter Traum hat eine mächtige objektive Wirkung, indem es die subjektive Energie der einzelnen Stammesmitglieder bündelt und in effektvoller Konzentrierung in eine für den ganzen Stamm gewünschte Richtung lenkt;

1 S. Freud, Die Traumdeutung, S. 86.

sicherlich nicht immer ein Spiel zur sinnvollen Entwicklung, oft bloß ein zwangsläufiger, zwanghafter Ablauf im Dienste der bloßen Erhaltung des Status quo, doch zumindest in den Anfängen war es schöpferisches Traum-Spiel und nährte das Leben des Stammes. Deshalb ist es immer noch Symbolträger für dieses und kann sich erhalten. Unverzichtbar ist das Spiel zur freien Entfaltung des Lebens, das *Kinderspiel* macht es am deutlichsten. – In der Erweiterung des Traumes zur Gestaltung des Tages ist der gleiche spielerische Impuls am Werk, den Johan *Huizinga* in seinem Buchklassiker *Homo ludens* beschreibt: ein schöpferisches sich Einspielen auf die sich verändernde Wirklichkeit. Spiel ist Urprinzip jeglicher Entwicklung. Auch Mutationen in der Evolution des Lebendigen sind ein Spiel des Lebens mit sich selbst.

Verherrlichung der Phantasie?

James *Hillmann,* einer der kreativsten und eigenwilligsten Psychotherapeuten aus Jungs Schule der Analytischen Psychologie, Begründer der »Archetypischen Psychologie«, lobt die Phantasietätigkeit in den Träumen, die für ihn ein Modell der Psyche sind, »denn sie zeigen die Seele losgelöst vom Leben, wie sie das Leben des menschlichen Wesens, das da träumt, zwar widerspiegeln, doch gewöhnlich gleichgültig bleiben. Ihre Hauptsorge scheint nicht dem Leben zu gelten, sondern der Phantasietätigkeit.«[2] Die Traumarbeit »verkocht Lebensereignisse zu psychischer Substanz mit Hilfe von Mitteln der Phantasie – Symbolisierung, Verdichtung, Archaisierung«. Sie ist Tätigkeit der

2 J. Hillmann, The Dream and the Underworld, S. 96.

reinen Natur, ohne jede Beimischung des Ich. Der faszinierte Hillmann preist seine Vorstellung der im Traum von alltäglichen Sorgen und Aufgaben entlasteten Psyche in einer frei tätigen und schöpferischen Welt der Phantasie, wie die Romantiker sie zuerst verherrlicht haben. Sicherlich geht es auch ihm um die Verbindung des Traumes zum wachen Leben. Doch bietet in seiner Sicht der Traum selbst schon alles, was es dazu braucht, hat er doch bereits »die Tagesreste in Seelenstoff verarbeitet und die alltäglichen Handlungen und Beziehungen in die Traumbilder eingefügt«.[3] Das einzige, was dem Träumer nach dem Erwachen noch bleibt, ist, in das bereits vollendete Werk des Traumes einzustimmen. In dieser Auffassung wird die Traumarbeit unter dem Aspekt der Entstellung (Freud) nicht berücksichtigt, ebensowenig wie die neurophysiologische Traumforschung. In Abgrenzung zu Hillmann ist zu betonen: Das Ich ist nicht bloßer Empfänger der Phantasie-Naturprodukte. Es ist ein jederzeit, wenn auch unterschiedlich, aktiver »Komplex« des Menschen (Jung spricht vom Ich als Komplex), selbst im Traum. Bis zu einem gewissen Punkt ist das Traum-Ich identisch mit dem wachen Ich, jedenfalls soweit, daß sich das zweite nach dem Erwachen mit dem ersten identifiziert. Ginge es nur um Theorie, würde ich mich dabei nicht aufhalten. In der Bewußtseinsqualität, die ich *Spürbewußtsein* nenne – das mit allen Sinnen, auch dem Denken, spürend wahrnehmende Bewußtsein –, hat das Ich eine aktiv gebende, nicht nur passiv aufnehmende Rolle. In Spontanritualen wird der Selbstinitiand zwar von einer inneren Entwicklungsmacht gelenkt, aber er ist wach dabei und bleibt frei, sich so oder anders zu entscheiden. Auch dies ist unverzichtbarer Teil unserer Natur. Im Spürbewußtsein steigert sich unsere Entscheidungsfähigkeit so-

3 J. Hillmann, ibid. 134 und 123.

gar, weil es Instinktsicherheit und Intuition fördert. Aus den noch zu besprechenden Klarträumen geht hervor, daß unser Ich mit seiner ganzen Ambivalenz selbst im Traum latent wach ist. Das Erwachen zu dieser Wachheit ist Sinn des menschlichen Lebens. Auch in der Aktiven Imagination, dem nun folgenden Thema, ist die Aktivität des Ich gefragt.

Aktive Imagination

Aktive Imagination ist ein Spiel mit sich bewegenden Bildern, die sich von allein einstellen, wenn wir kontinuierlich, geduldig und ohne fixierende Erwartungen nach innen schauen. C. G. Jung, auf den sie zurückgeht, beschreibt sie besonders anschaulich in seinen *Tavistock Lectures.*[4] Verena *Kast* hat sie in einer umfassenden Studie dargestellt.[5] Ein intensives Bild aus einem Traum, das neu belebt und innerlich betrachtet wird, kann fruchtbarer Ausgangspunkt für eine Aktive Imagination sein. Falls das stärkste Energiesignal beim Erzählen eines Traumes ein Bild ist, bietet sich auch für die Psychoenergetik in Spontanritualen und anderen Leibimprovisationen die Technik der Aktiven Imagination an, zumindest vorübergehend, bis vielleicht ein anderes Energiesignal, zum Beispiel eine Gebärde, auftaucht.

Jung unterscheidet die Aktive Imagination von einer bloß passiven Phantasie, die an der Oberfläche persönlicher Dinge und bewußter Erwartungen bleibt. Hier geht es um eine aktive, zielgerichtete Schöpfung, in der Bilder ihr eigenes Leben nach einer inneren Logik entwickeln. Sie stam-

4 C. G. Jung, Über Grundlagen der Analytischen Psychologie. GW 18/1, S. 187ff.
5 V. Kast, Imagination als Raum der Freiheit.

men aus den gleichen unbewußten Quellen wie die Träume, haben aber, so betont Jung in seiner fünften Vorlesung der Tavistock Lectures, einen zusätzlichen Wert: den Gefühlston: »Man kann die Abläufe mit dem Gefühl beurteilen.« An dieser Stelle drängt sich eine Einschränkung auf: Ich habe erlebt, daß schizoide Menschen – auch solche, die im Sinne Fritz *Riemanns* dem schizoiden Typus angehören, ohne deswegen neurotisch zu sein – mit einer reichen inneren Bilderwelt ohne wirkliche Beteiligung des Gefühls von A bis Z aktiv imaginierten und danach mit objektivem Interesse ohne emotionale Beteiligung ihre innere Bilderfolge wiedergaben, so daß der ganze in der Aktiven Imagination entfaltete archetypische Bilderreichtum in ihrem Alltagsleben nichts veränderte. Wenn sie jedoch vom Bild weg in die ebenfalls aktive und spontane körperliche Gebärdesprache kamen, also die Bilderfolge verkörperten, änderte sich dies meist schlagartig: Emotionen drängten in den Ausdruck, Einfälle flossen, ein sicheres Gefühl für den Sinn der Abläufe (das von Jung erwähnte »Gefühlsurteil«) meldete sich.

Dazu eine Zwischenbemerkung: *Sinn und Bedeutung* gehören auch aus neurophysiologischer Sicht zur Erfahrung von Bildern; Bedeutung ist eine Funktion der Gehirntätigkeit, sie ordnet die Erlebnisse in Schemen und ermöglicht dadurch ihre erfolgreiche Abstimmung.[6] Warum sich auf Bilder beschränken, wenn doch die Sprache des Unbewußten über ein viel breiteres Spektrum an Ausdrucksmöglichkeiten verfügt und ihrer für die Sinnerfahrung auch bedarf! Spontanritual und einzelne Ausdruckssequenzen haben die aktive, wache, aufmerksam geschehen lassende Spontaneität mit der Aktiven Imagination gemeinsam, doch schließen sie sich nicht in Bildern ein. Daher

6 A. Stevens, op. cit., S. 239f.

ist der »Raum der Freiheit«, den sie erschließen, wesentlich größer.

Jung regt die Aktive Imagination wie erwähnt unter anderem als Fortsetzung von Träumen an. Träumt zum Beispiel jemand von einem Verfolger, kann er sich in einer Aktiven Imagination umdrehen, den Verfolger ins (innere) Auge fassen und mit ihm ins Gespräch kommen. Vielleicht findet er dann heraus, was der Verfolger von ihm will, und der innere Dialog endet sogar mit dessen Wandlung in einen inneren Verbündeten. Das aktive, wache Ich in der Imagination ist stärker als das Ich im Traum; deshalb werden Kontakte und Gespräche möglich, die im Traum zu angstbesetzt wären, als daß sie stattfinden könnten. Der Punkt, an dem der Träumer aus seinem Traum erwacht, ist oft der Ausgangspunkt für eine Aktive Imagination. Es ist nicht nur wichtig, die anderen Figuren – inneren Persönlichkeiten – zu befragen, sondern auch genau und aufmerksam zuzuhören, was sie zu sagen haben. Von Zeit zu Zeit ist das in der Aktiven Imagination Erschaute genau aufzuschreiben; deshalb müssen Stift und Block bereitliegen. Dazu ist es natürlich nötig, die Augen zu öffnen, die sonst bei den meisten Imaginierenden geschlossen bleiben. Am besten findet die Aktive Imagination in bequemer Sitzhaltung statt. Zum Schluß liegt ein Text vor, mit dem therapeutisch ebenso gearbeitet werden kann wie mit einer Traumerinnerung.

Eine Aktive Imagination hat vieles mit einem luziden Traum gemeinsam: In beiden ist das Ich aktiv und beeinflußt durch seine »Wachheit« den Verlauf, ohne jedoch Unangenehmes einfach ausblenden zu können, es sei denn, es steigt aus und verläßt den luziden Traum (erwacht) beziehungsweise die Aktive Imagination, läßt also die Dinge nicht mehr mit aktiver Aufmerksamkeit einfach geschehen, sondern nimmt das Leben mit einem Willensakt wieder selbst fest in den Griff und unter Kontrolle. Auch das kann manchmal sinnvoll sein, und es ist gut zu wissen, daß ein Abbruch der Aktiven Imagination durch einen freien Willensakt jederzeit möglich ist.

Ich rate zur Vorsicht, wenn man die erste Aktive Imagination außerhalb eines therapeutischen Rahmens angeht; der »Traum« im Wachen könnte ein ohnehin labiles Ich in seinen Strudel reißen und sogar in gefährliche Nähe zu einer Psychose bringen. Das trifft auch für Spontanrituale zu. Diese finden als Gemeinschaftsprozesse mit jeweils einem Selbstinitianden in vielen Fällen ohnehin nur im Rahmen einer Gruppentherapie statt. Die beiden Gründe dafür habe ich angeführt. Die gleiche Vorsicht ist seltener auch bei den ebenfalls aktiven – das heißt von der gleichen wach rezeptiven Haltung getragenen – Ausdrucksphantasien geboten. Sowohl in Aktiven Imaginationen als auch in Ausdrucksphantasien und Spontanritualen stützt der Therapeut das bewußte Ich der Klientin oder des Klienten durch kurze Fragen und Kommentare, damit diese sich ohne Ichverlust dem Geschehen überlassen können. Treten trotzdem Anzeichen eines bevorstehenden Ichverlustes auf – das wichtigste ist der Abbruch des Kontaktes zum Therapeuten –, muß dieser sofort den Abschluß oder den Wechsel auf eine sicherere Spur veranlassen. Sonst besteht die Gefahr einer traumatisierenden, schädlichen Regression. Eine solche habe ich bisher in keinem der etwa zweitausend von mir begleiteten Spontanrituale erlebt. – Meine Warnung geht allerdings nicht so weit, das Ausprobieren von Aktiven Imaginationen und Leibimprovisationen ohne Begleitung in Bausch und Bogen abzulehnen. Viele machen damit spannende und fruchtbare Erfahrungen.

Spürbewußtsein

Im Spontanritual und in den einzelnen Ausdrucksimprovisationen muß das Bewußtsein immer mit dem wachen Spüren des eigenen Körpers gekoppelt werden. Zur Unterscheidung von einem bloß reflexiven Bewußtsein nenne ich es Spürbewußtsein. Darunter verstehe ich: den Körper spürend, was auch immer denken, den Körper spürend, was auch immer fühlen, den Körper spürend, was auch immer sehen oder hören oder riechen oder schmecken oder tasten, den Körper spürend sich bewegen, den Körper spürend sich entscheiden, und so weiter, ähnlich wie Buddha in der vielleicht ältesten Anweisung zur Meditation sagt: »Den ganzen Körper empfindend werde ich einatmen, den ganzen Körper empfindend werde ich ausatmen.«[7] – Was heißt das: »den Körper spürend«? Im Spontanritual meint es – ich erweitere das schon Beschriebene –, daß der Selbstinitiand bei allem, was sonst geschieht, das ständige Randbewußtsein in jenem körperlichen Geschehen sucht und, wenn er es gefunden hat, aufrechterhält, das er im Moment am deutlichsten wahrnimmt, z. B. im Fluß des Atems, im Herzschlag, in einem lustvollen Empfinden oder Schmerz an einer bestimmten Körperstelle, in einer bestimmten Zuckung, Vibration oder Verspannung, in einer sich spontan anbahnenden Bewegung und Gebärde. Solches Spüren kann sich nur einstellen, wenn relative Angstfreiheit herrscht. Wie kann diese erreicht und stabilisiert werden? Indem der Therapeut den Klienten, wann immer nötig, daran erinnert, die körperliche Aufmerksamkeit nicht durch Abstand nehmende Beobachtung zu stören. – Ohne Spürbewußtsein würde ein Spontanritual zu einer Farce seiner selbst. Es ist die einzige Garantie dafür, daß Energiesignale auftauchen und sich

7 Buddha, Die Lehren des Erhabenen, S. 348.

weiter entfalten. Gerade in Rollenspielen besteht die Gefahr, sich und anderen etwas vorzuspielen, vorzumachen. Nur das körperlich verankerte Spürbewußtsein kann dies verhindern oder nach und nach auflösen.

In ihrer ausgezeichneten Studie zur Psychoenergetik schreibt die Psychoenergetikerin und Atemtherapeutin Heike *Scheel:* »Anders als bei Jung tritt das interpretierende Denken primär während des therapeutischen Prozesses zurück, um nun die Ebene der Empfindung (die ›Sinnesfunktion‹) für den Heilungsprozeß zu fördern und zu nutzen. Dabei steht in der Psychoenergetik die Empfindung – Schellenbaum spricht umfassender von ›Spürbewußtsein‹ – nicht mehr wie bei Jung in Opposition zur Intuition, sondern sie wird gleichsam zum Ausgangspunkt erlösender Erfahrung ... Das bewußte leibliche Sein spielt eine zentrale Rolle.«[8]

Rollenspiele in der Gestalttherapie[9]

Eine andere Möglichkeit als die der Aktiven Imagination, Träume wach und aktiv weiterzuträumen, sind Rollenspiele. Ich erwähne *vier Modelle.* Frederick S. *Perls* übernimmt im wesentlichen die von Jung eingeführte subjektstufige Technik der Traumdeutung und überträgt die Aktive Imagination auf die leichter zu praktizierenden Rollenspiele. Hat zum Beispiel eine Frau in ihrem Traum einen Stuhl aus dem Garten ihrer besten Freundin gestohlen, so

8 H. Scheel, Vergleichende Standortbestimmung der Psychoenergetik nach Peter Schellenbaum, ined. 1996, S. 12 und 51.

9 Hier berühre ich nur einen einzigen Punkt aus dem Angebot an Rollenspielen in der Gestalttherapie. Dazu verweise ich auf H. Petzold, Gestalttherapie und Psychodrama, Kassel 1973.

würde Perls die Träumerin nicht nur die Rolle der Freundin, sondern auch die des Stuhls und die des Gartens einnehmen und in jeder Rolle ihre Gedanken aussprechen lassen, denn jede drückt eine Teilpersönlichkeit der Frau aus.[10] Daß sich *auch unbelebte Dinge* durch solche Rollenspiele symbolisch aufladen und lebendig werden, bildet einen originellen Aspekt in Perls Vorgehen. Fruchtbar ist auch das Erzählen des Traumes zu Beginn in der Gegenwartsform: Dadurch wird dieser zu einem Ereignis im Hier und Jetzt. Perls achtet dabei sowohl auf Emotionen – er bezeichnet diese als die wichtigsten Antriebe für unser Verhalten – als auch auf Mimik, Gestik und Körperhaltung des Erzählenden. Beides habe ich von der Gestalttherapie übernommen und lasse die entsprechenden Körpersignale in regelrechte Ausdrucksimprovisationen, manchmal bis in ganze Spontanrituale hinein, verlängern.

Auch in Träumen treten nach Perls die beiden »Clowns der Persönlichkeit« auf: der moralisierende, verurteilende Topdog und der nörglerisch protestierende, schmeichlerische, manipulierbare Underdog. Dialoge zwischen beiden waren eine Spezialität Perls. Sie finden aber auch zwischen anderen Traumfiguren statt. Dabei wird vom einen zum anderen Platz gewechselt. Perls hielt es nicht für nötig, jedes Element oder Ereignis in einem Traum durchzuarbeiten, solange der Träumer wenigstens *eine* existentielle Botschaft erhalten hat.[11] Die besten Resultate mit dieser Arbeit werden in einer Gruppe erzielt. Diese trägt zur Intensivierung des Erlebens bei.

10 Zur Theorie des Traumes bei Perls siehe F. S. Perls, Gestalt-Therapie, S. 228–233.

11 Zu Perls Gestalt-Methode in der Arbeit mit Träumen vgl. auch A. Faraday, Die positive Kraft der Träume, Bern, München, Wien 1973, S. 138–151.

Intensivierung des Erlebens von Traumfiguren

Die Intensivierung des Erlebens von Traumfiguren ist auch das zentrale Anliegen in Medard *Boss'* weisem, dichtem und anregendem Buch »Der Traum und seine Auslegung«.[12] Die Deutung steht im Dienst der Förderung dieser Intensivierung. Als Daseinsanalytiker, der sich von der Existenzphilosophie Martin *Heideggers* und den daseinsanalytischen Arbeiten Ludwig *Binswangers* inspiriert, unterstreicht Boss die Realität der Träume und hält die bewußte Beteiligung für das Wichtigste. Somit relativiert er alle scheinbar objektiven Deutungsmodelle. Boss' Originalität liegt weniger in inhaltlichen Beiträgen – in dieser Hinsicht beschränkt sich sein Buch weitgehend auf die sorgfältige Wiedergabe und kritische Prüfung der Arbeiten anderer –, sondern in der Vermittlung der für die Psychotherapie mit Träumen unerläßlichen existentiellen Einstellung. Zwar ließ Boss selbst keine Rollenspiele mit Träumen inszenieren, doch seine Grundhaltung erklärt auch die in alltägliche Belange eingreifende und den Protagonisten ergreifende Wirkung, die Rollenspiele mit Träumen ausüben. Deshalb erwähne ich ihn in diesem Zusammenhang. Die existentielle Einstellung prägt in besonderem Maße die Arbeit mit Spontanritualen, zu denen es von seiten des Selbstinitianden nicht mehr braucht als das wache, spürende Da-Sein. Das Mit-Sein des Therapeuten soll zu diesem ermutigen.

12 M. Boss, Der Traum und seine Auslegung, München 1974.

Mehr noch als die Gestalttherapie lebt das von Jakob L. *Moreno* entwickelte Psychodrama von Rollenspielen, die einige jungsche Analytiker auch für die Arbeit mit Träumen im Sinne der Analytischen Psychologie nutzen.[13] – Moreno berichtet von seinem Treffen mit Freud im Jahre 1912: »›Gut, Doktor Freud‹, sagte ich zu ihm, ›ich beginne da, wo Sie aufhören. Sie begegnen den Leuten in der künstlichen Umgebung Ihrer Praxis, ich dagegen auf der Straße oder bei ihnen zu Hause in ihrer natürlichen Umgebung. Sie analysieren ihre Träume, ich versuche, sie zu ermutigen, weiterzuträumen. Ich lehre sie, Gott zu spielen.‹«[14] Daraufhin habe ihn Freud amüsiert angesehen. – Moreno nennt sein Psychodrama auch Theater der Spontaneität. Es wurde von seinen Schülern mit verschiedenen Techniken weiterentwickelt. Ich selbst habe mich bei Morenos Nachfolger Dean *Eleftheris* und dessen Frau Doreen ausbilden lassen. Als ich, durch eine zufällige Anfrage dazu verlockt, anfing, mit Gruppen therapeutisch zu arbeiten, benutzte ich zunächst ausschließlich Techniken des Psychodramas.

Was ist der Beitrag des Psychodramas zur therapeutischen Arbeit mit Träumen? Der Protagonist begibt sich nicht, wie bei Perls Beitrag erwähnt, der Reihe nach in die einzelnen Traumfiguren und -dinge hinein, um ihre Gedanken und Empfindungen auszusprechen, sondern wählt aus der Gruppe Spieler für diese Aspekte aus. Mit ihnen spielt er zunächst den Traum selbst und dann dessen spontane Fortsetzung. Dabei bleibt er jedoch nicht immer in der Rolle des Traum-Ich, sondern schlüpft – auf Veranlassung des Leiters – auch in die anderen Rollen, um sie als eigene »Schatten-

13 Vgl. E. Barz, Selbstbegegnung im Spiel und W. Scategni, Das Psychodrama.

14 J. L. Moreno, Gruppenpsychotherapie und Psychodrama, zitiert nach W. Scategni, op. cit., S. 35.

figuren« zu erfahren und zu integrieren, oder um in ihnen eigene Bezugspersonen deutlicher als im Wachen zu erkennen. Der Rollenaustausch dient hier nicht nur der Einfühlung in das Du (objektstufige Traumdeutung), sondern auch der eigenen Selbstwahrnehmung durch die zunehmende Vernetzung der Selbstanteile (subjektstufige Traumdeutung). Ich verweise auf die im letzten Kapitel besprochenen Modelle der Traumdeutung Freuds und Jungs.

Das *objektstufige Rollenspiel* im Psychodrama (die Mitspieler verkörpern reale Bezugspersonen des Träumers) führt manchmal dazu, daß sich eine uns bekannte oder unbekannte Traumfigur als bloße Fassade entpuppt und erst nach und nach dank des Rollenspiels ihr wahres Gesicht, nämlich den durch den latenten Trauminhalt gemeinten konkreten Menschen enthüllt, im Unterschied zur Figur im manifesten Traum. In diesem Fall wird die entstellende Traumarbeit (Freud) im Psychodrama rückgängig gemacht; ein oft intensiverer Weg als der des freien Assoziierens. Zum Beispiel: Eine Frau entdeckt in den Augen eines Mitspielers, den sie für eine ihr unbekannte männliche Traumfigur gewählt hat, plötzlich die traurigen Augen ihres Sohnes. Dabei fällt es ihr wie Schuppen von den eigenen Augen: Bisher verdrängte sie aus schlechtem Gewissen die Traurigkeit ihres Sohnes, deren Ursache die von ihr gewollte Scheidung ist.

Oft verhält es sich auch umgekehrt: Der manifeste Traum verbirgt nichts. Er offenbart im Gegenteil eine bisher verdrängte Tatsache. Zum Beispiel zeigt er das wahre Gesicht einer Bezugsperson, das der Träumer im Wachen ausgeblendet hat. So nahm eine ältere Frau im Traum ihren Mann, den sie, seit seinem Seitensprung vor drei Jahren, in jeder Hinsicht verteufelt hatte, mit einem warmen, ihr zugewandten Gesichtsausdruck und offenen Armen wahr. Darüber war sie nach dem Erwachen tief betroffen und sagte: »Es stimmt. So ist er manchmal auch, und ich habe es nicht mehr gesehen!« Aufgabe des Psychodramas ist es dann, dieses neu wahrgenommene (Teil-)Gesicht der Bezugsperson noch deutlicher sichtbar werden zu lassen, ebenfalls ein oft intensiverer Weg als der der Kontextaufnahme durch Einfälle (Jung).

Das *subjektstufige Rollenspiel* im Psychodrama (die Mitspieler verkörpern innere Teilpersönlichkeiten des Träumers) erfüllt ebenfalls eine doppelte Funktion. Einerseits spiegeln Traumfiguren verdrängte Anteile des Träumers (Schattenfiguren) aus früheren Lebensphasen, zum Beispiel den verdrängten rebellischen Jugendlichen im angepaßten Erwachsenen. In diesem Fall verläßt das Psychodrama die Jetztzeit und setzt sich in einer früheren Lebensphase fort. Hier sind dem Psychodrama allerdings klare Grenzen gesetzt; zur präverbalen Phase hat es keinen Zugang. Das ist ein Punkt, an dem das Spontanritual den psychodramatischen Rahmen verläßt und sich auf der Ebene der bloßen Körperempfindungen, Emotionen und Bewegungen des Selbstinitianden fortsetzt. – Andererseits spiegeln unbekannte Traumfiguren manchmal innere, archetypische »Entwicklungsfiguren« des Träumers; sie weisen seiner Entwicklung eine neue Richtung, die sowohl sinnliche als auch Sinn vermittelnde Führerin in meinem ausführlich besprochenen Traum (zweites Kapitel) gibt dafür ein Beispiel. Dann dient das Psychodrama der Verankerung, erweiterten Erfahrung und Entwicklung solcher Helferfiguren, wie sie auch in Märchen und Mythen auftreten, im sozialen und individuellen Alltag des Träumers, also der Erschließung ihrer Ressourcen und Wachstumsdynamik.

Das Psychodrama bedient sich generell *dreier* wichtiger *Techniken*. Die erste ist das *Doppeln*: Es geschieht dadurch, daß sich der Leiter oder ein nicht im Spiel eingebundenes Gruppenmitglied hinter den Protagonisten (so heißt der

Hauptdarsteller im Psychodrama) stellt, gleichgültig, in welcher Rolle sich dieser gerade selbst befindet, ihn dabei leicht berührt und Gedanken beziehungsweise Gefühle ausspricht, die er – der Protagonist – noch nicht zuläßt. Dieser gibt durch ein Ja oder Nein zu erkennen, ob dieses Doppeln jetzt für ihn paßt oder nicht. Wenn ja, wiederholt er es in einer eigenen Formulierung. Das Doppeln wird zur *Stärkung des Ich* beim Gedoppelten eingesetzt, vor allem in bezug auf dessen wahre Gefühle. Es läßt nachreifen, was im Laufe der kindlichen *Ich-Bildung* nicht ausreichend entwikkelt wurde.

Die andere noch nicht erwähnte Technik ist das *Spiegeln.* Damit ist nicht die Tatsache gemeint, daß alle Traumfiguren den Träumer in einem bestimmten Persönlichkeitsanteil spiegeln, sondern ein bestimmter Beitrag von seiten des Leiters oder eines der Gruppenteilnehmer, nämlich: Der Spiegelnde stellt sich vor den Protagonisten, ob sich dieser nun gerade in der Rolle des Traum-Ich oder in einer anderen Rolle befindet, und imitiert ihn stimmlich und motorisch mit verstärkender Übertreibung, um ihm die Wahrnehmung eines eigenen unbewußten Verhaltens zu ermöglichen. Es ist klar, daß diese Technik nur in einem Psychodrama eingesetzt werden darf, in dem es nicht um eine frühe Lebensphase des Protagonisten geht. Das Spiegeln setzt ein einigermaßen stabiles Ich voraus und entwickelt das in der seelischen Pubertät an *Persönlichkeitsbildung* bereits Erreichte weiter.

Die dritte Technik ist der *Rollentausch* des Protagonisten mit einem Mitspieler. Er dient dem *Einfühlungsvermögen* in andere Menschen, hat also die Reifung des sozialen Bewußtseins zum Ziel. Es ergänzt, was sich in der sozialen Pubertät (ca. 16–20. Lebensjahr) nicht ausreichend entwikkeln konnte.

Dialog der inneren Stimmen

Voice Dialogue[15] ist eine weiterführende Form des Psychodramas zwischen Teilpersönlichkeiten des Protagonisten. Insofern eignet er sich für die psychotherapeutische Arbeit mit subjektstufig anzugehenden Träumen. Ich beschreibe die Methode nur in bezug auf diesen einzigen Aspekt und lasse den ihr eigenen begrifflichen Rahmen weg. Voice Dialogue meint den Dialog zwischen unterschiedlichen inneren Stimmen, die sich in uns ausdrücken möchten. Diese müssen nicht mit den einzelnen Figuren in einem Traum identisch sein, denn eine einzige Traumfigur ist vielleicht das Resultat der Verdichtung mehrerer innerer Stimmen. In diesem Fall soll die entsprechende Anzahl von Mitspielern die verschiedenen, im Traumbild verdichteten Persönlichkeitsanteile einzeln und im wechselseitigen inneren Dialog erfahrbar machen. Im bereits kommentierten Traum eines jüngeren Mannes von einem früheren Schulkameraden mit operierter Nase wäre dessen subjektstufige Ausfächerung in drei Mitspieler, drei innere »Stimmen« angezeigt: erstens den vom Vater »kastrierten« Sohn, zweitens den Mann, der infolge seiner Zuckerkrankheit an körperlich bedingter Impotenz leidet, und drittens den Mann mit einer guten Nase für zukunftweisende Entwicklungen, hier konkret: für das Wagnis einer Operation. Jeder dieser drei bekäme eine Stimme und die Möglichkeit, mit den anderen beiden in Kontakt zu treten. Eine weiterführende Form des inneren Psychodramas. Ich lernte sie durch den an meinem Institut ausgebildeten Psychotherapeuten und Chirurgen Kurt *Schneider* kennen.

15 Vgl. H. Stone und S. Winkelmann, Embracing Our Selves, Marina del Rey 1985.

Kleinstspiele

Allgemein läßt sich feststellen, daß solche »Kleinstspiele«, die wie unter dem Mikroskop einer fokussierenden Wahrnehmung den emotional am stärksten besetzten inneren Konflikt anpeilen und intensivieren, therapeutisch oft die stärkste Wirkung haben. Das gilt nicht nur für den Einsatz der Psychodrama-Technik, sondern für das gesamte Instrumentarium therapeutischer Beiträge, die wir unter Umständen auch ohne Therapeuten an uns selbst ausprobieren können, wie zum Beispiel die spürbewußte langsame Wiederholung einer einzigen kleinen, spontan entstandenen befreienden Bewegung oder eines einzigen ebenfalls spontan geäußerten geladenen Wortes. Wir sind nicht darauf angewiesen, das Große zu forcieren, denn es schlummert bereits im Kleinen. Was wir unter dem Mikroskop vergrößern, bestimmen nicht die Therapeuten, sondern die Menschen, die sie begleiten. Jeder neue Lebensimpuls meldet sich zunächst meist mit sorgfältiger Zurückhaltung; in der gleichen Haltung treten wir in Kontakt zu ihm. Und wenn sich das Lebendige, das bei uns angeklopft hat, nach einer Weile vorläufig genügend ausgedrückt hat und ein neues Signal eine neue Richtung anzeigt, pochen wir nicht schulmeisterlich auf die alte, nach unserem Dafürhalten vielleicht noch nicht genug vertiefte Spur, sondern folgen der neuen. Auch die alte wird sich vermutlich eines Tages unter neuen Vorzeichen wieder melden und zu weiteren Schritten motivieren. Jetzt ist gerade etwas anderes an der Reihe. Individuation ist spürendes Umkreisen eines verborgenen Zentrums.

Die vierte und letzte Technik mit Rollenspielen, auf die ich eingehe, ist zur psychotherapeutischen Verarbeitung von Träumen mit Spontanritualen und deren verwandten Formen besonders fruchtbar, beschränkt sie sich doch nicht auf Inszenierung und Dialog, sondern beinhaltet eine Art *motorisches Psychodrama*, das von Albert *Pesso,* einem ehemaligen Tänzer, entwickelt und von Tilmann *Moser* in die Psychoanalyse integriert wurde.[16] Von welchen lebensgeschichtlichen Tatsachen geht es aus? Im Laufe unserer Entwicklung konnten sich Lebensäußerungen, bezogen auf die vier Grundbedürfnisse Nahrung, Schutz, Unterstützung und Begrenzung, nicht genug in die ihnen entsprechenden Aktionen hinein verlängern, weil adäquate Reaktionen unserer Bezugspersonen zur Befriedigung dieser Grundbedürfnisse fehlten. Der rückgekoppelte Kreislauf von Impuls, Aktion und Reaktion ist deshalb in uns gestört. Unsere Gefühlsimpulse drücken sich nicht authentisch aus. Die interaktive Energie – die zwischen uns und der Umwelt tätige Energie – verlagert sich vom ursprünglichen Ort des Ausdrucks auf einen anderen Ort. Sie wendet sich vom ursprünglichen Objekt fort und hin zu einem Ersatzobjekt oder zur eigenen Person. Im letzteren Fall wenden wir zum Beispiel die Aggression, die ursprünglich eine bestimmte Bezugsperson meinte, gegen uns selbst. Die Energie, die nicht über den Weg der Interaktion motorisch definiert wird, kann nicht ins Ich integriert werden und bleibt im wörtlichen Sinn unde-finiert, das heißt grenzenlos.

Hier setzt Pesso an. Der Patient erforscht Bewegungsimpulse und damit zusammenhängende Wünsche, Emotionen

16 A. Pesso, Dramaturgie des Unbewußten. T. Moser/A. Pesso, Strukturen des Unbewußten, Protokolle und Kommentare.

und Körperempfindungen. Der Therapeut hilft dann einem oder mehreren Gruppenteilnehmern, antwortende Bewegungen zu entwickeln, deren Ablauf der Patient selbst bestimmt. In diesem bewegungsorientierten Psychodrama kommt es schnell zu intensiven, regressiven Zuständen. Um sie zu bewältigen, regt der Therapeut eine im Austausch mit anderen Gruppenmitgliedern herbeigeführte Befriedigung der unterschwelligen frühen Bedürfnisse und Wünsche an. Zum Beispiel erklärt ein Patient, der eine frühe, bisher ungelebte Aggression gegen seine Schwester empfindet, der Mitspielerin, also der Stellvertreterin für die Schwester, genau, wie sie auf einen bestimmten Schlag (der natürlich die Mitspielerin nicht trifft, sondern in sicherem Abstand vor ihrem Körper haltmacht) reagieren soll, etwa mit zu Boden fallen, schreien, sich winden, sich unter Fußtritten vor Schmerz aufbäumen, und so weiter, und dies in mehreren Schritten, bis der Kreislauf (die »Gestalt«) von Impuls, Aktion und Reaktion sich geschlossen hat, also rückgekoppelt ist.

Ein bei mir in Psychoenergetik ausgebildeter Pesso-Therapeut, der Basler Schauspieler Claude *Karfiol*, hat mich mit dieser Technik vertraut gemacht. Das antwortende Mitspielen des Therapeuten oder eines Gruppenmitglieds ist eine Form von aktiver Resonanz. In der Arbeit mit objektstufig zu deutenden Träumen, besonders, wenn es um die Beziehung zu frühen Bezugspersonen, allerdings nicht in der präverbalen Phase, geht, ist diese Technik außerordentlich wirksam. Dazu ein Beispiel: Eine 25jährige Frau träumte, sie habe ihrer Mutter das Gesicht blutig gekratzt, ein Traum, über den sie sehr erschrak. Immer noch war sie vom Urteil ihrer Mutter abhängig. Von Kindsbeinen an fühlte sie sich für deren Wohlergehen verantwortlich und zerfleischte sich mit Gewissensbissen, nie genug für sie zu tun. – Ich schlug ihr ein motorisches Psychodrama nach

Pesso vor, in dem sie nicht nur ihre unterdrückte Wut gegen die Mutter mit Kratzen und Schreien auslebte, sondern auch die Befriedigung genoß, daß diese, gemäß ihren Anweisungen, vor Schmerzen schrie, sich das Blut aus dem Gesicht wischte und kniend mit Gebärden um Gnade bat. Es blieb aber nicht bei diesem sadistischen Spiel, das einen Ausgleich zum langjährigen masochistischen Spiel der jungen Frau schuf. Solche auf Bewegung und emotionale Befreiung orientierten Spontanrituale, in denen ein alter, aufgrund eines Mangels an passender Reaktion bisher unvollendet gebliebener Kreislauf – hier der Kreislauf der Beziehung zur Mutter – sich endlich schließt, setzen eine für die Entwicklung förderliche Dynamik frei: Die letzte Szene der Begegnung bestand darin, daß die Frau ihre Mutter zum Abschied liebevoll unter Tränen umarmte und sich die gleiche Umarmung von ihr wünschte und bekam.

Doch war das Spontanritual immer noch nicht zu Ende. Nachdem sich die Mitspielerin an ihren Platz im Gruppenkreis zurückgezogen hatte, setzte sich die Frau in der Mitte des Raumes schweigend auf den Boden. So ruhig und zentriert hatte ich sie noch nie gesehen. Bisher wirkte sie meist nervös und angespannt, wie mit der ängstlichen Frage auf den Lippen: »Was erwartet ihr von mir? Sagt es mir, damit ich es tun kann. Ich möchte mich endlich entspannen.« Diesmal war es ganz anders. Ihr leicht, flüssig und tief gehender Atem bildete ihr momentanes Energiesignal. Ich lud die anderen Gruppenteilnehmer ein, in ihren Atemrhythmus einzustimmen: eine Form von spürbewußter Resonanz mit ihr. Bald herrschte eine gelöste und gesammelte Stimmung im Raum. Jeder zentrierte sich im Spüren des eigenen Atemrhythmus und war darin mit den anderen verbunden. Schließlich sagte die junge Frau: »Ich brauche dieses Alleinsein. Es ist für mich jetzt das Wichtigste. Ich war noch nie unabhängig. In diesem Augenblick bin ich es, und ich merke, daß ich in der nächsten Zeit viel allein sein muß.« – Diese Aussage bildete das Ende ihres Spontanrituals. Es war wichtig, es nicht beim motorischen Rollenspiel zu belassen. Warum? Einfach deswegen, weil nach dessen Abschluß noch ein weiteres Energiesignal auftauchte. Hätten wir ihm nicht Raum gegeben, wären wir nicht weit genug gegangen, und das Thema für die nächste Lebensphase der Frau – Unabhängigkeit durch Alleinsein – wäre unausgesprochen geblieben. Wer auf einer einzigen Spur – nach nur einer Technik – arbeitet, wird leicht blind für Signale, die von anderen Spuren stammen und ein anderes Vorgehen erfordern. Der flüssige Übergang von der einen zur anderen Spur im richtigen Moment, nämlich dann, wenn sich ein neuer Lebensimpuls meldet, ist ein Kennzeichen des Spontanrituals. – Konnte die junge Frau im Traum »nur wünschen« (Freud), nämlich der Mutter das Gesicht zu zerkratzen? Es schien zunächst so. Doch dann entpuppte sich der Wunsch als Motor einer neuen Entwicklungsdynamik, die sich die Frau nur dadurch wirklich erschließen konnte, daß sie ihren Lebenssignalen, auch dem ersten, zunächst negativ bewerteten und abgewehrten, mit Leib und Seele folgte. Ihr Traum hatte Beine bekommen, die sie auch nach der Gruppenpsychotherapie weiter trugen.

Luzid träumen

In *luziden Träumen* oder *Klarträumen* – beides bedeutet das gleiche – kann das Traum-Ich bei klarer Erkenntnis des Traumzustandes, klarem Bewußtsein und klarer Erinnerung an das Wachleben handelnd in das Traumgeschehen eingreifen. Bis zu einem gewissen Grad vermag es diese Träume sogar ohne Rücksicht auf die Gesetze von Raum und Zeit und andere natürliche Gesetzmäßigkeiten zu beeinflussen. Zum Beispiel kann es vielleicht einen Toten zum Leben erwecken, mit einer früheren längst verstorbenen Bezugsperson, die im Traum auftaucht, einen alten Konflikt bereinigen, und so weiter. Solche »magische« Beeinflussung der natürlichen Gegebenheiten ist im Wachleben nicht möglich.[17] Dieses Verfahren wurde bereits in indianischen Ursprungsgesellschaften praktiziert, um die eigenen Träume und durch sie das ganze Leben in eine günstige Richtung zu lenken. – Ähnlich wie in der Aktiven Imagination kann das Ich im luziden Traum einen in der Tagesrealität schon längst fälligen Dialog mit einer im Traum erscheinenden Bezugsperson führen, gleichsam als Hauptprobe für das später folgende Gespräch mit diesem Menschen im Wachzustand. Das ist eine der praktischen Anwendungsmöglichkeiten des Klartraums; der therapeutische Nutzen liegt auf der Hand.

Auch jemand, der Klarträume nicht kennt, weiß um die Tatsache, daß die Einstellung des Ich den Inhalt der Träume beeinflussen kann. Wenn Hillmann den Traum nur als Ausdruck der autonomen Phantasietätigkeit des schlafenden Menschen definiert, sieht er an dieser Tatsache vorbei und idealisiert den Traum. Das Ich schläft nie ganz, auch mit seinen Lebenslügen nicht. In meiner eigenen Lehranalyse wünschte ich mir manchmal, diesen oder jenen von mir herbeibeschworenen Entwicklungsschritt in einem Traum probeweise zu tun, und prompt träumte ich ihn, zu meiner und des Lehranalytikers Freude. Später zeigte es sich dann manchmal, daß ich den besagten Lebensschritt geträumt hatte, obwohl er mir in keiner Weise entsprach. Der Wunsch dazu entsprang nicht einem echten Bedürfnis, sondern einer sozialen Anpassungsleistung. Der bloße Wunsch war Vater

17 B. Holzinger, Der luzide Traum. Phänomenologie und Physiologie. Wien 1994.

eines Gedankens und letzterer Vater eines Traumes. – Wie auch Heike *Scheel* herausstellt, neigt ein Analysand in einer freudschen Analyse dazu, freudianisch zu träumen, und jungianisch in einer jungschen Analyse. Dies bedeutet allerdings nicht immer – wie im erwähnten Hinweis auf meine Lehranalyse – eine bloße Anpassungsleistung, sondern manchmal auch eine realistische Einschätzung des Unbewußten in bezug auf das in dieser bestimmten therapeutischen Beziehung an wahrhaftiger Entwicklung Mögliche und zu Weckende. Auch das habe ich in meiner eigenen Lehranalyse erlebt. »Auch wenn das, was der Klient träumt, sein Eigenes ist, wird er doch das aktualisieren, was zwischen ihm und dem Therapeuten möglich ist.«[18] Meistens ist es eine Mischung von beiden. Wiederum begegnen sich die sich ergänzenden Standpunkte Freuds und Jungs: unpassende Verinnerlichung von etwas Fremdem und passendes Innewerden von etwas Eigenem.

Eingriffe des Ich in das Traumgeschehen sind also nichts Ungewöhnliches. Doch mutet es viele wunderlich an, daß dies auch im Schlaf geschehen soll. Zwar merken die meisten Menschen im Traum ab und zu, daß sie träumen. Schon das ist eine intensive, spannende Erfahrung. Doch ohne es gelernt zu haben, träumen nur wenige einen Traum, in dessen Geschehen sie handelnd eingreifen. Es läßt sich jedoch *leicht erlernen* und ohne äußere Hilfe praktizieren. Wer im Erinnern seiner Träume und in der Auseinandersetzung mit ihrem Inhalt geübt ist, hat es leichter. Sie können sich angewöhnen, in wachem Zustand sich mehrmals täglich, vor allem beim Einschlafen und Aufwachen, zu fragen, ob Sie träumen oder nicht. Früher oder später merken Sie dann im Traum, daß Sie träumen. – Sich in den

18 H. Scheel, Vergleichende Standortbestimmung der Psychoenergetik nach Peter Schellenbaum, S. 35.

Schlaf zu zählen, ist ebenfalls ein wirksamer Weg: »Eins, ich träume, zwei, ich träume« und so weiter. An irgendeinem Punkt – achtundvierzig – stellen Sie fest, daß Sie tatsächlich träumen.[19] Für viele am einfachsten und wirkungsvollsten ist die feste Willensbezeugung vor dem Schlafengehen: »Heute nacht *werde* ich einen luziden Traum haben.« – *Stevens* schreibt, er habe die meisten luziden Träume im Mittagsschlaf gehabt, wo ein direktes Hinübergleiten aus dem Wachzustand in den REM-Schlaf möglich ist.[20]

Wozu das Bemühen um luzide Träume? Aus *vier Gründen.* Auf den *ersten* habe ich schon hingewiesen: Träumende Einübung in einen anstehenden Lebensschritt: Der therapeutische Nutzen liegt in der Aktivierung und Konkretisierung eines für die eigene Lebensgestaltung förderlichen Vorstellungsbildes. Der *zweite Grund*: In Klarträumen erleben wir manchmal – nicht immer – intensive Freiheit, Helligkeit und Schönheit. Die gewöhnliche Welt bekommt dann eine ungewöhnliche Ausstrahlung. Was mich, wenn ich diese Art von luzidem Traum habe, am meisten erfüllt, ist das Empfinden von geradezu mystischer Klarheit. Nach dem Aufwachen erlebe ich dieses wie eine Belohnung dafür, daß ich die manchmal lästige Disziplin aufgebracht habe, im Träumen »wach« zu sein. Diese Verbindung von Disziplin und sich einstellender entspannter Klarheit kenne ich auch aus der Meditation.

Beim Klarträumen handelt es sich offensichtlich um eine *Schwellenerfahrung*, die einiges mit hypnotischer und medialer Trance und bestimmten Formen der akuten Psychose gemeinsam hat[21], vor allem aber mit Erlebnissen, die in Ursprungsgesellschaften im Verlauf von Übergangsriten ge-

19 S. LaBerge, Hellwach im Traum. Höchste Bewußtheit in tiefem Schlaf, Paderborn 1987.
20 A. Stevens, op. cit., S. 364.
21 Vgl. A. Stevens, op. cit., S. 362.

macht werden: Schwellenpersonen (»Grenzgänger«) sind weitgehend frei von konventionellen Grenzen und Zwängen. Oft sind sie nackt, kaum bekleidet oder als Monsterwesen verkleidet. Aufgrund ihrer »Schwellenfreiheit« sind sie übersensibel, überklar, wie in einem nüchternen Rausch, auch gefährdet. Deshalb bedürfen sie der Gemeinschaft, der »Communitas«, wie der Ethnologe Victor *Turner* in seinem richtungweisenden Buch »Ritual – Struktur und Anti-Struktur« mit vielen Beispielen belegt.[22] Aus demselben Grund brauchen Selbstinitianden in einem Spontanritual – ebenfalls Schwellenpersonen – die Übergangsgemeinschaft einer Therapiegruppe.

Auch in luziden Träumen herrscht oft das klare Gefühl der Unabhängigkeit von solchen Zwängen, die uns oft im Wachzustand beengen. Ein Träumer, der weiß, daß er träumt, hat selten Angst oder fühlt sich gefährdet; er kann zum Beispiel jemanden beleidigen oder schlagen und gleichzeitig wissen, daß er damit niemandem weh tut. Die gleiche Freiheit herrscht auch im Spontanritual; auch hier erfahren wir manchmal, daß Dinge, die wir uns bisher verboten haben, aus innerer Notwendigkeit einfach geschehen *müssen.* Ein kleiner, aber entscheidender Unterschied liegt darin, daß wir uns im Spontanritual noch klarer werden, daß es bei allem spielerischen Probehandeln und Experimentieren schließlich um unsere konkrete Lebensgestaltung in der sozialen Umwelt geht, zum Beispiel darum, einen Weg zu finden oder uns zu behaupten, ohne andere dadurch zu unterdrücken. Ein erstes Signal, zum Beispiel die sich in unbewußter Spontaneität immer wieder schließende und öffnende rechte Faust, veranlaßt die Selbstinitiandin vielleicht zu schlagen; dann tut sie es, etwa »bioenergetisch« auf eine Matratze oder in einer »Pesso-Szene« zusammen mit

22 V. Turner, Ritual – Struktur und Anti-Struktur, S. 94 ff.

einem Mitspieler. Doch dann kommt möglicherweise ein zweites Ausdruckssignal: Die linke Hand öffnet sich zu einer ersten zaghaften Verbindung und tastet sich in mehreren Versuchen zu der jetzt ehrlichen, passenden Begegnung vor, und so weiter.

Deshalb spüren wir im Spontanritual oder auch in einer kürzeren Leibimprovisation, im Gegensatz zum Klartraum, oft auch Angst und Gefährdung. Das Überschreiten der Schwelle führt uns hier unmittelbarer vor folgenschwere Entscheidungen und Veränderungen in unserer konkreten Lebensgestaltung. Nach dem Aufwachen aus einem Klartraum können wir uns fragen: »Was von all dem, was ich träumend probeweise verändert habe, will ich jetzt, da ich wach bin, weiterführen?« Natürlich verfügt der Selbstinitiand über diese Freiheit auch nach einem Spontanritual. Auch dieses ist ein zunächst noch unverbindliches, spielerisches, sich in die eigene Wahrheit Hineintasten. Aus diesem Grund betone ich oft: »In einem Spontanritual werden keine Entscheidungen gefällt.« Und doch führt seine Dynamik unmittelbarer in eine sich aufdrängende Wandlung. Daher auch das realistische Gefühl von tatsächlichem Risiko, ähnlich wie in einem traditionellen Übergangsritus.

Der *dritte Grund*, warum es sich lohnt, luzide zu träumen, ist die Möglichkeit zur nachträglichen Einübung in ethische Verantwortung. Der Klartraum läßt dem Ich weitgehende Freiheit, sich so oder anders zu verhalten. Das Gefühl der Freiheit empfinden wir im luziden Traum noch stärker als im Spontanritual, und wir nehmen uns auch das Recht, uns gegebenenfalls für die Unmoral zu entscheiden. Es tut gut, wenn sich Schattenanteile ohne Gefährdung der Umwelt austoben können. Erst nach dem Erwachen stellen sich Fragen zur ethischen Entscheidung. Auch Psychopathen empfinden manchmal den Glanz absoluter Freiheit, doch ohne jede spürende Bezogenheit zur Umwelt. Die vorübergehende Unbezogenheit in Klarträumen kann wie gesagt heilsam sein: »Dieser emanzipatorische Impuls also, dem ich klar träumend willentlich nachgehe, ist mein! Ich umarme einen Menschen, dem ich bislang nicht einmal gewagt habe, die Hand zu geben. Oder ich stoße meinen Chef von der Felswand herunter in den Tod.« Nach dem Aufwachen dauert das Gefühl der neuen Freiheit an, und gleichzeitig stellt sich, vielleicht zum ersten Mal, die Erkenntnis ein: »So wie bisher geht es nicht weiter«, und die Frage nach dem ersten Schritt wird laut. Individuation heißt auch: Verantwortung für das Erfahrene durch das Ziehen von Konsequenzen übernehmen. Statt den Chef weiterhin zu hassen, müssen Sie vielleicht ein klares Gespräch mit ihm suchen und dabei das Risiko von Nachteilen auf sich nehmen. – Besser noch als andere Träume eignen sich Klarträume zur Fortsetzung in einem Spontanritual, denn auch in diesem befindet sich das Ich handelnd und entscheidend mitten im Geschehen.

Den *vierten Grund*, uns um luzide Träume zu bemühen, halte ich für den wichtigsten: Ähnlich wie die wesensverwandten Leibimprovisationen und Spontanrituale schaffen Klarträume, einmal abgesehen von alltäglichen Veränderungen, zu denen sie motivieren, allmählich ein neues geistiges Klima, eine *neue Gestimmtheit*, hinter der sogar tiefgreifende neue »Entwicklungserfolge« als zweitrangig verblassen. Ich finde dafür nur paradoxe Formulierungen: Wir kommen nach und nach in eine bezogene Distanziertheit, liebevolle Unabhängigkeit, nicht berechnende Kontinuität und nicht erpresserische Zuverlässigkeit, freie Nähe, engagierte Lockerheit zu den Ereignissen in unserem Leben und zu unseren Mitmenschen. Mehr und mehr sind wir gleichzeitig bereit, das Leben, so wie es ist, geschehen zu lassen, und doch nichts durchzulassen, was unseren Widerstand erfordert.

Vor meinem inneren Auge sehe ich eine Anzahl von Menschen, mit denen ich über einen gewissen Zeitraum gearbeitet habe und auf die solche paradoxen Beschreibungen zutreffen. Mit luziden Träumen habe ich zwar einige, doch deutlich weniger Erfahrung als mit Spontanritualen, Körperphantasien, erlebnisorientierten und analytischen Gesprächen. Doch diese wenigen Erfahrungen zeigen mir, daß regelmäßig luzid Träumende nach und nach zu einer ähnlichen Haltung aufmerksamer Gelassenheit finden wie die vielen Menschen, denen ich durch meine psychoenergetische Arbeit über längere Zeit nahegekommen bin. Wichtige einzelne Veränderungen geschehen oft in kurzer Zeit, doch die fundamentale Wandlung der Lebenseinstellung, um die es hier geht, erfordert organisches Wachsen über einen längeren Zeitraum. Vielleicht hat es damit zu tun, daß eine im Kurzzeitgedächtnis gespeicherte Erinnerung nur dann in den Speicher des Langzeitgedächtnisses wechseln kann, wenn sie drei Jahre lang in die Gedächtnisbahnen hineingeträumt wird.[23] Eine zügige Neuprogrammierung, wie sie von NLP propagiert wird, polt im besten Falle ein bestimmtes Verhalten um, wandelt aber nicht den Menschen. Ein Computer läßt sich vollständig umprogrammieren, ein Mensch nur so weit, wie er einem Computer ähnlich ist. Auffällig viele NLPer melden sich zu meinen Therapiegruppen. Da ich nicht mit NLP arbeite, vermute ich, daß sie bei mir etwas anderes suchen. Auch in den »All-Machern« schlummert die Sehnsucht nach wirklicher, das heißt nicht planbarer Schöpfung.

23 Vgl. A. Stevens, op. cit., S. 133.

Das verbindende Prinzip in der Integrierung therapeutischer Methoden

Ich kehre zur wesentlichen Frage der Integrierung verschiedener psychotherapeutischer Methoden in Spontanritual und Ausdrucksphantasie zurück und vertiefe sie. Meine Kritik am Einsatz einer einzelnen psychotherapeutischen Methode, zum Beispiel einer bestimmten Form von Rollenspiel, betrifft nicht die Methode selbst. Um bei den Rollenspielen zu bleiben: Sie finden, wie auch meine Beispiele gezeigt haben, im Verlauf von Spontanritualen fruchtbare Verwendung, zwar nicht in allen, aber doch in vielen, nämlich dann, wenn sie durch ein Ausdruckssignal gefordert werden. Meine Kritik zielt auf den Anspruch der Ausschließlichkeit, die eine Gefahr jeder therapeutischen Methode ist. Die verschiedenen therapeutischen Techniken spiegeln die große Komplexität und die vielfältige Problematik des Menschen in unserer Zeit. Wir können sie abwechselnd nutzen, aber nicht aufs Geratewohl, sondern dem gehorchend, was die Person, die wir begleiten, gerade am dringendsten benötigt, ohne es vor der durch den Therapeuten vermittelten Wahrnehmung des eigenen spontanen Ausdruckssignals selbst gewußt zu haben. Die Integrierung der verwirrend vielen Therapiemethoden wird einfacher, wenn sie einem gemeinsamen, verbindenden Prinzip folgt. Dieses kann weder Willkür noch eine staatlich verordnete Charta der Psychotherapie noch das soziale Ansehen bereits etablierter Richtungen sein. Das für mich gültige allgemeine Prinzip nicht nur der Integrierung, sondern auch des situativen Gebrauchs einzelner therapeutischer Möglichkeiten ist der *Respekt vor dem momentan zentralen Aspekt im Selbstausdruck* eines Menschen. Diesem so lange kongruent zu folgen, bis sich der Selbstausdruck in einen neuen Aspekt, der ein neues methodisches Vorgehen erfordert, verschiebt: Das halte ich für das integrative Prinzip einer wirklich klientenzentrierten Psychotherapie, durch das die Spreu vom Weizen geschieden wird.

Die Integration einer therapeutischen Methode muß da aufhören, wo die Manipulation anfängt. Ich kann zum Beispiel vom NLP vieles übernehmen, doch nicht das zugrundeliegende Menschenbild des »All-Machers«. Wie lautet die Antwort? Die *Demut* des Therapeuten vor dem, was sich nicht in ihm selbst, sondern nur in seinem Gegenüber ausdrücken kann. Damit dessen wahrhaftiger Selbstausdruck überhaupt möglich wird, dazu bedarf es allerdings zweierlei: von seiten des Klienten das bereits beschriebene *Spürbewußtsein* und von seiten des Therapeuten die noch näher zu definierende *Resonanz* (die ebenfalls Spürbewußtsein voraussetzt): *zwei Schlüsselbegriffe* der Psychoenergetik. Spürbewußtsein im Du und Resonanz mit diesem bei sich selbst zu fördern, das ist Psychotherapie als Kunst.

Jede einzelne psychotherapeutische Methode hat engere Grenzen als der Mensch selbst, – übrigens auch alle zusammengenommen. Wir müssen unser psychotherapeutisches Instrumentarium auf den Menschen als Ausdruckswesen hin erweitern. Ein Ziel, das wir natürlich nie erreichen werden. Wir können nicht allen alles sein. Jeder Therapeut hat seine bestimmten Begabungen, Erfahrungen, Wissensbereiche und Entfaltungsmöglichkeiten. *Prometheus*, der das Feuer vom Himmel holt, ist keine Leitfigur für Psychotherapeuten. Und doch: Entwicklungen sind möglich. Stoßen wir in unserer Arbeit auf eine Grenze beruflicher oder persönlicher Art, auf einen Mangel an Kompetenz oder Einfühlung, so dürfen wir sie nicht verwischen. Die einzige ehrliche Reaktion ist dann: sie eingestehen, nicht in die falsche Richtung agieren, Zurückhaltung üben und gegebenenfalls mit dem Klienten eine Alternativmöglichkeit besprechen. Auch die von mir entwickelte Arbeit mit

Spontanritualen kann nicht über die Grenzen dessen, der sie ausübt, hinwegtäuschen. Doch hat die psychotherapeutische Arbeit nach dem beschriebenen verbindenden Prinzip – Zentrum der Psychoenergetik – immerhin den Vorteil, den vielfältigen Selbstausdruck des Menschen mit der Vielfalt ihrer Vorgehensweisen kopieren zu wollen. Dies wird ihr, wie gesagt, nie ganz gelingen. Doch bedrücken mich meine eigenen Grenzen selten. Ich bemühe mich einfach sie auszuweiten, wenn ich konkret an sie stoße. – Psychotherapie in diesem Sinne kann keine vollständig definier- und erlernbare Technik sein. Sie gleicht der Kunst: nie ganz zu zähmen, nie ganz zu deuten.

Psychoenergetik

Für meine Arbeit mit Spontanritualen und Körperphantasien, verbunden mit dem erlebnisorientierten und analytischen Gespräch, verwende ich, wie erwähnt, seit 1985 die Bezeichnung Psychoenergetik.[24] Darunter verstehe ich eine Psychotherapie, bei der die inhaltliche Bearbeitung von Einzelproblemen dem spürbewußten Folgen der jeweiligen spontanen psychischen Energiespur von Energiesignal zu Energiesignal zugeordnet ist, wie ich dies auch in diesem Buch unter verschiedenen Aspekten bereits beschrieben habe. Die Vorgehensweise ist tiefenpsychologisch: Sie gründet unter anderem auf der im dritten Kapitel skizzierten Verbindung der Einsichten Jungs und Freuds sowie deren Weiterentwicklungen in den tiefenpsychologischen Schulen und erweitert sie um die körperliche Dimension. Die Bezeichnung Psychoenergetik, die ich als erster auf-

24 Zum ersten Mal in »Abschied von der Selbstzerstörung«.

grund eines Aufrufs des Naturphilosophen Pierre *Teilhard de Chardins* an französische Psychoanalytiker nach dem Zweiten Weltkrieg psychotherapeutisch verwendet habe[25], wird mittlerweile allerdings auch von drei anderen Therapieformen verwendet, die weder tiefenpsychologisch sind noch sich nach dem beschriebenen integrativen Prinzip richten. Dieser Umstand, den ich zunächst als ärgerlich empfand, gibt mir jetzt die Freiheit im Gebrauch der von mir geprägten Begriffe zurück. Abgesehen davon erinnert mich die Situation an etwas, das schon im Mittelalter die *Nominalisten*[26] wußten: Begriffe haben die Neigung, sich vor die Wirklichkeit zu schieben, die sie einmal bezeichnet haben. Aus Dienern werden sie zu Herren. An uns ist es, entweder das Personal, also die Begriffe zu wechseln oder es beizubehalten, also die Begriffe weiterzuverwenden, jedoch nie als Leerformel. Das heißt in bezug auf die von mir verwendete Bezeichnung Psychoenergetik: Ich benutze sie nur noch in inhaltlich unmißverständlichen Zusammenhängen mit meiner Auffassung von Psychotherapie. Ich wähle also das zweite, weniger aus Rücksicht auf meine rund hundert Schülerinnen und Schülern, die nach einer dreijährigen berufsbegleitenden Ausbildung schon ein Diplom in Psychoenergetik bekommen haben oder noch bekommen werden, auch nicht bloß als »Markenzeichen« für meine einwöchigen, offenen Therapieseminare in Orselina bei Locarno, sondern weil mir der Name Psychoenergetik für die von mir praktizierte Form von Psychotherapie nach wie vor der passendste scheint. Ich behalte also die Bezeichnung bei, ergänze sie jedoch von Fall zu Fall durch

25 Vgl. P. Schellenbaum, Abschied von der Selbstzerstörung, S. 37.

26 Lexikon für Theologie und Kirche, Band 7, Spalte 1020, Stichwort Nominalismus: »Nominalismus meint seit Entstehen dieser Bezeichnung im 11. Jh. eine erkenntniskritische Haltung, die den den Allgemeinbegriffen ... zugeordneten Seinsbegriffen jede Realität abspricht und in ihnen nur konventionelle Zeichen oder Bezeichnungen für das Gemeinsame in ... Einzelerkenntnissen oder Aussagen sehen will.«

solche Begriffe, mit denen ich meine Arbeit konkreter umschreibe, wie Spontanritual, Ausdrucksphantasie, Entwicklungs-, Ausdrucks- oder Energiesignal, Spürbewußtsein, Resonanz und andere. Das energetische Vokabular verwende ich etwas sparsamer als früher, weil es hie und da zu mechanistischen Mißverständnissen[27] Anlaß gegeben hat. Doch weiche ich von den Erfahrungen, Forschungen und Einsichten, die zur Psychoenergetik geführt haben, nicht ab.

27 Vgl. meine kritischen Bemerkungen zu Wilhelm Reich im vierten Kapitel.

6

Therapie als Modell einer heilenden Beziehung: Übertragung und Leitbildspiegelung, Gegenübertragung und Resonanz

Das Leben ein Traum, am Beispiel der Beziehung zum Therapeuten

Das Beziehungsgeschehen zwischen dem Menschen, den ich gerade begleite, und mir sowie zwischen ihm und der Therapiegruppe, falls es um eine Gruppentherapie geht, und schließlich zwischen dieser und mir, steht im Zentrum meiner Aufmerksamkeit. In meinen bisher zehn psychotherapeutischen Büchern, das vorliegende mit einberechnet, beleuchte ich verschiedenste Aspekte der therapeutischen Beziehung. Sie ist ein Sonderfall der menschlichen Beziehung überhaupt und vermag wesentliche Einsichten über diese zu vermitteln. Ähnlich wie ein Traum die Beziehungen des Träumers zu seiner Mit-Welt überaus eindringlich, differenziert, für das Bewußtsein manchmal überraschend neu spiegelt, so offenbart die Beziehung des Klienten zu seinem Therapeuten mit besonderer Sensibilität ebenfalls einen »Traum«, nämlich den in ihm unbewußt immer aktiven und für die Lebensgestaltung folgenreichen *»Traum« des eigenen Beziehungsmusters.*

In diesem *Beziehungstraum* vermischen sich zwei Bilder: das Bild dessen, was früher, in der Kindheit, einmal war, und das Bild dessen, was in Zukunft sein »möchte«, letzteres nicht aus einem bloßen, unerfüllbaren Wunsch heraus, sondern als authentischen Entwicklungsdruck der eigenen Anlage. Das erste Bild bestimmt seine *Übertragung* auf den Therapeuten, das zweite seine *»Leitbildspiegelung«* mit ihm.[1] Falls Kolleginnen und Kollegen diesem zweiten Bild überhaupt Beachtung schenken, nennen sie es ohne klare Unterscheidung vom ersten ebenfalls Übertragung. Ich ziehe es vor, ihm einen neuen Namen zu geben, weil es eine entscheidende neue Qualität in die therapeutische Beziehung einbringt, nämlich die der eigenen Entwicklungsdynamik und, damit verbunden, die beginnende Unabhängigkeit von unrealistischen Zerrbildern – Projektionen – im eigenen Beziehungsmuster.

Der Therapeut wird im Rahmen dieses zweiten Bildes für die Klientin oder den Klienten mehr und mehr zu einem sowohl symbolischen als auch realistischen Leitbild der eigenen Entwicklungsmächtigkeit. Darauf braucht er sich nichts einzubilden. Es hängt nur zu einem geringen Teil mit seiner Person, zu einem wichtigeren Teil jedoch mit einer Eigenart der therapeutischen Beziehung zusammen. In ihr sammelt und intensiviert der Klient wie in einem Fokus seine psychischen Kräfte für Heilung und Entwicklung. Dabei lernt er, sich vom Therapeuten einzuverleiben, was in ihm, dem Klienten, bereits samenhaft angelegt ist. *Plato* nennt den analogen dialektischen Prozeß zwischen *Sokrates* und seinen Schülern geistige Befruchtung und Schwangerschaft. Gleichzeitig melden sich aber auch die Gegenkräfte der Übertragung mit der ihr eigenen Beharrungstendenz im alten Bild, im alten, längst ausgeträumten Traum des vermeintlich eigenen und doch fremden Schicksals, im alten Elend.

Die beiden Bilder verknoten sich oft so komplex ineinan-

1 Zu dem von mir geprägten Begriff Leitbildspiegelung vgl. v. a. P. Schellenbaum, Gottesbilder, und P. Schellenbaum, Das Nein in der Liebe.

der, daß sie schwer zu entwirren sind. So können in einer Idealisierung des Therapeuten zugleich lebensfeindliche Abwehr der eigenen Entwicklungsmächtigkeit und lebensbejahender Entwicklungsdrang am Werk sein. »Etwas« im Menschen will im sicheren Bunker der Neurose bleiben, ein anderes »Etwas« aber riskiert es, ins Freie zu treten: Es will Form annehmen und sucht beharrlich nach einer Metamorphose. Vom ersten Gesichtspunkt aus erscheint der Therapeut beispielsweise als der große Magier, für den der Klient seine Unabhängigkeit aufgibt, in der irrigen Annahme, dank dieser neuen Abhängigkeit Heilung zu finden: die alte Falle, nur diesmal mit einem therapeutischen Lockvogel. Vom zweiten Gesichtspunkt aus ist er symbolischer, motivierender Spiegel für eine in der eigenen Seele erwachende Kostbarkeit.

Die Doppelrichtung, die in der therapeutischen Beziehung überscharf in Erscheinung tritt, wirkt auch in allen anderen Beziehungen, in der Partnerschaft manchmal sogar noch stärker. Diesbezüglich ist die therapeutische Beziehung kein Sonderfall. Sie ist es nur insofern, als ihr ausdrückliches Ziel darin besteht, das erste hemmende Bild hinter dem zweiten, aus den archaischen Ressourcen schöpfenden Bild nach und nach zurücktreten zu lassen. Das zweite will mehr und mehr zum Fanal des eigenen Weges werden, wie das Bild meiner Führerin im Anfangstraum zu diesem Buch: Jenseits der hemmenden Beziehungen, die zu Beginn meines Traumes thematisiert wurden, führte sie mich in Richtung des oktogonalen Turms.

Das Leben ein Traum: eine Vorstellung mit zwei Gesichtern. Sie trifft für unser ganzes Leben zu, insofern es Beziehung und Begegnung bedeutet. Leben wir einen fremden oder unseren eigenen Traum? Diese Frage stelle ich manchmal eindringlich mir selbst oder dem Menschen, den ich gerade begleite: »Ist es wirklich dein Traum, den du jetzt lebst, oder von wem wirst du gerade geträumt?« Angewandt auf die Therapie: »Inwiefern träumst du im Zusammensein mit dem Therapeuten deinen Vater oder deine Mutter oder eine andere frühe Bezugsperson (Übertragung), – und inwiefern träumst du mit ihm zusammen dich selbst, deine eigenen Möglichkeiten zu Wachstum und Wandlung (Leitbildspiegelung)?«

Diese Fragen zu den beiden Gesichtern des einen Lebenstraumes unterstreichen die Analogie von Traum und Beziehung. Untergründig arbeiten Erinnerungsbilder der Vergangenheit und Zielbilder der Zukunft in uns. Etwas in uns träumt Tag und Nacht. Es träumt uns zum Beispiel jetzt schon als alte Frau oder alten Mann oder sogar im Sterben. In solchen aus dem Unbewußten wirkenden Träumen verbinden sich mäanderartig bereits gemalte Bilder der Vergangenheit und noch ungemalte der Zukunft. Erinnerungen aus unserer Biographie und in uns angelegte, noch nicht realisierte Schicksalsbilder verweben sich im Teppich der Gegenwart, in allem, was wir gerade denken, empfinden und handeln. Träume, die wir nachts träumen, sind denen gleich, die wir tags träumen, nur steigen die Gestalten unserer nächtlichen Träume deutlicher aus dem Dunkel der Selbstabwesenheit. Ihre Traumqualität ist leichter faßbar.

Auch die *Traumqualität der Therapiebeziehung* offenbart sich besonders klar in nächtlichen Träumen. – So träumte eine junge Frau, die bei einer Schülerin von mir in Therapie war, ihre Therapeutin vergnüge sich mit ihrem – der Träumerin – neuen Freund im Bett. Das beobachtet sie im Traum emotionslos durch die Scheibe des Schlafzimmerfensters. – Als die Träumerin sechzehn war, hatte ihr die Mutter tatsächlich den ersten Freund weggeschnappt. Damals war sie darüber weder wütend noch traurig, sondern wie abgeschnitten von jeglicher Gefühlsregung (die

Fensterscheibe). Ein Traum also, in dem die Mutterübertragung auf die Therapeutin überdeutlich sichtbar wird; Träume verwenden zur Sichtbarmachung gern das Stilmittel der Übertreibung.

Ein halbes Jahr später träumte die gleiche Frau wiederum von der Therapeutin; diese sah jedoch anders als in Wirklichkeit aus und hatte viel mit ihrer Französischlehrerin aus der Gymnasialzeit gemeinsam. Die »Traumtherapeutin« schenkte ihr in diesem zweiten Traum ein kleines rotbraunes Kätzchen. – Zur Französischlehrerin fiel ihr ein: »Sie war die erste Frau, der ich wie einer älteren Freundin vertraut habe. Auf sie konnte ich mich verlassen. Sie nahm mich wahr. Meine Mutter dagegen hatte nur sich selbst im Kopf. Auch Sie nehmen mich wahr. Ich habe immer mehr Vertrauen zu Ihnen.« Und zum Kätzchen: »Es ist so lebendig. Seine warmen Farben gefallen mir. Katzen leben einfach und sind unabhängig.« In diesem zweiten Traum also ist die Therapeutin symbolisches Bild für katzenhafte Unabhängigkeit und emotionale Intensität, welche die junge Frau auf dem Hintergrund einer lähmenden Mutterbindung bisher wenig entwickelt hatte. Die nur um wenige Jahre ältere Therapeutin entsprach dieser »Traumfrau« weitgehend: eine wirkliche Leitbildspiegelung, in der sich deren objekt- und subjektstufige Deutung verbinden.

Beide Bilder des einen Lebenstraumes sind für die Therapie von großem Nutzen. Das erste öffnet die Augen für frühe, noch nicht aufgelöste Abhängigkeiten, das zweite für das zu lebende Eigene, die Individuation. Wiederum begegnen wir den beiden sich ergänzenden Zugängen zum Menschen, wie ich sie im Zusammenhang mit Freuds und Jungs Traummodell beschrieben haben. Zusammen geknetet und gebacken ergeben sie das tägliche Brot in der psychotherapeutischen Beziehung.

Spontanrituale bilden therapeutische Höhepunkte. In ihnen übernimmt das zweite Bild – das innere *»Bild des eigenen heimlichen Lebens«*[2] – mehr und mehr die führende Rolle, wesentlich häufiger als in Träumen, weil das wach und intensiv spürende Ich im Spontanritual auch solche Schwellen überschreitet, vor der Menschen selbst im Traum oft mit Flucht und Abwehr reagieren. Auch wenn der Weg zurück in die frühe Kindheit in eine tiefe Regression führt, tritt der Therapeut als Projektionsträger für die Imago, das heißt für das verinnerlichte Bild etwa des Vaters oder der Mutter wie in keinem anderen therapeutischen »Setting« in den Hintergrund, ohne ganz zu verschwinden. Einige Zeit später erobert die Übertragung, auch dies zum Wohl des Klienten, wieder Gebiet zurück, meist jedoch auffällig weniger als vor dem Spontanritual. Die reale Beziehung hat an Boden gewonnen. Das innere Entwicklungsbild bestimmt mehr und mehr das Beziehungsgeschehen.

Warum bildet das *Spontanritual* eher eine *Ausnahme zum täglichen therapeutischen Brot*? Aus *zwei Gründen*. Der eine liegt beim Klienten selbst, der andere beim Therapeuten. Zum *ersten*: Das Spontanritual kann sich nur entfalten, wenn sich im Klienten allmählich der Zustand einer leichten wachen Trance ausbreitet. Diese wird im allgemeinen als *Regression* bezeichnet, weil sich der Selbstinitiand sowohl im körperlichen als auch im seelischen Erleben dabei oft auf einer früheren Organisationsstufe vorfindet. Doch ist die leichte Trance Folge des im Spontanritual *intensivierten Spürbewußtseins*, das ungewöhnlich frei von unpassenden Einflüssen – dem ersten Bild – und ungewöhnlich zugänglich für passende Lebensimpulse – das zweite Bild – macht. – Ich selbst ziehe es aus diesem Grund vor, im Zusammenhang mit Körperimprovisationen und Spontantritualen

2 Vgl. P. Schellenbaum, Das Nein in der Liebe, S. 140ff.: Kapitel »Du bist ein Bild meines heimlichen Lebens«.

nicht von Regression zu sprechen. Die ungewöhnliche Durchlässigkeit für das passende Eigene, die sich in den auftauchenden alternativen Lebensimpulsen – Energiesignalen – zeigt, im Zustand der aufmerksamen leichten Trance steht im Vordergrund. In ihr offenbart sich ein *reiferes Bewußtsein* als sonst im Alltagsleben. Das Wort Regression aber weist in die gegenteilige Richtung von Unbewußtheit. Der Selbstinitiand befindet sich nicht einfach in einer frühen Lebensphase, sondern als Erwachsener mit größtmöglicher Klarheit im Hier und Jetzt, insofern dieses von bestimmten frühen Erfahrungen geprägt ist.

Der *andere Grund* für die größere Wirksamkeit der Entwicklungsanstöße im Spontanritual ist die besondere Beziehungsqualität von seiten des Therapeuten. Stichwort dafür ist der schon oft gefallene Begriff *Resonanz*. Darum soll es in der Folge gehen. Zuvor muß ich allerdings noch ein Mißverständnis ausräumen. Es könnte der Eindruck entstehen, die therapeutische Arbeit außerhalb von Spontanritualen sei von der Arbeit in diesen völlig verschieden. Das ist natürlich nicht so. Auch in den beschriebenen Ausdrucksphantasien und in allen Gesprächen, sowohl in der Einzel- als auch in der Gruppentherapie, achte ich beim Klienten auf Spürbewußtsein und bei mir auf Resonanz. Auch der beschriebene Zustand der leichten wachen Trance kann dabei auftreten, meist allerdings schwächer. Die therapeutische Beziehung ist die Brücke zwischen dem unmittelbar und zum Teil auch ekstatisch im Spontanritual Erlebten und dem sozialen Alltag; sie vereinigt in sich Qualitäten beider, mit dem Ziel, die eigene Lebensspur immer mehr zu vertiefen.

Gegenübertragung oder Resonanz?

Was nun bedeutet Resonanz? Unterscheidet sie sich von der sogenannten Gegenübertragung? Wenn ja, auf welche Weise? Auch wenn diese Fragen nicht direkt mit dem Thema Traum zu tun haben, sind sie doch für die therapeutische Arbeit mit Träumen von großer Wichtigkeit. Resonanz ist die Grundqualität jeder menschlichen Beziehung. Meine Hinweise zur Beziehung des Therapeuten zu den Menschen, die er begleitet, dienen der Verdeutlichung einiger Faktoren, die in jeder Beziehung mitspielen. Die Beziehung zur Welt steht im Zentrum unseres Lebens im Traum und unseres Lebens als Traum.

Gegenübertragung ist einerseits ein Produkt der Vergangenheit des Therapeuten; zum Beispiel weckt ein Klient, der unter Schlaflosigkeit leidet, im Therapeuten, dessen Schlaf auch Störungen unterworfen ist, Gedanken und Gefühle zur eigenen Schlaflosigkeit, die wiederum seine Äußerungen zum Klienten beeinflussen. Dies wird *persönliche Gegenübertragung* genannt, die einzige, die schon Freud erkannt hat. Ein Phänomen, das auch Sie in all Ihren Beziehungen beobachten können. – Andererseits stellen Therapeuten manchmal mit Verwunderung fest, daß sie eine Zeitlang unbewußt eine Rolle in einem fremden Spiel, nämlich in dem des Klienten, übernommen haben, meist in schwächerer Dosierung, zum Beispiel die Rolle des sadistischen Quälers des Klienten oder des masochistisch unter ihm Leidenden, wenn nicht in Wort und Tat, so doch in Phantasie und Vorstellung. Dies wird *induzierte*, das heißt vom Klienten unbewußt im Therapeuten hervorgerufene *Gegenübertragung* genannt.[3]

Sie ist eine Auswirkung dessen, was Melanie *Klein* als

3 Vgl. G. Downing, Körper und Wort in der Psychotherapie, S. 316ff.

»projektive Identifizierung« bezeichnet hat. Darunter versteht sie die bewußte oder unbewußte Phantasie des Klienten, daß sich seine Affekte und Anteile im Therapeuten niederschlagen. Wird sich der Therapeut dieses Vorganges bewußt, so bekommt er – um an das obige Beispiel anzuknüpfen – einen Geschmack vom Sadismus des Vaters gegenüber dem Klienten, oder, im Rollenwechsel, von dessen masochistischen Leidensgenuß in der damaligen Situation. Auch das ist ein Phänomen, das wir bei genügender Bewußtheit ebenfalls in anderen Beziehungen feststellen können. Doch ist sie, selbst für den Psychotherapeuten, nicht leicht aufzudecken. Oft sind es unangenehm diffuse und vage Gefühle, die wir empfinden, wenn andere Menschen uns in eine bestimmte Rolle – Teil eines frühen, eigenen Rollenspiels – zwingen »wollen«. Wir neigen dazu, abwehrend (auch der andere spielt dieses Spiel aus unbewußter Abwehr von schmerzlich wahren Tatsachen!) mit zu agieren oder defensiv schläfrig abzuschalten. Unsere sonstige Sensibilität und unser Urteilsvermögen sind wie lahmgelegt. Es fällt uns schwer, zu beschreiben, was wir dabei erleben und darüber nachzudenken, was unser chaotisches Empfinden in bezug auf die Lebensgeschichte unseres Gegenübers bedeuten könnte. Ein Schritt, der unserer ganzen Wachheit und Entschlossenheit bedarf. Es geht um den Schritt von der Gegenübertragung (wie dieser sich in jeder Beziehung abspielende Vorgang ausschließlich im Rahmen einer Therapie genannt wird) zur Resonanz. Das Gelingen einer Therapie hängt davon ab, daß dieser Schritt getan wird.

Solange die Gegenübertragung unbewußt weiterbesteht, schwächt sie, wie gesagt, die aufmerksame Bezogenheit des Therapeuten. Was tun? Der Therapeut fängt an, genau und ausdauernd darauf zu achten, was, während er dieses diffuse Gefühl im Zusammensein mit seinem Klienten empfindet, in seinem eigenen Körper vorgeht, und er benennt und beschreibt das hier Erlebte genau. Überdies spürt er seinen körperlichen Empfindungen und Bewegungsimpulsen (zum Beispiel dem Drang, eine bestimmte Geste zu machen oder die Körperhaltung zu verändern oder den Atem zu beschleunigen) nach und gibt beiden bewußt mehr Raum, so daß Körperempfindungen sich unter Umständen verlagern, verändern oder ausbreiten und er Bewegungsimpulsen ein wenig nachgibt.

Läßt er dabei nicht locker, so tritt früher oder später die angesprochene entscheidende Änderung ein: Infolge des nun dominanten Spürbewußtseins wandelt sich die Gegenübertragung in wache, sensible Resonanz, und der Therapeut wird zum *Resonanzkörper*: Er schwingt körperlich bewußt mit dem anderen mit. Er merkt zum Beispiel, wie sich sein Körper unter dessen Einfluß seit einigen Minuten verkrampft hat und wie er selbst, bevor er es merkte, zu seinem Gegenüber verkrampfte, versteckt aggressive Bemerkungen gemacht hat. Jetzt nimmt er die gleiche körperliche Verkrampfung im Menschen, den er begleitet, wahr und wird sich seiner Gegenübertragung bewußt, die in ihm durch den anderen hervorgerufen wurde. Dadurch verschwindet seine vorige Körperempfindung zwar nicht, aber sie wandelt sich und wird deutlich angenehmer: Etwas in ihm regt sich und wird, den nächsten Schritt des Klienten stellvertretend vorausnehmend, lebendig – Kennzeichen einer spürbewußten Resonanz. Je nachdem teilt er ihm nun mit, was er bei ihm wahrnimmt. Von seinem eigenen Erleben wird er in den meisten Fällen nichts erzählen; es könnte den anderen ablenken. Oder aber er sagt gar nichts, sondern spielt, zunehmend belebt, mit seiner eigenen sich lösenden körperlichen Verkrampfung, etwa, indem er die Verspannung in der Muskulatur seiner Oberschenkel durch Verstärkung oder Lockerung spielerisch variiert. Gleichzeitig ist er mit Leib und Seele aufmerksam auf den anderen bezogen.

Nun wird er vielleicht eine erstaunliche Feststellung machen: Im anderen beginnt sich nicht nur die gleiche körperliche Verkrampfung zu lösen, sondern, damit im Zusammenhang, auch die entsprechende seelische, emotionale Spannung. Vielleicht fängt er an, mit einem kleinen unbewußten Ansatz von Bewegung in Bein und Fuß einen unsichtbaren Gegner zu treten, dabei tiefer zu atmen, und, ohne das Geringste von all dem zu merken, über seine Wut auf den älteren Bruder in der frühen Pubertät zu erzählen, die er jetzt gerade empfindet.

Und schon befinden wir uns am Anfang einer Ausdrucksimprovisation, in welcher Sprache und Gebärde zusammenwirken. Die bewußte aktive Resonanz des Therapeuten tut ihre Wirkung, das heißt, der Klient ist mit seiner Sehnsucht nach Leben nicht mehr allein, sondern im Mit-Schwingen, Mit-Empfinden des Therapeuten gehalten und ermutigt. Was jetzt geschieht, hat nichts mehr mit therapeutischer Technik zu tun, sondern ist reines Leben. Seelisches Wachstum in jeder menschlichen Beziehung beruht auf Resonanz. Diese bezieht die körperliche Dimension in die Ich-Du-Beziehung, wie Martin *Buber* sie versteht, mit ein. – Der wichtigste Unterschied in der therapeutischen Beziehung liegt darin, daß der Therapeut dem Klienten auf diesem menschlichsten aller Wege – der spürenden Resonanz – vorangeht. Doch wird auch der Klient im Verlauf der therapeutischen Beziehung allmählich aktive Resonanz lernen. *Gegenseitige aktive Resonanz* konkretisiert wohl das, was das Wort *Liebe* meint.

Noch mal zur Resonanz des Therapeuten: In Kontakt mit der eigenen Empfindung motiviert er den Klienten, seine Aufmerksamkeit in die momentan am stärksten aktivierte Körperstelle oder Gebärde zu richten und dabei mit kontinuierlichem, für Veränderungen der Qualität, Intensität und Bewegung offenem Bewußtsein zu bleiben. Mit dem Spürbewußtsein wächst die Durchlässigkeit und Instinktsicherheit für das, was ansteht.[4]

Ich fasse die *vier Phasen* im geschilderten Prozeß zusammen: *Erstens*: Der Therapeut übernimmt zum Teil unbewußt und passiv die ihm vom Klienten »zugedachte« Rolle. *Zweitens*: Er tritt, in seinem körperlichen Empfinden verwurzelt, aktiv in bewußte Resonanz mit dem stärksten Lebenssignal seines Klienten, das er in der ersten Phase bloß als regressive, ihn vereinnahmende Kraft diffus erlebt hat. *Drittens*: Durch die Verbindung zu dem sich in bewußter Resonanz befindlichen Therapeuten wird die Lebensbewegung des Klienten aktiviert. *Viertens*: Mehr und mehr tritt der Klient auch in Resonanz mit dem Therapeuten, der für ihn zu einem symbolischen Leitbild wird.

Das ist das *archetypische Grundmuster* nicht nur der therapeutischen, sondern *jeder lebendigen Beziehung* und Begegnung. In einer anderen als der therapeutischen Beziehung – in dieser Hinsicht ein Sonderfall — muß der Prozeß von Anfang an auf Gegenseitigkeit beruhen: Mal löst der eine, mal der andere die geschilderte vierstufige Beziehungssequenz aus. Außerhalb des therapeutischen Rahmens spielen sich solche Prozesse oft weitgehend unbewußt ab. Doch wenn Beziehungsstörungen auftreten, ist es gut, um diese archetypische Dynamik zu wissen.

Auf deren Basis kann auch manipulatorischer Mißbrauch getrieben werden, zum Beispiel mit dem durch NLP propagierten *»Pacing and Leading«* (Das heißt wörtlich: Zuerst im Schritt des anderen gehen und dann führen.): Wer etwas Bestimmtes beim anderen bezweckt, spielt sich, um seine

4 Zur Resonanz vgl. auch P. Schellenbaum, Nimm deine Couch und geh! S. 56ff., 242ff., 250ff.

Absicht zu erreichen, zunächst ganz auf dessen Frequenz ein: Er nimmt zum Beispiel die gleiche Körperhaltung, den gleichen Sprach- und Bewegungsrhythmus ein und teilt die gleichen Interessen und Anliegen. Ist dies genügend erfolgt, schaltet er um, wird vom Geführten zum Führer, bringt sein Anliegen vor und hat gute Chancen, es zu erreichen. Was als Verkaufsstrategie noch angeht, kann in der persönlichen Beziehung zur lieblosen Berechnung werden. – Es ist ein allgemeines Gesetz, daß destruktive Handlungsweisen natürliche konstruktive Abläufe imitieren. Im Mittelalter wurde der *Teufel als Affe Gottes* bezeichnet. Auf Darstellungen der Verführungsszene im Paradies wirft der Teufel, als Affe in der Baumkrone hockend, Eva den Apfel zu, und die Schlange lockt sie, diesen zu essen.

Kann die beschriebene aktive Resonanz in der Psychotherapie noch als Gegenübertragung bezeichnet werden? *Downing* zählt eine Anzahl von Autoren auf, welche die induzierte Gegenübertragung in der ihr eigenen Mischung mit der persönlichen Gegenübertragung beschrieben haben. Die wichtigsten sind *Bollas, Hedges und Kernberg.*[5] Und doch fehlt bei all diesen Autoren eine wichtige Dimension, meines Erachtens die wichtigste. Ist es wirklich nur der Klient, der den Therapeuten durch die Übernahme einer bestimmten Rolle in sein altes Lebensskript zu zwingen versucht? Besteht nicht auch im Therapeuten die Neigung, dasselbe mit dem Klienten zu tun? Eine zwar teilweise durchschaute und korrigierte, aber bis zu einem bestimmten Punkt doch unwiderstehliche Neigung auch bei ihm? Sicherlich, würden diese Autoren antworten: In die induzierte mischt sich die persönliche Gegenübertragung. Aus dieser Antwort folgere ich allerdings, daß die persönliche Gegenübertragung des Therapeuten zu einer entsprechen-

5 G. Downing, op. cit., S. 316–336.

den induzierten Übertragung beim Klienten führen muß, und das ist zweifellos so. Nur frage ich mich: Ist es in diesem Fall nicht sinnvoller und passender, von einer zum Teil bewußten, zum Teil unbewußten gegenseitigen Resonanz zu sprechen, zumal, wenn sowohl Übertragung als auch Gegenübertragung in ihrer Körperlichkeit erlebt und begriffen werden? Gibt das Wort Resonanz nicht viel besser das Beziehungsgeschehen auch in der Therapie wieder? Bedarf es wirklich der Isolation in einer psychotherapeutischen Begriffsklinik, in welcher nur der andere der Patient ist?

Wahrscheinlich reichen diese Fragen und Antworten noch nicht aus, um zur Änderung einer seit Jahrzehnten eingebürgerten Begrifflichkeit zu motivieren. So stelle ich meine letzte, entscheidende Frage: Schöpft die therapeutische Beziehung nur aus dem Fundus der Biographie von Klient und Therapeut? Daß die früh entstandenen Lebensmuster beider teilweise miteinander und teilweise gegeneinander schwingen, steht außer Frage. Gleichzeitig aber sind diese in phylogenetische Menschheitsmuster eingewoben. Der roten Spur dieser Verbindung sind wir in diesem Buch von allem Anfang an gefolgt. Wären Übertragung und Gegenübertragung nur von lebensgeschichtlichen Tatsachen geprägt, könnten wir es vielleicht bei der alten Begrifflichkeit belassen. Doch geht es um Grundlegenderes: Die besondere, tief schwingende und befreiende Ergriffenheit in Momenten gegenseitiger Resonanz stammt nicht aus der speziellen Verhakung zweier Biographien – das unfreie Gefühl ist eher das eines Schicksalszwangs –, sondern aus der *gemeinsamen* und gleichzeitigen *Berührung mit kollektiven Grundmustern* in Denken, Fühlen und Verhalten, in Leben und Sterben. Deshalb begegnen sich Therapeut und Klient in der Arbeit mit Träumen und den mit diesen verwandten Ausdrucksphantasien und Spontanritualen besonders intensiv.

Meist beginnt Resonanz in der erwähnten Verhakung zweier Schicksale als Übertragung und Gegenübertragung. Diese will gespürt, begriffen und einigermaßen gelöst werden. Wie werden die beiden ineinandergreifenden Haken ausfindig gemacht?[6] Nicht nur durch Analyse. Das Spürbewußtsein in den begleitenden körperlichen Vorgängen beschleunigt den Prozeß der Verbindung zweier Menschen in Richtung der *gemeinsamen archetypischen Tiefenschicht.* Diese Tatsache wurde bisher in der Psychotherapie kaum genutzt. Die leibliche, also körperlich-seelische Resonanz des Therapeuten trägt dazu bei, daß sich der Klient zunehmend in der eigenen Entwicklungsmächtigkeit verwurzelt; sie motiviert und ermutigt ihn zur Lösung alter Abhängigkeiten und zum Träumen des eigenen Lebenstraumes. Alte Probleme verlieren an konstellierender Kraft, indem sie *überwachsen* werden (Jung).

Welcher Therapeut könnte leugnen, daß sich auch in ihm durch Resonanz mit seinen Klienten manch alter Knoten entwirrt und manch neue Dimension des Menschseins aufgetan hat? – Der Wechsel vom Begriff Gegenübertragung zum Begriff aktive Resonanz relativiert nicht die notwendige sorgfältige Erforschung der beiden biographischen Haken. Doch finden die Dimensionen von Körperlichkeit, Gegenseitigkeit und Archetypik nur im Wort Resonanz genügend Ausdruck. Der Gebrauch eines zusätzlichen neuen Begriffs öffnet einen neuen Erfahrungshorizont, während das Verharren bei einer alten, unpassend gewordenen Bezeichnung leicht hinter die Grenze, die zu seiner Prägung geführt hat, zurückwirft. Das gleiche Problem stellte sich uns bereits zum Begriff Regression im Zusammenhang mit dem spürbewußten Trancezustand im Spontanritual.

Meine therapeutische Erfahrung hat mich etwas Uner-

6 G. Downing, op. cit. S. 229.

wartetes und Ungeplantes gelehrt: *Aktive Resonanz* ersetzt in den allermeisten Fällen Interventionen, die der Therapeut sonst aus der Schublade seines Wissens und seiner Erfahrung ziehen würde. Dies habe ich mehrmals betont. Ich kann nur für mich sprechen. Viele Kolleginnen und Kollegen kommen mit mir in diesem Punkt nicht überein. Auch deshalb schulde ich Ihnen, meinen Leserinnen und Lesern, die Erklärung, wie denn aktive Resonanz die vielfältigen Erfordernisse an therapeutischen Reaktionen abdecken kann. Der im Spürbewußtsein körperlich zentrierte Klient sendet Signale, welche die jetzt geforderte Richtung seiner Entwicklung und in Entsprechung auch die der dazu passenden therapeutischen Antwort anzeigt. Ich habe gelernt, diese Signale in ihrer unglaublichen Vielfalt immer besser wahrzunehmen, zu beschreiben, mitzuteilen – und ihnen zu vertrauen. Die zunächst unbewußten, wie beiläufig gesendeten, alternativen Ausdruckssignale wahrzunehmen und die zu ihnen passenden therapeutischen Techniken zu lernen, ist eines der beiden Ziele in der dreijährigen Ausbildung für Therapeuten in Psychoenergetik; das andere Ziel betrifft den tiefenpsychologischen Hintergrund meiner Arbeit, erweitert um die körperliche Dimension.

Therapeutische Resonanz ist aktiv, das heißt, sie beschränkt sich nicht auf die rezeptive Wahrnehmung zum Beispiel einer beginnenden körperlichen Bewegung, einer Veränderung der Haltung, der Stimme, des Atemmusters, der sprachlichen Rhythmik, der Bilder, der Körperempfindungen und Emotionen. Auf solche und andere Signale *antwortet* die aktive Resonanz. Mehrere dieser Antworten – Techniken – habe ich ausführlich im Zusammenhang der therapeutischen Arbeit mit Träumen beschrieben: Bei einem auftauchenden Bild zum Beispiel schlage ich vielleicht eine Aktive Imagination vor, doch bleibt der Klient in dieser nur so lange, als kein anderes Ausdruckssignal einen Spurenwechsel nahelegt. Eine ungelöste »Objektbeziehung« erfordert unter Umständen ein Rollenspiel. Das signalisierte Bedürfnis nach dem Spüren von Grenzen ruft eventuell nach einem der stoßenden Bewegung des Klienten entsprechenden körperlichen Gegendruck, für den entweder ich oder ein Gruppenteilnehmer zur Verfügung stehen. Die Verspannung eines Muskelkomplexes bringt mich dazu, dem Klienten vorzuschlagen, eine kleine spontane Gebärde zu verstärken, oder, wenn kein Bewegungssignal da ist, meine Hand ruhig und leicht an die Stelle der Verkrampfung zu legen oder diese leicht zu massieren, und so weiter. Auch der Vorschlag, Geschwindigkeiten oder Druckstärken zu variieren und mit spontan auftauchenden Worten, Bildern, Bewegungen, Verspannungen so und anders zu experimentieren, gehört ins Repertoire der aktiven Resonanzmöglichkeiten.

Es ist hier nicht der Ort, diese ausführlich zu beschreiben. Die *grundsätzliche Entsprechung von Entwicklungssignal und abgestimmt eingesetzter Therapietechnik* habe ich oft genug klar herausgestellt. Vielleicht muß ich noch hinzufügen, daß ich im Zusammenhang mit aktiver Resonanz die Wörter Technik und Methode nur ungern benutzte. Die Antworten des Therapeuten sind in jedem Moment auf den Menschen, den er begleitet, bezogen, so daß er eigentlich nie nur eine Technik oder Methode benutzt. Eher ist es so, daß sich seine Handlungen und Worte im nachhinein in bestimmte modellhafte Techniken und Methoden, die er einmal gelernt hat, einordnen lassen.

Neben solchen aktiven Formen von Resonanz gibt es auch die bloß *rezeptive, mitspürende Resonanz*, in welcher der Therapeut nichts anderes tut, als in der beschriebenen, auf das Gegenüber bezogenen Art auf seine eigenen Körperempfindungen und Emotionen zu achten und vielleicht dessen Gebärden in Andeutungen mitzumachen. Immer wieder wundere ich mich, wie sehr auch diese nicht eingreifende Resonanz des Therapeuten die Lebensimpulse des anderen ohne dessen Wissen aktiviert. Natürlich können wir diese Aktivierung »induzierte Übertragung« nennen, ebenso wie wir von »induzierter Gegenübertragung« sprechen können, wenn es um die sich auf den Therapeuten übertragenden Wachstumsimpulse des Klienten geht. Doch erweist sich die psychoanalytische Begrifflichkeit in bezug auf die aus genetischen Ressourcen schöpfenden Entwicklungsimpulse als unzulänglich.

Noch mal zurück zur *aktiven Resonanz*: Die therapeutische Antwort muß manchmal auch *konfrontativ* sein, nämlich dann, wenn dies ein Aggressionssignal fordert. Dann besteht die therapeutische Kunst darin, selbst im »Kampf«, durch klare, messerscharfe Worte und unbeirrbare Gebärden, in der verbindenden, solidarischen Resonanz mit der Aggression des Klienten zu bleiben. Solange dies der Fall ist, kann der »Kampf« mit Gebärden oder Worten sehr weit gehen. Die körperlichen Berührungen bleiben dabei leicht und symbolisch, ähnlich wie im Tierreich die meisten Kämpfe von Artgenossen. Sogar bei kräftiger Aggression intensiviert sich das Spürbewußtsein nur in medidativer Sorgfalt, ähnlich wie in der Zen-Kunst des Bogenschießens. Blindes, wildes Agieren ist nicht nur sinnlos, sondern therapeutisch kontraproduktiv. Die gleiche spürende Achtsamkeit ist auch in den Bewegungsabläufen des Klienten ohne direktes Eingreifen des Therapeuten erforderlich. Sie wird unter anderem durch das erwähnte spielerische Variieren einer Bewegung oder der Muskelspannung im aktivierten Körperteil gefördert. In all diesen Prozessen ist das benennende, beschreibende, klärende, assoziierende, amplifizierende und manchmal auch deutende Wort mit dabei. Ohne dieses versandet die seelische und geistige Qualität des Geschehens. Ein Doppeltes gilt: ohne

Körper und ohne Sprache keine Ausdrucksphantasie und kein Spontanritual.

Besonders wichtig für den Wandlungsprozeß eines Menschen in Therapie ist die wache Resonanz des Therapeuten während der manchmal gefährlichen Übergangsphasen auf Lebensschwellen. Hier geht es oft um *Resonanz mit Gefühlen der Leere*, Sinnlosigkeit, Vernichtung, Angst und Panik. Dann heißt es, gemeinsam bis zum Auftauchen des ersten Signals aus der »Neuen Welt« auszuharren und nicht verfrüht aus eigener Überforderung oder bloß aus Ungeduld und Bequemlichkeit in beruhigende, beschwichtigende Maßnahmen auszuweichen. Das ist der eigentlich kritische Punkt therapeutischen Schaffens. Unter prekären Umständen die Geduld und Bescheidenheit zur bloßen Resonanz aufbringen, ist das Gegenteil dessen, was »All-Macher-Therapien« tun. In diesem Bereich bedarf es keiner Rechtfertigung, weil es um weit mehr als um Rezepte, nämlich um eine symbolische Geburt geht. Entweder fügen oder verweigern sich Psychotherapeuten diesem natürlichen Geschehen. Das ist letztlich eine *ethische Angelegenheit*, deren Sinn sich auch nicht mit Statistiken beweisen läßt.

7
Drei Türen, um in den Traum eintreten – am Beispiel dreier Komplexträume

Nirgends enthüllt sich unsere Beziehung zur Welt so offenkundig wie in Träumen. In diesem Kapitel geht es um drei unterschiedliche Möglichkeiten aktiver Resonanz von seiten des Psychotherapeuten auf Klienträume – zusätzlich zu den im fünften Kapitel beschriebenen. Durch welche Tür soll die Träumerin oder der Träumer in den geträumten Traum eintreten? Nach welchen Entscheidungskriterien macht der Therapeut nach einer ersten Phase der Annäherung an den Traum diesen oder jenen Vorschlag zum erlebnishaften Einstieg? So lautet jetzt unser Thema. Überlegungen dazu können für Sie, meine Leserinnen und Leser, auch außerhalb einer Psychotherapie hilfreich sein, nämlich dann, wenn Sie versuchen, ohne Begleitung mit Ihren Träumen zu arbeiten. Dazu ermuntere ich Sie.

Bevor ich mich dieser Frage zuwende, erwähne ich, was dieser Entscheidung im Rahmen einer Psychotherapie vorangehen muß. *Wie nähern wir uns einem Traum?* Vieles von dem, was ich nun schreiben werde, können Sie auf Ihren persönlichen Umgang mit eigenen Träumen übertragen. – Wichtig für den Therapeuten ist es zunächst, dem Klienten mit dem Erzählen und sich mit dem Zuhören *Zeit* zu lassen, ab und zu nachzufragen, noch mal und vielleicht noch mal erzählen zu lassen, bis der Traum plastische, farbige *Gestalt* annimmt und eine klare, beschreibbare *Stimmung* vermittelt, beim nochmaligen Erzählen auf eventuelle Unterlassungen, Veränderungen oder Ergänzungen in der Wiedergabe des Traumtextes hinzuweisen (handelt es sich dabei im Einzelfall um eine Verdrängung oder im Gegenteil um die Rücknahme einer Verdrängung?), bei all dem im Klienten auch auf den *Gefühlston* (qualitativ und quantitativ) und auf *Körpersignale*, wie Stimme, Atmung, Gebärden, Haltungsveränderungen, und auch auf andere unbewußte *alternative Energiesignale*, wie stark besetzte Bilder oder Erinnerungen, zu achten, nach *Tagesresten* zu fragen, zu *Assoziationen*, beziehungsweise *Einfällen* zu ermuntern, ein geladenes Traumbild besonders lange *umkreisen* zu lassen, vielleicht schon andeutungsweise auf *Entsprechungen* zwischen einzelnen Traumsequenzen hinzuweisen, aber noch ganz ohne Deutung, nach der *stärksten körperlichen Empfindung* zu fragen, nicht am Anfang, aber ziemlich bald und dann regelmäßig, und den Klienten dabei anzuregen, mit einer weit fokussierten, offenen Wahrnehmung kontinuierlich und aufmerksam bei der jeweils stärksten Körperempfindung zu verweilen und im richtigen Moment zu einer nächsten, jetzt stärkeren zu wechseln, mit dem Ziel, das Spürbewußtsein zu intensivieren. Dabei setze ich jetzt voraus, daß der Träumer schon eine Weile in Psychotherapie ist, seine Lebenssituation und Biographie dem Therapeuten also bekannt sind. Hilfreich für den Therapeuten ist auch die kontinuierliche Aufmerksamkeit für seine eigene *körperliche Resonanz* auf die unterschiedlichen Äußerungen des Klienten. – Soviel in Stichworten zur Annäherung an einen Traum. Dabei mache ich mir das meiste von dem zunutze, was die Tiefenpsychologie des zwanzigsten Jahrhunderts zur Traumdeutung erarbeitet hat. Aus meinen Stichworten läßt sich außerdem bereits der spezifisch psychoenergetische Zugang zum Traum erahnen.

Ausschließlich um diesen geht es im folgenden, und zwar, nach der beschriebenen Annäherung, um den direkten Einstieg in einen Traum. In bezug auf die Fortsetzung und Beendigung der Arbeit lasse ich es in diesem Kapitel bei bloßen Andeutungen. Und noch eine zweite Einschränkung muß ich anbringen: Thema sind von nun an drei *erlebnisorientierte* Möglichkeiten des Eintritts. Daneben gibt es die Begrenzung auf den analytischen Einstieg durch Gespräch, wie ich ihn im dritten Kapitel über Freuds und Jungs Modelle der Traumdeutung beschrieben habe und in den beiden folgenden Kapiteln durch Traumbesprechungen noch konkreter herausstellen werde. Ich selbst arbeite ja keineswegs nur mit Ausdrucksphantasien und Spontanritualen. Das Gespräch spielt, das habe ich verschiedentlich betont, für mich eine ebenso wichtige Rolle. Allerdings entfernt sich auch dieses nicht vom körperlich-seelischen Erleben. Sogar bei einem Traumgespräch, das auf körperpsychotherapeutische Vorgehensweisen verzichtet, kann eine der drei Eingangstüren benutzt werden. Auf welche Weise? Indem wir auch in ihm auf das erste spontan auftretende, deutliche Energiesignal achten und es zum Ausgangspunkt des weiteren Gesprächs nehmen, ohne es jedoch zur Amplifikation in einer Bewegungsimprovisation zu nutzen.

Das allgemeine Grundmotiv eines beeinträchtigten Lebensgefühls steht in den drei Träumen, die ich Ihnen nun vorstellen werde – zwei stammen von Frauen, einer von einem Mann –, mit verschiedenen Varianten im Vordergrund. Dieses Grundmotiv betrachte ich als *Ausdruck einer unstimmigen inneren Beziehung zur Welt,* in welcher Hinsicht auch immer. Es äußert sich zum Beispiel darin, daß sich jemand ohne momentan passende Ursache in schlechter Form, bedrückt, gebremst, blockiert, lustlos, entmutigt, resigniert, bedrängt, unter Druck gesetzt, benachteiligt, zum Schweigen gebracht, beobachtet, bedroht oder verfolgt fühlt. In den zuletzt aufgeführten Varianten erkennen wir den Verfolgerkomplex wieder. Das wird auch in den drei Träumen der Fall sein. Aber auch den anderen Varianten des Grundmotivs gemeinsam ist die unterbrochene Dynamik zur Verbindung mit der Welt. Das allgemeine *Lebensgefühl der Beeinträchtigung* in allen Schattierungen – drei werden Sie gleich kennenlernen – ist das wichtigste Komplexmerkmal der noch nicht gelingenden inneren Beziehung zur Welt außen. Als zentrales Motiv eines komplexhaften, das heißt fixierten, sich nicht frei entfaltenden Wechselspiels mit der Welt macht es den springenden Punkt in allen Komplexträumen aus. Wenigstens in Andeutungen ist auch Ihnen jede der drei nun folgenden Varianten bekannt, und vermutlich werden Sie sich in einer am klarsten wiederfinden. – Auch in *Kreativträumen* können die gleichen drei Eingänge benutzt werden. In ihnen herrscht jedoch nicht das Lebensgefühl der Beeinträchtigung, sondern das *»Individuationsgefühl«* vor. Darunter verstehe ich das sich im Laufe eines Traumes verdichtende befriedigende Gefühl, daß sich auch durch Gefahren, Krisen und Regression hindurch das Eigene, in uns Angelegte schließlich durchsetzt. *Die drei Eingangstüren – erstens Dialog, zweitens Identifizierung mit dem Traum-Ich und drittens Identifizierung mit der am stärksten besetzten Traumfigur außer dem Traum-Ich* – gelten sowohl für Komplex- als auch Kreativträume.

In der erlebnisorientierten Arbeit mit den drei Komplexträumen tauchten bald unbewußte Ausdruckssignale auf, die den emotionalen Hauptakzent des Traumes in eine neue, nämlich die zum Traum entgegengesetzte Richtung verlagerten. Die Ausdrucksimprovisation träumte also den Traum offensichtlich in eine ergänzende Richtung weiter. Das ist für die Arbeit mit Komplexträumen, in denen die Lebensdynamik vor dem entscheidenden Durchbruch unterbrochen wird, typisch. Indem die beiden Frauen und der Mann ihrem jeweiligen alternativen Erlebnisimpuls folgten, vervollständigten sie den unterbrochenen Traum durch den für sie entscheidenden Gesichtspunkt. Die Funktion des Traumes, in der Psyche ein dynamisches, ganzheitliches Gleichgewicht zu schaffen, also die Funktion der Selbststeuerung, ist nicht nur in Träumen, sondern ebenso in Körperimprovisationen und Spontanritualen am Werk. Nicht der Traum, sondern erst die Bewegungsphantasie brachte an den Tag, welcher erste Schritt den sich im Traum ausdrückenden Konflikt einer Lösung entgegenführte. Das erweiterte schließlich auch die Deutung der Träume um den springenden Punkt. Bei jedem der drei Träumer wies das motorische Ausgangssignal in eine eigene Richtung, was den Einsatz einer jeweils anderen »Technik« erforderte.

Erste Eingangstür: Dialog

Der *erste Traum* stammt von einer 26jährigen Frau. Wegen akuter Suizidphantasien begann sie vor einem halben Jahr eine Einzeltherapie, verbunden mit der Teilnahme an einer Therapiegruppe. In letzter Zeit äußerte sie mehrmals Gefühle der Ohnmacht und Verzweiflung, die sie zu ihrer seit jeher grenzüberschreitenden Mutter empfand. Hier nun ihr Traum.

»Ich schaue aus einem Fenster im obersten Stock meines Elternhauses. Da sehe ich, wie der Wasserspiegel des Zürichsees hoch angestiegen ist und immer noch steigt. Ich schreie nach meinem Bruder; er antwortet nicht. Panisch klettere ich die Leiter zum Dachstock hoch und begebe mich von da aus auf das abschüssige Dach. – Nun wechselt die Szene: Ich bin im Wohnzimmer meines Elternhauses, aber es ist ganz verändert. Auf allen Seiten Mauern, kein einziges Fenster. Außer mir ist noch meine Mutter da. Sie sagt: ›Ich habe die Tür zu deinem Schlafzimmer ausgehängt.‹ Ich schaue hin und sehe, daß die Tür weg ist. Ich bin verzweifelt. – Wiederum wechselt die Szene: Ich befinde mich in meiner eigenen Wohnung. Sie ist hell und schön. Da bemerke ich, daß direkt hinter mir eine Schulkameradin steht, die ich in Wirklichkeit seit zehn Jahren aus den Augen verloren habe. Sie trägt einen großen, roten Rucksack, wie ich ihn noch nie gesehen habe, und sagt, sie müsse bei mir bleiben. Mit großer Beklemmung und Verzweiflung erwache ich.«

Durch alle drei Teile dieses Traumes herrscht in der Träumerin das Gefühl, von etwas Übermächtigem bedrängt zu werden: Ohnmacht und Ausgeliefertsein. Das ist auch die Grundstimmung in den Träumen der anderen Frau und des Mannes, die ich zum Vergleich herbeiziehen werde. Alle drei erwachten mit dem Gefühl: »Es ist nichts zu machen. Ich bin dem Geschehen schicksalhaft ausgeliefert. Gott sei Dank war es nur ein Traum.« Das *Schicksalsgefühl* ist kennzeichnend für alle Komplexträume. Ich werde es im nächsten Kapitel weiter thematisieren. – Aber, das wußte eigentlich auch die junge Träumerin, es war eben nicht nur ein nächtliches Phantasiegespinst. Ihr Traum zeigt wie unter dem Mikroskop in schonungsloser Vergrößerung das, was sie, seit sie sich zurückerinnert, daran gehindert hat, Schritte ins eigene Leben zu tun. Zwar nahm sie sich vor einigen Monaten zum ersten Mal eine eigene Wohnung. Doch auch hier kann sie sich der Angst nicht erwehren. Diese steigert sich manchmal zur Panik: Wehrlos fühlt sie sich inneren Stimmungen und äußeren Umständen ausgeliefert. Ihre Mutter führt mit ihr täglich ellenlange Telefongespräche, in deren Verlauf die Tochter mit halb erloschener Stimme schließlich nur noch: »Ja, Mama, nein Mama, du hast recht, Mama, das tut mir aber leid, Mama, und ähnliches« sagen kann. Der Traum überrascht sie also nicht, aber sie erschrickt, daß er ihre Situation, wie sie meint, so grausam überzeichnet. – Wir erinnern uns, daß der Traum Übertreibungen als Stilmittel der Verdeutlichung einsetzt. Doch glaube ich, daß es hier und auch in anderen Fällen um mehr als bloß ein Stilmittel geht. Im Sinne der psychischen Selbststeuerung hebt der Traum den heißesten Punkt hervor, ob direkt wie hier oder indirekt mit verhüllenden Bildern. Auf diesem Weg kommt der Träumer mit dem Thema, das in ihm am meisten Energie aktiviert, in Tuchfühlung, gleichgültig, ob die mobilisierte Energie wie in Komplexträumen schließlich gehemmt wird oder wie in Kreativträumen entwicklungsorientiert zunehmend in Fluß gerät. Im Falle dieser suizidalen Frau sind die Traumbilder alles andere als Übertreibungen. Wir neigen dazu, Schreckliches in unserem Leben zu verharmlosen, als könnten wir es dadurch aus der Welt schaffen, eine Mischung der Abwehrmechanismen von Vermeidung und Ungeschehenmachen. Doch die Träume machen dieses Spiel des bewußten Ich nicht mit.

Bei näherer Betrachtung des Traumes merken wir, daß in ihm nicht nur Hemmendes, sondern zunehmend auch Befreiendes am Werke ist. Auch für viele andere Komplexträume trifft das zu. Diese sind ja nicht identisch mit *Reaktionsträumen*, in denen ein erlittenes Trauma auf bloße Entladung der in ihm gefangenen Energie drängt. Nur »siegt« in Komplexträumen, im Gegensatz zu den Kreativträumen, schließlich der alte Komplex, die alte Fixierung.

Woran läßt sich die *Entwicklungsdynamik* in diesem Traum ablesen? Die bedrohlich steigende Überschwemmung im ersten Teil – die Träumerin assoziiert dazu ihre Suizidalität und ihre gefährlich destruktiven, überschwemmenden Stimmungen, die abzuwehren auch der vergeblich herbeigerufene Bruder, sonst eine in ihrem Familiensystem hilfreiche Kraft, nicht zur Stelle ist – wandelt sich im zweiten

Teil in die bereits faßbarere Bedrohung durch ihre grenzüberschreitende egozentrische Mutter und im dritten Teil in die Anmaßung der gleichaltrigen, somit greifbareren und angreifbareren Schulfreundin. Der Eindruck entsteht, daß, hätte sich der Traum noch einen Schritt weiter gegen die Flucht ins Erwachen durchgesetzt, der befreiende Durchbruch zur ersehnten Selbstbehauptung, Ausdruck von Ich-Stärke, eingetreten wäre: Die Träumerin erwachte, ohne ihren Traum zu Ende geträumt zu haben.

Und eben hier muß die therapeutische Arbeit einsetzen, damit die Träumerin mit wachem, also stärkerem Ich ihren Traum aktiv weiter phantasieren kann. Dazu reicht ihr analytischer Verstand nicht aus: Die Flucht nach oben aufs Dach, das heißt in den Kopf, bewahrte sie zwar in der Vergangenheit schon oft vor dem Schlimmsten, doch der Preis, den sie dafür bezahlte – Lebenslust, Entscheidungs- und Durchsetzungsvermögen, Autonomie – war zu hoch, als daß sie diesen Weg als Dauerlösung hätte akzeptieren können. Sie ist reif für eine aktive Fortsetzung ihres Traumes im Wachzustand. Erst danach wird auch das analytische Begreifen wieder konstruktiv. Soweit sie sich zurückerinnert, wird sie seit ihrer Kindheit, genau wie im Traum, distanzlos von anderen Menschen überrannt. Zwar weiß sie, was sie dazu beiträgt, aber es hilft ihr nicht. »Alle« kleben ihr auf der Pelle. Selbst wenn sie meint, sich kräftig zu wehren, merken die anderen nichts davon und fahren unbekümmert fort, ihr auf den Leib zu rücken.

Während sie erzählt, bemerke ich bei ihr eine von ihr nicht beachtete Gebärde. Mit einer kleinen gehemmten Bewegung scheint sie mit beiden Händen jemanden wegzustoßen. »Bleib mir vom Leib!«, sagen die Hände in schüchterner Andeutung. Ich frage sie: »Wen stoßen die Hände weg?« Sofort antwortet sie: »Die Schulfreundin am Schluß meines Traumes.« Mit dieser Antwort zeigt sie, daß die

Dynamik des Traumes auch noch im Wachen in ihr lebendig ist: Sie wählt weder das Unmögliche, nämlich Wasser wegzustoßen, noch das fast Unmögliche, nämlich ihre Mutter auf Distanz zu halten, sondern das jetzt schon beinahe Mögliche, nämlich ihrer Freundin die Tür zu weisen. Ich ermutige sie, mit den Händen weiter und weiter zu stoßen. Nach einigen Minuten schalte ich mich ein und gebe Gegendruck. Erlahmt sie, gebe auch ich nach, wird ihr Druck stärker, lasse ich auch meinen kräftiger werden. Spielerisch wage ich ab und zu einen plötzlichen kräftigen Druck und ermuntere auch sie, dasselbe auszuprobieren.

Der Prozeß verlief nicht so flüssig, wie es aus meiner Schilderung scheinen mag. Zwischendurch war ihr Körper wie der eines schicksalsergebenen Opfertiers schlaff und ihre Handflächen ohne Tonus. Dann nahm ich ihre Hände eine Zeitlang in meine, bis sie wieder lebendig wurden. Nach und nach wird mir klar, daß die Auseinandersetzung mit einer Frau ihres Alters, in der Rolle der Freundin, für sie jetzt förderlich wäre. Daher mein Vorschlag, in der Therapiegruppe mit ihrem Traum weiterzuarbeiten. Er stammt letztlich nicht von mir, sondern aus der Dynamik ihres Traumes.

Menschen auf der Grenze – diese junge Frau war ein sogenannter »Borderline« – brauchen klare Verhältnisse. Jede andere Leibimprovisation als die, welche sich durch das Energiesignal der wegstoßenden Hände angebahnt hat, wäre hier gefährlich gewesen. Unbewußte Ausdrucksimpulse, bei denen der ganze Mensch dabei ist, »wissen« um das jetzt situativ Mögliche und Heilsame. Die Frau suchte Abstand: eine Auseinandersetzung mit Abstand. Zwei Tage, nachdem sie mir in Einzeltherapie diesen Traum erzählt hatte und wir uns in das geschilderte motorische Psychodrama eingespielt hatten, fand das Wochenende der Therapiegruppe statt, zu der auch sie gehörte. Nun stand sie in der

Mitte des Gruppenraumes, erzählte hier noch einmal ihren Traum und geriet bald wieder in die spontane stoßende Bewegung aus der Einzelsitzung, diesmal ohne meinen Gegendruck. Weil der Erlebnisimpuls zwei Tage zurücklag, brauchte sie etwas länger, bis sie sich ohne Beobachtungsabstand in ihrer Gebärde wieder richtig spürte. Sie war daran, einen wirksameren Weg zur Ichstärke und Selbstbehauptung als den der Flucht ins »obere Stübchen« (schweizerisch: in den Kopf) zu lernen, nämlich die Aufmerksamkeit in ihrem Körper. »Die Handflächen, mit denen ich stoße, prickeln und sind total heiß«, sagte sie, nachdem ich sie mehrmals nach ihrem stärksten Spüren gefragt hatte. Auch diesmal stellte ich ihr die Frage: »Wen wollen die Hände wegstoßen?«, und wieder antwortete sie: »Meine ehemalige Schulkameradin.« Danach lud ich sie ein, eine Gruppenteilnehmerin für diese Rolle zu suchen.

Dann forderte ich sie auf, die gewählte Mitspielerin wie im Traum ganz dicht hinter sich aufzustellen und zu erzählen, was sie dabei empfand. Von hier an kürze ich meinen Bericht ab. Die Präsenz im Rücken wurde ihr immer unerträglicher. Ich ließ sie ihre Körperempfindungen im Rükken genau schildern. Dies führte zur Intensivierung ihres Spürbewußtseins. Zunächst spürte sie schmerzhafte Verspannung, vor allem im oberen Teil des Rückens und im Schultergürtel, und dann zunehmend Entspannung und den Impuls, sich umzudrehen und die andere Frau zu konfrontieren. Als sie ihrem Impuls folgte, fiel ihr Energietonus zunächst wieder ab, und es kam zu einem zögerlichen Hin und Her, in dessen Verlauf die erwähnte Erschlaffung mehrmals wieder eintrat. Doch schließlich gelang es ihr, ihre Schulkameradin auf die Schwelle der offenen Haustür zu führen und mit ihr einen *Dialog* zu beginnen, wie sie ihn bisher noch nie mit irgendeinem Menschen geführt hatte. Bei jeder Eigenunterbrechung erinnerte ich sie daran, spürend im Körper verankert zu bleiben. Sichtlich erstarkt lachte sie schließlich auf, drückte der Mitspielerin zum Abschied die Hand mit den Worten: »Wohnen kannst du bei mir nicht, wohl aber mich anrufen, wenn du mich nochmals besuchen willst. Dann werde ich dir sagen, ob mir dein Besuch paßt oder nicht.«

Nun wollte sie sich auch noch mit ihrer Mutter konfrontieren. Sie wählte diese ebenfalls aus dem Kreis der Teilnehmerinnen aus und sagte ihr als erstes, daß sie heute nicht mit ihr sprechen, sondern ihr nur eine Mitteilung zu machen beabsichtige. In dieser forderte sie von ihr in knappen Sätzen eine dreimonatige völlige Funk- und Besuchspause. Dasselbe tat sie noch am gleichen Abend telefonisch mit ihrer wirklichen Mutter, was sie in den folgenden Wochen in bisher unbekannte Konfliktsituationen und Stimmungen brachte. Immer noch stieg ihr ab und zu das Wasser bis zum Hals, auch suizidale Phantasien blieben ihr nicht erspart. Doch folgte auf den ersten Schritt eine Anzahl weiterer Schritte hinein in den aktiv sich regenden, bewegenden, rebellierenden und Berührung suchenden Leib, in die Erfahrung ihrer Autonomie. Das Energiesignal des Wegstoßens und Sich-Raum-Schaffens hatte ihr eine *Tür zum Dialog mit der Außenwelt* geöffnet, die sich trotz zahlreicher Rückschläge bis jetzt nie mehr ganz schloß. Er hatte mit dem Kräftemessen zwischen ihren und meinen offenen Handflächen begonnen.

Noch eines erwähne ich der Vollständigkeit halber. Einen Monat nach ihrem Spontanritual, im Rahmen einer Einzelsitzung, sagte die Frau gleich zu Beginn: »Der rote Rucksack meiner Schulfreundin im Traum geht mir nicht aus dem Kopf. Ich frage mich ständig, was drin ist.« – Ich schlug ihr vor, die Augen zu schließen, die Aufmerksamkeit leiblich spürend in diese hinein zu richten, genau zu beschreiben, was sie in ihnen empfinde (noch nicht, welche inneren Bilder sie sehe!) und erst dann darauf zu achten, welche im Rucksack verborgenen Gegenstände beim Auspacken vor ihrem inneren Auge sichtbar würden. Was sie schließlich auspackte, war erstaunlich! Der *Spüranker auch im Sehen* verhindert oberflächliches, flüchtiges, von der leiblichen Ganzheit losgelöstes Herumphantasieren und stellt den Kontakt mit der eigenen Entwicklungsdynamik her.

Der erste erlebnisorientierte Zugang zum Traum ist, wie das erste Beispiel gezeigt hat, der *durch Gebärde und Wort geführte Dialog.* Er kündigt sich (mit zunächst unbewußten Signalen) bei solchen Menschen an, die an diffusen Angst- und Panikgefühlen leiden und in auffälliger Häufung Träume haben, in denen sie Gefahr laufen, verschlungen, überschwemmt, verbrannt, nicht respektiert, in die Enge getrieben, überrannt und übersehen zu werden. Die kompensatorischen Ausdruckssignale weisen bezeichnenderweise in die gegenteilige Richtung: in ein aktives sich Platz, Beachtung und Gehör Schaffen.

Zweite Eingangstür: Identifizierung mit dem Traum-Ich

Wie sieht die *zweite Eingangstür* zu einem Traum aus? Menschen, die durch sie den Traum betreten, haben mit den durch die erste Tür Eintretenden gemeinsam, daß sie sich oft gehetzt und getrieben fühlen – doch auf andere Art. Sie leiden nicht wie die ersten an plötzlicher Erschlaffung und Tonusverlust; letztere machen den Menschen einem Computer ähnlich, in dem die elektrische Spannung auf einmal zusammenbricht, so daß sich auf dem Bildschirm nichts mehr regt. Menschen dagegen, die dem zweiten Komplextypus angehören, brechen nicht seelisch, manchmal aber körperlich durch Überforderung zusammen. Sogar wenn sie engagiert und initiativ eine neue Aufgabe anpacken, fühlen sie sich wie gehetzte Gazellen in der Savanne. Sie wissen nicht, was es bedeutet, in sich zu ruhen und vernachlässigen Körper und Gesundheit. Ihre ganze Aufmerksamkeit ist auf einen äußeren Antreiber fixiert, den es meist nur in ihrer Vorstellung gibt: Er entspricht einer Projektion des inneren Antreibers. Vielleicht erreichen sie durch ihre Anstrengungen viel und gelten als erfolgreich, doch gelingt es ihnen nur in seltenen freien Glücksmomenten, sich des Lebens zu freuen.

Der Mann, auf den diese Beschreibung der zweiten Variante im Grundmotiv des beeinträchtigten Lebensgefühls haargenau zutrifft, ist 41 Jahre alt und seit siebzehn Jahren verheiratet. Er hat zwei Kinder in der Pubertät, einen 15jährigen Sohn und eine 13jährige Tochter. Seit einem halben Jahr befindet er sich bei mir in Einzeltherapie. Anlaß dazu waren psychosomatisch zu deutende Herzschmerzen. Die medizinische Abklärung ergab keinen abnormen Befund von Herz und Kreislauf. Zu Beginn der Sitzung bemerkt er: »Ich habe Ihnen einen für mich wichtigen Traum noch nicht erzählt, aus dem einzigen Grund, weil er weit zurückliegt. Zwischen meinem dreizehnten und sechzehnten Lebensjahr habe ich ihn mindestens fünfmal geträumt. Seit unserer letzten Sitzung ist mir klar, daß er immer noch in mir hockt. Ich finde keinen Zugang zu ihm. Sogar jetzt, wo ich anfange, darüber zu sprechen, werde ich unruhig und bekomme Angst. Ich möchte ihn erzählen.«

In unseren letzten Sitzungen wurde sein Lebensgefühl, einem äußeren Antreiber hilflos ausgeliefert zu sein, zum wichtigsten Thema, gleichgültig, ob dieser nun die Gestalt des Chefs, eines Mitarbeiters, des Steuerkommissärs, seines fünfzehnjährigen Sohnes oder wessen auch immer annahm.

In seiner Vorstellung waren es meist Männer, die ihn zu neuen Leistungen anstachelten. Die meisten seiner Bezugspersonen merkten kaum, wie sehr er sich in die Enge getrieben und überfordert fühlte. Sie hielten ihn für einen dynamischen und belastungsfähigen Mann. Deshalb muteten sie ihm viel zu, ohne weiter darüber nachzudenken. Daß er innerlich ständig auf der Flucht war, wußte auch er erst aus Träumen und Ausdrucksphantasien der letzten Wochen. Der folgende kurze Traum, den er mehrmals zwischen dem dreizehnten und sechzehnten Lebensjahr geträumt hatte, wirkte in ihm, dem erwachsenen Mann, nun fast ebenso stark wie damals. Ich ließ ihn erzählen:

»Ich bin der Jugendliche im Alter, das ich zur Zeit des Traumes hatte, und befinde mich in einem großen, leeren Flur des städtischen Gymnasiums, wo ich zur Schule gehe. Ich sehe, wie mir ein großer, kräftiger, schwarzgekleideter Mann schweren Schrittes entgegenkommt; überhaupt sehe ich ihn nur schwarz, obwohl er kein Schwarzer ist. Ich erschrecke, drehe mich um und renne davon. Da rennt auch er und ist hinter mir her. Ich höre, wie unsere Schritte in den leeren Gängen hallen. Ich weiß, daß er Schreckliches mit mir vor hat, und habe fürchterliche Angst. Ich renne eine halbe Ewigkeit, und er kommt immer ein bißchen näher. Als er mich fast eingeholt hat, bemerke ich die Männertoiletten direkt vor mir, stürme hinein und schließe mich in eine Kabine ein. Auch er stürmt hinein, und ich höre seinen keuchenden Atem dicht vor der Holztür. Ich weiß, daß er im nächsten Augenblick die Tür eintreten wird. Bevor dies geschieht, erwache ich.«

Das typische, in Komplexträumen häufige Angst- und Verfolgungsmotiv. In ihnen überwiegt, ich werde es im nächsten Kapitel ausführlicher zeigen, das Gefühl des Ausgeliefertsein, der Fremdbestimmung, im Gegensatz zum erwähnten »Individuationsgefühl« (Gefühl, auf dem richtigen Weg zu sein), das in Kreativträumen zum Schluß hin überwiegt. – Der Träumer erzählt, wie er auf dem Gymnasium eine Zeitlang von mehreren Mitschülern gequält wurde. Das habe plötzlich kurz vor seinem vierzehnten Geburtstag angefangen und ebenso plötzlich ein halbes Jahr später aufgehört. Einer vor allem habe ihn fast jeden Tag durch die Gänge der Schule gehetzt, an die Wand gedrückt und in die Geschlechtsteile geschlagen. »Aber«, fügte er hinzu, »der war blond, nicht dunkelhaarig, und nicht so groß wie der Verfolger in meinem Traum. Dieser war ja auch älter als ich, sicher um die vierzig – stimmt: ungefähr so alt wie ich heute. – Manchmal empfand ich im Schmerz auch Lust. Es war immerhin ein Kontakt. – In diesem Alter fehlten mir richtige Kontakte zu Mitschülern. Gern hätte ich einen Freund gehabt. Die Angst von damals sitzt mir bis heute in den Knochen. – Vor etwa zwei Monaten hat mein Sohn, den ich seit seiner Geburt sehr liebe, angefangen, mich zu quälen. Er macht mich runter, wird bei jeder Gelegenheit frech, lacht mich aus, wenn ich ihn in den Senkel stellen will. Das tut weh. Komisch, daß ich auch dabei ein wenig Lust empfinde. – Es ist das gleiche Gefühl wie damals. Er ist jetzt fünfzehn. Natürlich zeige ich ihm nicht, wie mich sein Spott verletzt. Er würde nur noch mehr über mich herziehen... Dabei war ich doch ziemlich streng mit ihm. Jetzt funktioniert das nicht mehr... Ich kann es mir nicht leisten, mir eine Blöße zu geben.«

Während der Mann assoziierte – ich habe seine Einfälle zusammengefaßt und meine Zwischenfragen ausgelassen –, blieb er ganz auf das, was ihm von außen zustieß, fixiert: auf den Verfolger im Traum, den Mitschüler aus seiner Gymnasialzeit, den Sohn in seiner jetzigen Familiensituation. Sogar wenn er von sich selbst sprach: seinem Schmerz, seiner Liebe und Strenge, blieb er »außer sich«. Der Schwerpunkt seiner Aufmerksamkeit befand sich außen.

Das merkte ich auch angesichts seines Mangels an Körpergefühl, an körperlicher Präsenz: Er war nicht Teil der Welt. Die ganze Welt ballte sich für ihn im äußeren Verfolger zusammen. In seinem Erleben war er ausschließlich Reagierender, mehr noch: chancenlos Reagierender. Ich spürte: »Solange wir im Gespräch auf das, was außen ist, fixiert bleiben, kommen wir nicht weiter.« Ich selbst fühlte mich unwohl, wie in eine bedrohliche Welt hineingezwängt (induzierte Gegenübertragung), und quälte mich, ähnlich wie er, mit Gedanken über das Verhalten seines Sohnes. Nur mit Willensanstrengung gelang es mir, meine Wahrnehmung auf seinen Körper zu richten. Dieser zeigte, während er erzählte, Reaktionen auf das, was ihn von außen bedrängte: Seine Füße bewegten sich hektisch auf und ab, als würden sie immer noch wegrennen, auf der Flucht vor dem Verfolger. Sein hechelnder Atem war der eines gehetzten Tieres. Den intensivsten Ausdruck vermittelte er mit seinen Füßen.

Dank der kontinuierlichen Aufmerksamkeit für seine leibliche Motorik befreie ich mich nach und nach aus dem Bann seines Komplexes, der sich auch in mir konstelliert hat, finde etwas Distanz zu meinem Klienten, fange an, ihn realistischer zu sehen, und phantasiere: »Er ist im Grunde genommen ein kräftiger Mann mit einem starken Ich, so widersprüchlich das in bezug auf einen sich stets gehetzt und verfolgt Fühlenden auch klingen mag. Eigentlich ist er nicht schwächer als seine Verfolger. Männliche Stärke beweist er durch seine Leistungsfähigkeit, auch wenn er diese nur als Fluchtreflex inszeniert. Es fällt ihm schwer, seine Kraft zu genießen, weil sie ihm, gefangen in seinem Verfolgerkomplex, spürunbewußt bleibt.« – Indem ich mich von seiner komplexhaften Fixierung nach und nach löse, gelingt es mir, in Resonanz mit seinen Entwicklungskräften zu treten.

Nun sehe ich klar: Das auslösende Bewegungssignal sind seine sich ohne Rast und Ruhe auf und ab bewegenden Füße. Dies also ist sein Einstieg in den Verfolgungstraum: Er *identifiziert sich mit seinem Traum-Ich*, mit dem vom dunklen Mann verfolgten Jugendlichen. Solange solche Spontanbewegungen beiläufig und ohne Bewußtsein geschehen, bleibt alles beim alten. Entscheidend ist also, daß er anfängt, sich in seinen rennenden Füßen leiblich zu *spüren*. Deshalb ermuntere ich ihn aufzustehen, und an Ort und Stelle zu rennen, ohne vom Fleck zu kommen (der Verfolger ist nicht abzuschütteln!), und vor allem, den Füßen die Initiative zu überlassen, wie *sie* sich bewegen wollen – nichts anderes zu tun als auf die Füße, während sie sich von allein bewegen, zu achten und ihnen zu vertrauen.

Er tut es. Ich wundere mich, wie schnell ihm der Wechsel in das ihm doch völlig unvertraute rezeptive Spürbewußtsein gelingt. Seine Füße treten jetzt langsamer und kräftiger auf, und sein Atem geht tiefer. Das diffuse, schwer definierbare Resonanzgefühl, das mich noch vor wenigen Minuten mit ihm zusammen erfüllte, hat sich zu einem kräftigeren, eindeutigeren Empfinden gewandelt, in welchem ich mich wohler fühle, auch wenn ich es noch nicht richtig fassen kann. Auf einmal merke ich, daß ich vermutlich schon seit einiger Zeit meine Kinnlade kräftig vorschiebe und dabei meine Kiefermuskulatur anspanne. Überrascht stelle ich beim Mann, der ohne Vorwärtsbewegung zunehmend sicherer »durch« den Therapieraum rennt, dasselbe fest. Dies bedeutet ein neues, nämlich das zentrale Energiesignal in seinem Spontanritual. Es zeigt, daß er im Gegensatz zu seiner vorigen Fixierung auf einen äußeren übermächtigen Verfolger sich unbewußt schon daranmacht, aus eigener Kraft aktiv zu werden. Dieser Umschlag geschieht dank seinem sich intensivierenden Spürbewußtsein.

Das neue offensive Signal kommt aus einer anderen

Richtung als sein erstes defensives Signal (wegrennen) und seine, soweit er sich zurückerinnert, defensive Grundstimmung. Er schiebt sein Kinn vor, als rüste er zum Angriff. Ich spiegele es ihm und ermutigte ihn zur variierenden Verstärkung. Auch dies gelingt ihm bald. Der sich anbahnende Lebensschritt scheint wirklich überreif zu sein. Nun faucht er wie eine Wildkatze. Der imaginierte Gegner ist nicht mehr hinter, sondern vor ihm. Fauchend spricht er aus, was ich vor einigen Minuten phantasiert habe: »Ich habe viel Kraft. Ich zeig's euch. Ich kämpf' mit euch. Scheiße, daß ich mich so schwach gemacht habe. Ich bin mindestens ebenso stark wie ihr.« – Offensichtlich imaginiert er seine Mitschüler vor sich. – Plötzlich hört er auf zu fauchen und beginnt wieder, nervös und hektisch zu trippeln und flach in der Brust zu atmen. Ich frage ihn: »Wer ist jetzt da?« – »Der Mitschüler, der mir in die Eier geschlagen hat.« – Ich schlage ihm vor: »Stelle deinen Mitschüler! Jedesmal, wenn der Fluchtreflex stärker wird, fauche kräftig so lange, bis du wieder deine Kraft spürst!«

Diese Klippe zu bewältigen, fällt ihm nicht leicht. Immer wieder nimmt er Zuflucht zum kräftigenden Fauchen. Dann steigt jeweils Wut in ihm hoch, und er wagt es wieder, den anderen Jungen mutig mit Worten und Gebärden anzugreifen, wie er es sich bisher »nicht einmal träumen« lassen konnte: Sein Verfolgungstraum brach in der Tat vor dem befreienden Umschlag ab. Nun packt er ein Kissen und schüttelt es, stellvertretend für den Schulkameraden, mit ganzer Kraft. Dann hält er inne, schaut nach unten, und Tränen steigen ihm hoch: »Ich hatte nie einen Freund. Ich habe ein solches Bedürfnis nach Freundschaft mit einem Mann. Es würde mir guttun, meine Kräfte mit einem anderen Mann zu messen. Ich befand mich immer auf der Flucht vor Männern und erlebte sie nur gegen mich im Angriff. Scheiße!« – Und wiederum faucht er wild.

Ich trete vor ihn und variiere seine letzten Sätze, indem ich ihn als Flüchtenden anspreche: »Du bist immer auf der Flucht, und ich nur im Angriff. Scheiße!«, und frage ihn, wer diesen Satz jetzt ausspreche. Überrascht hält er inne, überlegt und antwortet: »Mein fünfzehnjähriger Sohn. Auch vor ihm bin ich auf der Flucht.« Und wieder kommen ihm die Tränen. »Er braucht einen Vater, der sich als Mann fühlt, er braucht ihn als Freund, der ihm die Stange hält. Ich kann das sein – ich bin das. Er hat recht, mich anzugreifen. Er zwingt mich aus der Defensive in die Offensive. Er wird mich von jetzt an auch in der Offensive erleben. Ich liebe ihn wirklich sehr und fühle, daß auch er mich liebt.« – Ich gebe den Ablauf verkürzt wieder, ohne sein zeitweiliges Zurückkrebsen im einzelnen zu beschreiben und meine Zwischenbemerkungen wiederzugeben.

Zu meinem Erstaunen wird er plötzlich wieder unruhig. Meine Ermunterungen, wieder zu fauchen, verhallen. In Resonanz mit ihm spüre ich in meinem Hals einen Kloß voller Angst. Er bewegt seine Füße anders als in der ersten Sequenz: nicht mehr nach vorn, als renne er davon, sondern nach links und nach rechts und immer wieder nach links und nach rechts, als werde er chancenlos in die Enge getrieben und sei gefangen. Ich merke, wie auch ich in Alarmbereitschaft gerate, Bedrohung und Angst empfinde. In diesem Spüren werde ich ganz wach für das, was kommt. Die Augen des Mannes werden weit vor Schrecken. Ich frage ihn, wo er sich befinde. »Hinter der Kabinentür im Klo. Gleich wird der Mann sie eintreten.«

Ich fordere ihn auf, die ganze Aufmerksamkeit in den Hals zu richten, wo seine Angst am stärksten sitzt, und all seine Sinne in dieser einen Stelle zu zentrieren. Dies geschieht. Plötzlich huscht es wie ein böses Begreifen über sein Gesicht. Er will sprechen, doch geht es noch nicht. Wieder setzt er zum Reden an. Ich erinnere ihn daran, sich spürend im Hals zu verankern. Dann kommt es heraus: »Mein Vater. Es ist mein Vater. Ich habe ganz vergessen, wie schlimm es für mich war, als er mir im Auto – ich war dreizehneinhalb – zwischen die Beine griff. Ich wußte immer, daß er es getan hat, aber ich habe vergessen, was ich dabei empfand. – Zuerst hat er mir das linke Bein gestreichelt. Das war schön; ich erinnere mich nicht, daß er mich sonst je gestreichelt hat. Seit ich in die Pubertät kam, war er noch distanzierter als immer schon. Und jetzt auf einmal streichelte er mich am Oberschenkel. – Es stimmt nicht ganz: Eigentlich war auch dieses Gefühl bereits etwas unangenehm, als er anfing, mich zu streicheln. Ich tat, als merkte ich nicht, daß er mir durch die Hose den steif werdenden Schwanz massierte. Ich empfand eine Mischung von Entsetzen und Lust. Auch er sagte nichts. Wir haben nie darüber geredet. Auf einmal, als meine Lust stärker wurde, ließ er von mir ab. Er hat es nie wieder getan. Er muß gemerkt haben, daß ich es nicht wollte. – Als er aufhörte, drehte ich mich im Auto weg, erzählte irgendwas und ließ ihn meine Beklemmung nicht merken. Dabei war ich total verwirrt, wie in einem fremden Traum.«

Damals also fing zweierlei an: erstens sein Gefühl, ausgeliefert zu sein, und zweitens, dieses zu überspielen, so daß keiner merken konnte, wie er sich wirklich empfand. Am Schluß seines Spontanrituals wurde ihm die Mißbraucherfahrung mit seinem Vater zum ersten Mal *spürend* bewußt. Inhaltlich hatte er sie zwar nie vergessen, aber er hielt sie für unbedeutend. »Heute erzählen fast alle von erlebtem Mißbrauch und machen sich damit nur wichtig«, so habe er bisher gedacht, wenn ihm die Erinnerung an die Szene im Auto manchmal in den Sinn kam. Mit dem absurden Gedanken, der Vater habe seine Erektion gar nicht bemerkt, weil sein steifer Penis unter der Hose versteckt war, konnte er seine Gefühlsverdrängung aufrechterhalten. Nie zuvor hatte er seinen fünfmaligen Traum vom großen und kräftigen »schwarzen« Mann mit seinem Vater in Verbindung gebracht, obwohl auch dieser kräftig und dunkelhaarig war. Besonders groß war er allerdings nicht. Vermutlich signalisierte ihm sein Traum, welch große, von ihm bisher unterschätzte Bedeutung die Szene mit seinem Vater im Auto hatte. Die Traumarbeit mußte den Verfolger nur wenig entstellen. Nie zuvor fiel meinem Klienten ein, sein gefrorener Fluchtreflex, sein ohnmächtiges Gefühl, jederzeit, selbst wenn er beachtliche Leistungen erbrachte, bloß zu reagieren, könne mit dem damaligen traumatisierenden Geschehen im Auto zusammenhängen. – Wie oft schon habe ich wie in diesem Fall erlebt, daß die passende Traumdeutung erst im Laufe einer Ausdrucksimprovisation oder eines Spontanrituals erfolgte. Psychotherapeutische Arbeit mit Träumen zielt nicht nur auf die Weckung mentaler, sondern auch körperlicher, motorischer Erinnerungen, also auch auf die Aktivierung des *Leibgedächtnisses.* Anders können Affektverdrängungen nicht wirklich aufgelöst werden.

Es war in dieser Sitzung noch nicht möglich, mit dem zentralen Ausdruckssignal der vorgeschobenen Kinnlade auch dem Vater zu begegnen, und auch nicht, die Gefühle von Entsetzen und Lust im traumatischen Erleben von damals zu entmischen, ebensowenig, die im Verfolger geballte, auf ihn projizierte Eigenenergie differenzierter zu erfahren. Dies und anderes blieb einer längeren Zeit vorbehalten. Was jedoch von dieser Sitzung an fast ganz verschwand, waren die psychosomatischen Herzbeschwerden meines Klienten.

Ich fasse zusammen: Die zweite Tür, in einen Traum einzutreten, ist die spürbewußte *Identifizierung mit dem Traum-Ich.* In Komplexträumen braucht es dazu einen festen Stand. Denn beeinträchtigende Mächte – Figuren und Umstände im Traum – setzen dem Traum-Ich zu und schwächen es. Die Dynamik solcher Erlebnisrituale führt zum Umschlag in die Rolle des aktiven »Bewirkers«. Beeinträchtigung wandelt sich dabei in Eigenaktivität und manchmal sogar in Begegnung. Dabei fließt die soeben noch projizierte Eigenenergie ins Ich zurück und macht dieses für bisher unmögliche Schritte stark. Das spürunbewußte Traum-Ich wandelt sich in ein spürbewußtes waches Ich. Energiesignale, die Wegweiser zu dieser zweiten Tür sind, treten nur bei genügend ichstarken Menschen auf. Spürbewußt geworden, können wir uns nun auch solchen bedrohlichen Situationen stellen, die im Traum durch Erwachen abrupt unterbrochen wurden. Im erlebnisorientierten Ausdrucksritual kann der nun wache Träumer weiter gehen als im Traum selbst, weil er sich nicht in einer halluzinierten, sondern einer spürbewußten Leiblichkeit, nicht in phantasierten, sondern in gelebten und gefühlten Bewegungen erfährt.

Dritte Eingangstür: Identifizierung mit einer anderen Traumfigur

Die *dritte Eintrittstür* zu einem Traum befindet sich genau auf der entgegengesetzten Seite des Seelenhauses. Dahin werden oft Menschen geführt, die zu Resignation, Aggressionshemmung und Depression neigen. Ihre Dynamik ist der des zweiten Menschentypus entgegengesetzt. Die bewußte Ausgangssituation ihrer Träume – meist dargetellt im ersten Teil, wie auch in anderen Träumen üblich – ist nicht wie bei Menschen des zweiten Typus die Fixierung auf einen äußeren »Bewirker« des eigenen beeinträchtigten Lebensgefühls, sondern im Gegenteil auf sich selbst als Ursache allen Übels. Das alte, überalterte, zur Wandlung überfällige Leben, das der Beginn des Traumes ausdrückt, entspricht dem sattsam bekannten eigenen Grundgefühl. Da kann es noch so haarsträubende biographische Fakten von fremder Schuld oder sozialem Schicksal geben – Mißbrauch, früher Tod eines Elternteils, schwere Krankheit und anderes: Das eigene Lebensgefühl sagt diesen Menschen trotzdem, daß sie selbst für alles verantwortlich, an allem schuld sind. So kann es auch nicht wundern, daß ihre unbewußten ersten Ausdruckssignale, verglichen mit denen des zweiten Menschentypus, von der entgegengesetzten Seite her kommen. Es sind Signale, mit denen sie, noch ohne es selbst zu merken, ausdrücken: *»Ich wehre mich und nehme mir das Recht, es zu tun«*, im Gegensatz zu dem sie beherrschenden Lebensgefühl, das sagt: »Ich bin an allem schuld und habe somit kein Recht, mich zu wehren.« – Dagegen drücken die unbewußten Ausgangssignale des zweiten Typus aus: »Ich bin ohnmächtiges, zu jeder Gegenwehr unfähiges Opfer und werde von fremden Tätern permanent schachmatt gesetzt«, im Gegensatz zu dem sie beherrschenden Lebensgefühl, das besagt: »Ich wehre mich permanent gegen Täter von außen.« – In jedem Fall treten wir durch jene Tür in einen Traum ein, zu der uns das erste Energiesignal spontan hinführt. Dieses ist der bewußten Einstellung meist entgegengesetzt. – Ob spätere Energiesignale in die gleiche Richtung führen wie das erste oder in eine andere, diese Frage spielt im Rahmen dieses Kapitels keine Rolle.

Die Frau, deren Traum ich gleich wiedergeben werden, ist 47 Jahre alt und seit fünfzehn Jahren geschieden. Seit fünf Jahren lebt sie allein. Wegen depressiver Verstimmungen kam sie ein gutes Jahr vor diesem Traum gleichzeitig in Einzel- und Gruppentherapie. Immer noch hält sie sich für das Scheitern ihrer Ehe und die schizophrene Erkrankung ihrer zweiundzwanzigjährigen Tochter verantwortlich und quält sich mit Schuldgefühlen. Der nachfolgende Traum erschreckte und erschütterte sie zutiefst. Er war der erste überhaupt, den sie in die Gruppentherapie brachte.

»Ich liege auf dem Grab meines Vaters und zugleich in ihm. Über mir ist eine durchsichtige Plastikfolie ausgebreitet. Ich fühle mich wie fast immer in letzter Zeit bedrückt, aber irgendwie auch friedlich, auf angenehme Art gleichgültig. ›Nun ist es endlich soweit‹, denke ich, und frage mich, ob ich schon tot sei. – Da merke ich, daß es regnet. Der Wind weht die Plastikhülle von meinem Gesicht weg, so daß sie nur noch meinen Körper bedeckt. Nun habe ich freie Sicht auf den Himmel. Ich sehe, wie direkt über mir eine tiefschwarze Wolke schwebt, als hätte sie es auf mich abgesehen. Ich bekomme Angst und starre weiterhin zur Wolke. Da verwandelt sie sich auf einmal in einen halben Männerarm mit einer Faust, genauer: Es handelt sich gleichzeitig um eine Wolke und um einen Arm mit einer Faust. In Abständen sehe ich die Männerfaust genauer: Sie ist groß und haarig; dann wieder sehe ich nur die Wolke. Ich liege wie gelähmt da, kann nicht aufstehen und wegrennen. Ich höre lautes Zischen und weiß, daß die Faust jetzt niedersaust. Sehen tue ich nichts mehr, aber ich spüre, wie der Wind messerscharf in Stößen auf mein Gesicht herunterfährt, wieder und wieder. Es brennt wie Feuer; ich bin verletzt. Es ist grauenvoll. – Ich erwache, und der erste Gedanke, der mir kommt, ist: ›Das ist die gerechte Strafe. Ich bin schuld.‹«

Es würde den Rahmen dieses Kapitels sprengen, wenn ich mit der gebotenen Ausführlichkeit diesen dramatischen Traum bespräche, muß es mir doch hier hauptsächlich darum gehen, die dritte Eingangstür zu Träumen sichtbar werden zu lassen. Daher beschränke ich mich auf die notwendigsten Angaben zu den Einfällen der Träumerin und den daraus folgenden Einsichten. Mit vielen Unterbrechungen, während derer ich ihr manchmal eine Frage stelle, sagt sie: »Mein Vater ist vor zwei Jahren gestorben. Gestern an Allerheiligen besuchte ich sein Grab (Tagesrest). Bis zu seinem Tod liebte ich ihn wirklich sehr und war doch oft unglücklich in seiner Gegenwart. Meine Liebe zu ihm war eine Qual. Er war launisch und jähzornig, aber auch warmherzig und großzügig. Wenn er trank, schlug er mich manchmal; zum letzten Mal, als ich schon sechzehn war. Da schlug er mich mitten ins Gesicht, wie die Faust im Traum, die mich wie mit Windstößen ›schlug‹. Nachher bereute er es sehr, weinte und bat mich um Verzeihung. Aber für mich bedeutete es einen Bruch, mit ihm und auch mit mir selbst. Ich verlor den Glauben an das Gute. – Er war so unberechenbar, wie die Faust in der Wolke, wie das Heruntersausen des Windes. Wenn er mich schlug, schämte ich mich.«

Sie stockte und unterbrach sich. Ich sprach die Worte »Gesichtsverlust« und »brennende Scham« aus, und sie stimmte mir gleich zu. An dieser Stelle füge ich einen kleinen *Exkurs zur Sprache der Träume* ein. Oft übersetzen Träume Wörter in Bilder (Freuds Gesichtspunkt). Oft ist es auch umgekehrt: Das ältere seelische Bild durchläuft die kulturgeschichtliche Entwicklung zum jüngeren Gedanken, der sich in einem Sprachbild ausdrückt. Dieser Gedanke erscheint im Traum wieder in der Ursprünglichkeit des archaischen Bildes, das Anlaß zu seiner Entstehung war. In diesem Fall ist das symbolische Bild umfassender als der spätere Begriff; sein Reichtum kann weder durch ihn noch durch andere Begriffe ganz ausgeschöpft werden (Jungs Gesichtspunkt). Ich erinnere daran, daß die Sprache der Bilder, deren sich der Traum bedient, phylogenetisch älter als die Sprache der Begriffe ist. Die erste drückt sich mit Analogien und Entsprechungen, die zweite unter anderem mit logischen Gedankenketten und Schlußfolgerungen aus. Das ist auch der Grund, warum in Träumen ein Kausalnexus – Verbindung von Ursache und Wirkung – nur indirekt durch das Nacheinander der einzelnen Traummotive geäußert werden kann: Was vorher kommt, ist oft die Ursache dessen, was nachher folgt, auch wenn der Traum es nicht direkt sagen kann. – Nach diesem kleinen gedanklichen Abstecher kehren wir zu unserer assoziierenden Träumerin zurück.

Wiederum mit vielen Pausen fährt sie fort: »Ich fühle mich seit langem wie am Anfang des Traumes: unbeweglich, gelähmt, ohne Antrieb, wie tot in einem Grab. Aber ich bin ja noch nicht tot. Ich liege gleichzeitig auf dem Grab und sehe die Welt wie durch eine Plastikfolie. Manchmal fühle ich fast nichts mehr. Das erinnert mich an meine schizophrene Tochter; sie fühlt gar nichts, außer einem großen Schmerz, das merke ich. Der Regen ist friedlich. Er paßt zum Friedhof. Aber er läßt auch die Pflanzen wachsen. Wäre ich ganz tot, dann könnte mir nichts mehr passieren. Der Wind weht die Plastikfolie von meinem Gesicht. Auch das kenne ich: direkte Momente des Gefühls und der Verbindung. Mit meinem geschiedenen Mann gab es solche Momente. Doch dann habe ich ihn enttäuscht. Er konnte mit meiner Traurigkeit nichts mehr anfangen und heiratete eine lustigere Frau. – Die dunkle Wolke im Traum beunruhigt mich. Ich bin eben doch noch nicht tot. Dunkel über mir, viel Schweres, viele Belastungen. Ich merke, es wird noch Schlimmeres geschehen. Ich sehne mich nach Ruhe, nur nach Ruhe. Die Faust ist schrecklich. Der Unterarm wie unter dem Ellenbogen abgeschnitten. Ich kenne Bilder, auf denen man Gott Vater nur mit seinem Oberkörper sieht. Der Rest ist versteckt in einer Wolke. In der Bibel verbirgt sich Gott hinter einer Wolke, während er dem Volk Israel auf seiner Flucht vor dem Pharao voranzieht. Aber das ist ja nicht schlimm; – in meinem Traum dagegen ist es fürchterlich. Ich bin gelähmt, kann mich nicht wehren. Gegen die Faust, die auf mich wie schneidender Wind herunterstößt –

eigentlich ist es keine Faust mehr, nur Wind –, läßt sich nichts machen.«

Auch in diesem Traum, wie in den beiden bereits besprochenen, gibt es eine übermächtige Bedrohung. Sich wehren scheint unmöglich. Doch während der vorangehende Träumer ganz auf die äußere Bedrohung fixiert war, bedeutet diese für unsere Träumerin eine zwar schreckliche, aber auch voraussehbare, ja, zu erwartende Störung, denn sie spürt die Ursache des Übels in sich selbst. Der Schwerpunkt des Erlebens liegt in ihrer eigenen Lähmung, in ihrer Scham und Schuld. Ihr Schicksal hat sie sich selbst zuzuschreiben. Deshalb kam ihr erstes Ausdruckssignal aus der entgegengesetzten Richtung, nämlich der unbewußten *Identifizierung mit der Schattenfigur*, das heißt hier mit dem Bedränger, Quäler, Verfolger. – Menschen, die zu ihren Träumen assoziieren, erinnere ich regelmäßig daran, sich in ihrem Körper zu verankern. Dadurch entsteht und wächst Spürbewußtsein; dieses wiederum beschleunigt das Auftauchen von Energiesignalen. – Diesen entscheidenden Hinweis gab ich auch der Frau in meinem jetzigen Beispiel mehrmals.

Während die 47jährige noch mal mit Angst die bedrohliche »Windfaust« über sich erwähnt, bemerke ich bei ihr eine seltsame Gebärde: Sie bewegt ihren Kopf zusammen mit dem Oberkörper stoßweise nach vorn, als entspreche der Kopf der Faust und der Oberkörper dem Unterarm aus dem Traum. Der sprachliche Rhythmus, während sie von der allmächtigen Faust spricht, ist mit dem Rhythmus von Kopf und Oberkörper identisch. Eine solche Entsprechung habe ich in einem Spontanritual noch nie erlebt. Sie beweist, daß dieses Signal nicht einfach »Mit dem Kopf durch die Wand wollen« bedeutet. Mir fällt besonders die rhythmische Abstimmung zwischen dem mehrmals wiederholten Wort Faust und dem nach vorn stoßenden Kopf auf.

Neben dem Traumbild von Faust und Unterarm und dem Bewegungsbild von Kopf und Körper ist noch ein drittes Bild, zwar unausgesprochen, doch durch Analogie und Bewegung unverkennbar im Raum, nämlich das Bild des stoßweise penetrierenden Phallus mit Eichel und Schaft. In dieser *dreifachen Verdichtung* offenbart sich das erste Energiesignal, das ich das auslösende nenne. Wie jedes Energiesignal besitzt es im Ansatz ganzheitlichen, das heißt den ganzen Menschen in Bewegung setzenden Charakter, und es ist unbewußt; der die Gebärde bremsende Widerstand ist ebenfalls leicht wahrzunehmen.

So sage ich denn zur Frau, noch ohne auf die phallische Analogie hinzuweisen: »Dein Kopf ist die Faust und dein Oberkörper der Unterarm aus deinem Traum.« Da sie sich bereits im beschriebenen Zustand einer wachen, leichten Trance, also im körperlich verankerten Spürbewußtsein befindet, läßt sie sich durch meine Worte nicht stören, wird also nicht zur schlechten Schauspielerin auf ihrer Traumbühne (wie das infolge verfrühter Mitteilungen von seiten des Therapeuten leicht geschieht), sondern nimmt meine Deutung als passend an, steht auf und verstärkt ihre Gebärde. Nicht ihre Faust verkörpert die Traumfaust, wie es zu erwarten gewesen wäre, sondern ihr Kopf. Ihre ganze Gestalt, nicht nur ihr Oberkörper, verkörpert nun den im Traum noch zur Hälfte ausgeblendeten Arm. Dieser – der ganze Arm, die ganze Gestalt – wird im Spontanritual allmählich vollständig sichtbar – spürbar – und gibt der Faust – dem Kopf – Stoßkraft und Orientierung. Zunehmend zentrierter lebt sie in ihrer Gebärde, die jetzt ihren ganzen Körper erfaßt.

Ich bitte einen erfahrenen Teilnehmer, den nach vorn drängenden Kopf mit beiden Händen zu umfassen und in sorgfältiger Abstimmung auf dessen Vor- und Rückwärtsbewegungen einzugehen. Diesen Widerstand braucht die

Frau, um ohne Selbstbeobachtung, nur sich in der Bewegung spürend, mit ihrer phallischen Gebärde eins zu werden. Immer wieder lade ich sie ein, zu beschreiben, was sie gerade erlebt, und sie gebraucht in ihren Antworten Wörter, die ich noch nie aus ihrem Mund gehört habe, wie: »Wut, Wut, Wut« (dabei stößt sie immer kräftiger zu), »Kraft«, »Vertrauen«, »ich zeig's euch«, »ich schaffe es«, »ich lebe«, »ich bleibe dran, mag ich noch so depressiv sein«. Nach der letzten Bemerkung erlahmt sie ein wenig; das Wort »depressiv« holt sie kurz ein, doch nimmt sie auch diese Klippe und wird, unterstützt durch ihren Mitspieler, bald wieder mit ihrer phallischen Stoßgebärde identisch.

Solche *Selbstunterbrechungen* – es war nicht die einzige – gehören zu jedem Spontanritual. Sie sind sogar besonders wertvoll, weil in ihnen nicht nur die kritische Schwelle des Widerstandes, sondern auch die Möglichkeit, weiter zu gehen, erfahrbar wird. Das Leibgedächtnis registriert beide zusammen. Auf die nachträgliche Besprechung solcher Klippen — *Energieklippen* – im Anschluß an ein Spontanritual oder an eine einfache Leibimprovisation lege ich besonderen Wert.

Nach und nach nahm die Kraft in der stoßenden Vorwärtsbewegung ab, gemäß dem Naturgesetz, daß nach jeder Flut die Ebbe kommt. Die Frau nahm zu ihrem Mitspieler einen leichten Abstand ein, und mit einem langen, sogar etwas schalkhaften Blickkontakt zwischen den beiden ging dieses Spontanritual zu Ende. Es rief, wie Sie, meine Leserinnen und Leser, zweifellos voraussetzten, nach verarbeitenden Gesprächen auch über solche Elemente, die im Erlebnisablauf selbst noch nicht zur Sprache kamen. Auf einige Aspekte habe ich in meinen Kommentaren bereits hingewiesen. Andere, archetypische, werde ich gleich noch erwähnen. – Dieses Spontanritual bildete in den folgenden drei Monaten den Schwerpunkt auch der therapeutischen

Einzelarbeit mit dieser Klientin. Geballt faßt es erlebnishaft zusammen, was noch der sorgfältigen Entflechtung und weiterer Verarbeitung bedurfte.

Einmal mehr können wir auch am Beispiel dieses Spontanrituals feststellen, wie die motorische Entfaltung spontaner Körpersignale, verbunden mit dem beschreibenden und klärenden Wort, die Energie eines Menschen in einem Ausmaß aktiviert, wie dies weder in einem Gespräch oder Rollenspiel, noch in einer Aktiven Imagination geschieht, es sei denn, diese beziehen die spürbewußte Gebärdensprache mit ein. Daß dabei auch tiefere Einsichten zutage treten, ist eine Folge davon. Ich bin mir sicher, daß in Zukunft keine Psychotherapie mehr darauf verzichten wird.

Auch eine bloß vorgestellte, jedoch nicht ausgeführte Gebärde setzt nicht die gleiche Energieladung wie der Vollzug dieser Gebärde frei. Sie aktiviert nicht im gleichen Maße Emotionen. Neulich arbeitete ich mit einem Mann, der es bei der aufgetauchten Vorstellung, sich vor seiner Frau zu verneigen, belassen wollte. Irgendwann im Verlauf der Beschreibung seiner Vorstellung wurde er mit dieser so sehr identisch, daß er anfing, sich wirklich vor seiner (abwesenden) Frau zu verneigen. Erst jetzt ergriffen ihn mit voller Macht lang verschüttete Gefühle des Respekts, der Reue, der Zuwendung und Zuneigung.

Auch die Bedeutungen archetypischer Symbole erfassen wir dank der Erlebnisrituale mit einmaliger Unmittelbarkeit. Dadurch verlieren unsere Deutungen die Tönung bloßer tiefenpsychologischer Spekulationen.

Erich *Neumann* belegt mit einem reichen ethnologischen Material seine These von der »oberen« phallischen Männlichkeit, in welcher der Phallus nicht mit dem Penis »unten« identisch ist, sondern zum Symbol geistiger Stoßkraft, autonomer Kreativität und willenstarken Durchsetzungsvermögens wird.[1] Das beschriebene Spontanritual meiner Klientin macht diese von Neumann hervorgehobene Symbolbedeutung des »Kopf-Phallus« zur zweifelsfreien Erfahrung. Doch verbindet sich diese im beschriebenen Spontanritual noch mit einem dritten Element, nämlich mit der Faust. Im Symbol der *herunterstoßenden Faust* verdichten sich *drei Aspekte: erstens*, das inzestuös gefärbte Verhängnis, das die Träumerin an ihren Vater kettet, obschon es nie zur direkten sexuellen Annäherung gekommen ist. Daß sie im Traum bewegungsunfähig auf dem Grab ihres Vaters liegt, hebt diesen Aspekt, der über Monate Thema in ihrer Einzeltherapie war, klar hervor. Dieser erste Gesichtspunkt meint ihre Fixierung an den Vaterpenis »unten«. – *Zweitens*: der Aspekt des unberechenbaren, strafenden und zerstörerischen phallischen Über-Vaters: Er läßt die Tochter nicht erwachsen werden, sondern hält sie in einer scham- und schuldbeladenen Abhängigkeit zurück. Diese beiden ersten Aspekte haben uns in der therapeutischen Arbeit bis zum Tag, da sie den Traum mit dem »Faust-Wind-Phallus« erzählte, als einzige beschäftigt. Doch kamen wir nicht wirklich voran, trotz aller analytischer Einsichten, die diese beiden Aspekte betrafen, trotz der zeitweiligen emotionalen Intensität in unseren Gesprächen und trotz einer wachsenden »Resonanzbeziehung« zwischen ihr und mir, dank der sich die Übertragung sowohl des vernichtenden als auch des zu nahen Vaters allmählich auflösten. Aber der entscheidende Schritt stand damals noch bevor, das spürten wir beide.

Solche Gedanken gingen mir durch den Kopf, während ich durch das ganze Spontanritual hindurch in Resonanz mit ihr blieb, das heißt all ihren Bewegungen durch andeu-

1 Vgl. E. Neumann, Ursprungsgeschichte des Bewußtseins, sowie P. Schellenbaum, Vorwort zu E. Monick, Wurzeln der Männlichkeit, und mehrere Passagen in anderen Kapiteln des vorliegenden Buches.

tenden Mitvollzug nachspürte. Sie verkörperte die Rolle der Schattenfigur (das heißt eines abgespalteten Persönlichkeitsanteils) aus ihrem Traum auf eine auch für mich völlig überraschende Art. Die Destruktivität der störenden und zerstörenden Vaterfigur wandelte sich in konstruktive Eigenbewegung. Und hier kommt der *dritte Aspekt* im Symbol der herunterstoßenden Faust ins Spiel. – Meine nun folgende Bemerkung mag zunächst erstaunen. Was im Laufe dieses Spontanrituals eigentlich stattfand, war die erste wirkliche *Begegnung* meiner Klientin mit ihrem Vater. Auf welche Weise? Sie traf sich mit ihm im archetypischen Symbol des Phallus. Ihr Vater hatte ihn in einer unbewußten, primitiven, unberechenbaren und gefährlichen Form verkörpert, deshalb mußte sie ihn aus Selbstschutz abwehren. Was dabei auf der Strecke blieb, war ihre eigene phallische Dynamik. Für eine wirkliche Begegnung mit ihrem Vater fehlte so die gemeinsame Erfahrungsbasis. Ihre ganze Sehnsucht galt bisher dieser Begegnung, die nun endlich stattfand, nämlich mit ihrem Vater, den sie durch ihre Stoßbewegungen in seinem »guten Kern« verkörperte, und zugleich mit ihrem eigenen »Geist-Phallus«. Ähnlich dem germanischen Gott *Wotan*, der Jung so faszinierte, und dem jüdischen Gott *Jahwe* in seinem geschichtlichen Ursprung verkörperte ihr Vater den wilden, unberechenbaren Sturmwind, mal liebevoll, mal brutal. Der Wind verband sich im Traum mit der zuschlagenden Faust: Er verletzte die Träumerin mit schneidender Schärfe. Der Wind ist aber auch Symbol des schöpferischen Geistes – das hebräische Wort *ruah*, das griechische Wort *pneuma* und das lateinische Wort *animus* bedeuten beides: Wind und Geist – jenes Geistes, dem sie im Ritual einen Körper, ihren Körper gab.

Wie geschah der Übergang vom zerstörerischen, wie Feuer versengenden, die Persönlichkeitsgrenzen nicht respektierenden Sturmwind zum formenden Geist als Prinzip seelischer Entwicklung, als befruchtendes (der Regen im Traum als Bild der Befruchtung!) Individuationsprinzip? Durch ein Bewußtsein, das nicht nur den Verstand, sondern den ganzen leiblichen Menschen aktiviert, durch Spürbewußtsein. Dieses war der innere Motor, der *spiritus rector*, das heißt der Orientierung gebende, schöpferische Geist vom Anfang bis zum Schluß. Der Naturphilosoph Pierre Teilhard de Chardin nannte diesen Geist in einem seiner frühen Essays während des Ersten Weltkriegs »Geist der Materie«, und Carl Gustav Jung erkannte in ihm den von den mittelalterlichen Alchemisten gesuchten Geist des *Mercurius*. Doch bewegen sich solche Vorstellungen noch im ahnenden Bereich der Intuition und bedürfen der konkreten Verleiblichung in Empfindung und Gebärde. Bereits die deutschen Romantiker und später besonders Friedrich *Nietzsche* haben diesen Körper- und Naturgeist besungen, doch viele sind an ihm gescheitert, weil sie ihn zwar geahnt und ersehnt, doch nicht verkörpert haben. Eben dies traf bisher auch für unsere Träumerin zu. Der schneidende Wind von oben hat ihr Gesicht versengt.

Wenden wir uns ihr nochmals näher zu: Seit ihrer Kindheit sehnte sie sich nicht nur nach körperlicher, auf ihre Bedürfnisse abgestimmter Nähe des Vaters, sondern auch nach diesem schöpferischen Geist, nach phallischer Selbständigkeit, Tatkraft und Autonomie. Die objekt- und subjektstufige Deutung des Phallus aus der Wolke spielen zusammen. In ihrer depressiven Verstimmung fand sie keinen Zugang zum »oberen Phallus«, der die Erde mit Regen befruchtet, hielt sich gefangen im eigenen Grab zum Schutz vor Überwältigung.

War ihre seit der Kindheit bis heute lebendige Liebe zum Vater durch die heimliche Sehnsucht nach dieser Begegnung motiviert? Spürte sie im Rohmaterial des Vaters die schlummernde formgebende Kraft, den Geist, für ihr eigenes Leben? Davon bin ich überzeugt. Wie in jeder schicksalhaften Beziehung, auf die sich Menschen nicht ganz einlassen und aus der sie sich nicht ganz lösen können, verdichteten sich auch in ihrer Liebe zum Vater zwei Anziehungen: der fatale Hang zu dem die Persönlichkeit lähmenden *körperlichen Inzest* (Freud) und die Sehnsucht nach dem die Persönlichkeit befreienden *symbolischen »Inzest«* (Jung), in dem es um die Verbindung mit der eigenen Entwicklungsmächtigkeit geht, zwar ausgelöst durch den Vater, aber nicht diesen meinend. – Die erste Neigung, die schicksalhaft rückwärts in die sexuelle Verschmelzung mit Vater, Mutter, Bruder oder Schwester zieht, wird in solchen Menschen überstark, die an einem traumatischen frühen Mangel an Liebe, an der »Wunde der Ungeliebten« leiden.

Die dritte Eingangstür zum Traum ist die Identifizierung mit der am stärksten besetzten Schattenfigur. Sie will sich vor solchen Menschen öffnen, die dazu neigen, sich leise aus der Welt zu stehlen, bis hin zu Resignation, Depression und Suizidalität. Der innere Wegweiser zur dritten Tür ist ein zunächst unbewußter Ausdrucksimpuls autonomer Aktivität, der uns drängt, zuzupacken, zuzustoßen, einzudringen, zu ergreifen, zu begreifen, uns die Welt einzuverleiben. In meinem vorletzten Buch »Aggression zwischen Liebenden« habe ich ihn ausführlich beschrieben.[2]

Die drei Eingangstüren zum Traum haben Sie nicht nur mit drei psychologischen Typen menschlicher Entwicklungsdynamik, sondern auch mit jener Kategorie von Träumen vertraut gemacht, die ich Komplexträume nenne. Wie die weiterführenden Spontanrituale gezeigt haben, fehlt es in den Komplexträumen keineswegs an Entwicklungsmächtigkeit. Meist ist es gerade ein zu heftig im Traum auftretender Lebensimpuls, der den Träumer dazu bringt, den

2 P. Schellenbaum, Aggression zwischen Liebenden, u. a. S. 54–61.

Traumtext entweder zu längst überlebten, komplexhaften, jedoch vertrauten, also sicher scheinenden Formulierungen zurückzubuchstabieren, oder durch ein Erwachen mit Angst und Schrecken abreißen zu lassen. Das nun folgende Kapitel soll Ihnen die Komplexträume in sechs Beispielen noch näher bringen.

8
Komplexträume: Neuer Aufbruch – alte Schranken

Träume, in denen das Leben so ungestüm aufbricht, daß das träumende Ich zu seinem Schutz nur entweder den Abbruch, das heißt das Aufwachen, oder eine Rückwärtsbewegung in überlebte Reaktionsmuster inszenieren kann, nenne ich, wie im letzten Kapitel bereits ausgeführt, Komplexträume. Sie sind mindestens so zahlreich wie Kreativträume, in denen Lebensprozesse zu einem relativen Abschluß kommen, das heißt Wünsche sich erfüllen (Freud) oder richtungweisende Lebensimpulse sich durchsetzen (Jung). Diese sind nicht wertvoller als jene. In der sich selbst strukturierenden gesunden Psyche spielen in jedem Fall Fluß und Begrenzung zusammen. Der Komplextraum setzt seinen Schlußpunkt durch eine vorläufige Begrenzung. Manchmal übt er auf den Träumer einen solchen *Schock* aus, daß dieser endlich einen längst fälligen Lebensschritt tut. So träumte ein schwerer Raucher von einem Besuch beim Arzt, der bei ihm einen Lungenkrebs im fortgeschrittenen, bereits metastasierten Stadium diagnostizierte. Nach dem Erwachen war der Mann überglücklich, daß es »nur ein Traum« war, und er rührte von da an keine Zigarette mehr an. Der Schocktraum hatte als *Warntraum* seine Wirkung getan. Im letzten Kapitel habe ich gezeigt, in welch konstruktive Entwicklungen Angst-, Bedrohungs- und Verfolgungsträume führen können. Auch diese sind *Schockträume*, die uns aufschrecken und zu fälligen Auseinandersetzungen motivieren wollen. Da sie bereits Thema waren, stelle ich in diesem Kapitel andere Kategorien von Komplexträumen vor.

In Spontanritualen können wir die vorläufige »Grenze« von Komplexträumen überschreiten und wach weiterträumen. Ich habe erklärt, warum dies möglich wird: Das spürbewußte Ich ist stärker als das spürunbewußte Traum-Ich. – *Der Begrenzung im Komplextraum entspricht der Widerstand im Wachzustand.* Beide lassen sich in vielen Fällen zugunsten eines neu strukturierenden, weiterführenden Prozesses auflösen. Sie dürfen nicht nur als Abwehrreaktion auf einen Triebwunsch gedeutet werden. Triebimpuls und Widerstand sind ständige, gleichwertige und ebenbürtige Partner in der gemeinsamen Zuordnung zur psychischen Entwicklung, selbst wenn diese durch neurotische Konflikte fixiert ist. Der archetypische Kern sogar in der neurotischen Abwehr, also sogar in einer nicht verschiebungsfähigen, festen Schranke gegen das Leben, ist die natürliche und notwendige Begrenzung. Diese hat ihre Wurzel in der *conditio humana*: in unserer Vergänglichkeit und Sterblichkeit. Der Respekt vor jeder momentanen psychischen Grenze, ob diese nun einem neurotischen oder einem natürlichen Widerstand entspricht, ist die Basis in unserer Einstellung zu Komplexträumen. Ratschläge sind ebenso fehl am Platz wie autoritäre Übungsanweisungen. Welche Grenze im Spontanritual überschritten werden soll, entscheidet das nunmehr wache, sich selbst spürende Individuum.

In Komplexen sind emotional aufgeladene Erinnerungen gebunden, die wie Magnete alles anziehen, festhalten und mit einem *Entwicklungsstop* belegen, was ihnen irgendwie durch Analogie entspricht: Begegnungen, Erlebnisse, Gedanken, Gefühle, Bewegungsimpulse, Krisen von Tag zu Tag. Sie lähmen und beeinträchtigen uns, wie ich im Zusammenhang mit dem *Verfolgerkomplex* bereits gezeigt habe. Ich erinnere an die Ausführungen zur zweiten Eingangstür in den Traum: In meinem Fallbeispiel führte die komplexhafte Fixierung auf die inzestuöse Grenzüberschreitung des Vaters dazu, daß von da an der Sohn jede erotische Spannung mit dem Verfolgersignal besetzte und sie dadurch unterbrach. Komplexe gleichen Spinnennetzen, in denen das Leben, das sich in ihnen verstrickt, festgehalten, umgarnt, eingeschleimt, verklebt und verschlungen wird. Jede traumatische Erfahrung, zumal, wenn sie eine Zeitlang andauert, kann sich zu einem gefräßigen Komplex auswachsen: Erfahrungen mit einer abweisenden Mutter führen zu einem *negativen*, solche mit einer überfürsorglichen Mutter zu einem *positiven Mutterkomplex*; zu kurz Gekommene fixieren sich vielleicht in einem *Geltungs-* oder *Minderwertigkeits-* oder einem *Geldkomplex*, und so weiter. Die Wahrnehmung der Wirklichkeit wird durch komplexhafte Projektionen getrübt. Den *Todessog* von Komplexen werden Sie in mehreren Traumbeispielen kennenlernen.

Doch das ist nur die eine Seite der Komplexe. Die andere ist ihre natürliche *Wandlungsdynamik*. Innerhalb der starren und engen Grenze eines Komplexes ist geballtes Leben auf dem Sprung. Jung bezeichnet dieses als den archetypischen Kern eines Komplexes. Viel direkter als durch Analyse kommen wir mit ihm durch spürbewußtes Erleben des Komplexes selbst in Berührung. Der Wechsel von der *traumatischen Spur* eines Komplexes zur *erotischen Spur* der Verbindung mit dem frei pulsierenden Leben geschieht nicht durch einen Willensakt, sondern durch spürendes Innehalten mitten im komplexhaften Denken, Fühlen, Verhalten.[1] Ein Mensch mit einem Minderwertigkeitskomplex zum Beispiel findet durch spürendes Gewahrsein seiner selbst mitten im Komplexerleben zu seiner tatsächlichen Wirklichkeit, jenseits von Grandiosität und Entmutigung.

1 Vgl. »Die traumatische und die erotische Spur«, in: P. Schellenbaum, Die Wunde der Ungeliebten, S. 116–130.

Nehmen wir als weiteres Beispiel einen Menschen, in dessen Zentralnervensystem frühe Erfahrungen mit einer gefühlskalten Mutter gespeichert sind, was zur Beeinträchtigung all seiner späteren Beziehungen führen kann. Dank dem spürbewußten Erleben seiner komplexhaften Reaktion auf eine bestimmte Begegnung können sich aus ihm nach und nach »mütterliche« Gefühlsintensität, Hingabe und Wärme herausschälen. Komplexe sind Zentren psychischer Intensitäten und als solche für unsere Entwicklung unersetzlich. Nach meiner bisherigen Erfahrung lösen sie sich in einem Menschenleben nie ganz auf. Wir sehen das auch daran, daß ähnliche Komplexmotive in Träumen manchmal ein Leben lang auftauchen, bei wachstumsorientierten Menschen allerdings oft verbunden mit einer sich intensivierenden Befreiungsdynamik. Immer wieder werden wir auf unsere Komplexe zurückgeworfen. Im besten Fall stehen wir jedesmal ein bißchen anders auf und variieren unseren Lebensweg mit neuen Spielarten.

Es ist besser, in einem Komplex gefangen zu sein, als ohne schützende Grenzen von Bildern, Bewegungsimpulsen und Emotionen überwältigt zu werden. In den Träumen psychotischer Menschen fehlen oft begrenzende Alarm- und Angstsignale. Deshalb eignen sie sich auch nicht zum wachen Weiterträumen in Leibimprovisationen oder gar ganzen Spontanritualen. Bei psychotischen oder psychotisch gefährdeten Menschen muß die therapeutische Arbeit, wie ich bereits gezeigt habe, bei winzigen, spontanen Lebensimpulsen ansetzen, die in kleine, mehrmals zu wiederholende Bewegungssequenzen münden. Kriterium für die Wirksamkeit ist auch hier das Achten auf Spürbewußtsein.[2]

Ich stelle nun *sechs Komplexträume* vor und ordne sie *nach*

2 Vgl. P. Schellenbaum, »Aller Anfang ist klein«, in: Nimm deine Couch und geh!, S. 22–37.

verbreiteten Traumthemen, die allgemeinmenschliche *Lebensthemen* sind. Dasselbe werde ich im nächsten Kapitel mit neun Kreativträumen tun. Bis zum Ende des Buches werde ich Ihnen von jetzt an ausschließlich Traumbeispiele vorstellen, zusammen mit ihrer Verarbeitung im Rahmen einer Gruppenpsychotherapie. Die Verbindung von Traum und Spontanritual ergibt packende Geschichten besonderer Art. Überlassen Sie sich deren Dynamik, so werden Sie von allein mit verschiedenen Facetten der Komplex- und Kreativträume vertraut werden. Jede der von mir vorgestellten Geschichten enthält auch einen wichtigen theoretischen Gesichtspunkt. Darauf werde ich jeweils eingehen. Es ist nicht mein Ziel, Ihnen erschöpfende Traumdeutungen zu unterbreiten: Abgesehen davon, daß dies prinzipiell nicht möglich ist, würden zu ausführliche Traumanalysen und Hinweise zur Verarbeitung von Träumen in Spontanritualen den Blick auf den Gesamtzusammenhang trüben. Auch kann es mir nicht darum gehen, ganze therapeutische Prozesse vor Ihnen aufzurollen, also jedesmal zu erklären, was den Spontanritualen voranging und was auf sie folgte. Auch in diesem Punkt beschränke ich mich auf die nach meinem Dafürhalten entscheidenden Aspekte. Verschiedene inhaltliche Schwerpunkte sollen Ihnen ein Gespür für Komplex- und Kreativträume vermitteln. In der Wahl der Themen achte ich darauf, den Schwerpunkt auf »ganz gewöhnliche« Träume zu setzen. Gerade in der Beschäftigung mit Träumen neigen viele Menschen zur Flucht aus ihrer Alltagswelt in die Suche nach dem Wunderbaren. Doch ist das wirklich Wunderbare im Alltäglichen verborgen. Diese Grundregel beherzige ich selbst da, wo scheinbar Außergewöhnliches zur Sprache kommen wird. Die Formulierung der Titel zu den einzelnen Themenkreisen bezieht jeweils das auf den Traum folgende Spontanritual mit ein.

»Ein kleines Mädchen kommt weinend auf mich zu: ›Ich kann nicht mehr nach Hause, ich kann nicht mehr nach Hause zurück! Nimm mich bei dir auf! Ich möchte zu dir kommen. Niemand außer dir ist für mich da.‹ – Ich bin berührt; das ist meine erste Reaktion auf das hilf- und heimatlose, mich anflehende kleine Mädchen: Ja, ich bin bereit, es bei mir aufzunehmen. Dann denke ich an die Schwierigkeiten, all die Scherereien mit den Behörden, und werde unwillig. Nun bedrängt mich das Kind, nimmt von einem fast leergegessenen Teller ein Salatblatt, ißt es und droht: ›Wenn du mich nicht aufnimmst, werde ich stehlen.‹ Unter Druck gesetzt, betrete ich eine Telefonzelle und versuche, das Sozialamt zu erreichen. Das gelingt mir zuerst nicht. Ich bin ärgerlich, daß das Mädchen alles mir überläßt. Schließlich habe ich die Verbindung mit der Behörde, aber eigentlich will ich das Mädchen gar nicht mehr bei mir aufnehmen.«

Mit diesem ungelösten Zwiespalt endet der Traum einer etwa 45jährigen sehr feinfühligen und etwas ängstlichen Frau. Das »alte Leben« löst sich nicht in ein »neues Leben« auf. Die symbolische Geburt kommt nicht zustande. (Ich verweise auf meine Bemerkungen zum Aufbau eines Traumes im zweiten und dritten Kapitel.) Der Traum endet mitten im *Konflikt* zwischen einer sich vor Begegnung – in der Außen- und Innenwelt – verschließenden Grundhaltung (diese war für sie nur in der Kindheit sinnvoll) einerseits und dem Aufbruch in Ver-Bindlichkeit: Verantwortung für das innere bedürftige, heimatlose Kind, andererseits. Eingeklemmt zwischen den widersprüchlichen Tendenzen zurück in die *Selbstverschließung* und nach vorn in die *Selbstöffnung* verbrachte sie ihr ganzes bisheriges Leben.

Die erste Reaktion der Träumerin, die ich Katharina nenne:[3] »Ich glaube dem Mädchen nicht.« Ich: »Was glaubst du ihr nicht?« – »Daß es nicht nach Hause darf, daß es an Hunger leidet, daß es zu kurz kommt.« – »Wie heißt denn das kleine Mädchen?« – »Kathy.« Dann schluchzt sie plötzlich auf und weint bitterlich, wie ein kleines Mädchen. – Ich nach einer Weile: »Du bist Kathy. Wie alt bist du?« – Und sie mit kindlicher Stimme: »Acht.« – »Was machst du gerade?« – »Ich bin in der Schule, sitze weit hinten, melde mich nicht. Keiner bemerkt mich. Ich bin ganz allein.« Und wieder bricht sie in verzweifeltes Schluchzen aus. Die Tränen laufen ihr herunter, und sie hat kein Taschentuch. – Ich: »Du weinst und fragst nicht nach einem Taschentuch.« – Jemand aus der Gruppe legt eins vor sie hin. Sie läßt es liegen und sagt: »Würde ich um ein Taschentuch bitten, so hätte ich Angst, keines zu bekommen. Sicher denken alle, ich spiele Theater.« Wiederum weint sie und übersieht das Taschentuch, das vor ihr liegt, wie sie vermutlich schon unzählige Male Gesten der Kontaktaufnahme übersehen hat, – immer dann, wenn der *Verlassenheitskomplex* ihre momentane Wahrnehmung auf frühe Situationsbilder der eigenen Isolierung hin verzerrte oder reduzierte. Jetzt nimmt sie sich zusammen, setzt sich steif auf, identifiziert sich also mit denen, die ihr, wie sie meint, ihre Heimatlosigkeit nicht abnehmen und wird wieder zur Katharina ihres Traumes: Sie verschließt ihr Herz vor dem achtjährigen Mädchen. Trotzig drohend sagt sie nach einer Pause zu mir und den Gruppenteilnehmern: »Egal, ob ihr mir glaubt. Auch wenn ihr es nicht wollt und ich euch die Zeit stehle: Ich bleib in der Mitte.« Ich erinnere sie, daß auch das Mädchen im Traum aus Trotz und Verzweiflung droht, es würde stehlen, wenn sie es nicht aufnähme. Was es aber wirklich stiehlt, ist ein

3 Alle in diesem und dem folgenden Kapitel genannten Namen sind erfunden.

übriggebliebenes Salatblatt auf einem fast leergegessenen Teller: Katharina meint zu stehlen, und nimmt sich doch weniger als andere. Auch das sage ich ihr, mit der Ermunterung, sich in der Mitte allen Platz zu nehmen, den sie braucht. Doch sie sackt erneut in sich zusammen und fängt wieder an zu weinen: »Eigentlich bin ich traurig, daß ihr mir nicht glaubt.«

Ich schlage vor, daß sie eine Frau aus der Gruppe wählt, von der sie vermutet, sie glaube ihr nicht, und erkläre ihr dazu: »Du wählst diese Frau für jenen Teil von dir, der meint, das kleine Mädchen spiele Theater.« Sie wählt eine klare, kritische, vernünftige, aber auch emotional starke Frau. Was letzteres zu bedeuten hat, werde ich später darlegen. Kaum sitzt die von ihr ausgewählte Frau ihr gegenüber, wird Katharina wieder zu Kathy und bricht in Tränen aus. Die Mitspielerin bezieht sich auf den Traum und wirft ihr vor: »Du hast doch ein Zuhause. Stell dich nicht so an! Was spielst du für ein jämmerliches Theater. Du bist eine Lügnerin.« Zunächst weint die achtjährige Kathy, dann wandelt sie sich wieder in die erwachsene Katharina, die den Worten der Mitspielerin zustimmt, eine offensichtliche »Identifikation mit dem Aggressor« (Ferenzi). Sie hat die Frau, die vor ihr sitzt, für die harte Seite in sich gewählt: Ihre Kraft reicht nicht weiter als gerade zum Überleben. Mit dieser hart gewordenen Frau ist sie jetzt, wie schon so oft, einverstanden.

Doch sowohl im Traum als auch jetzt im Spontanritual gibt es noch die andere Seite. Bevor ich auf sie hinweise, folgende *Zwischenbemerkung*: Es ist üblich, daß alle wichtigen Elemente eines Traumes früher oder später auch im Spontanritual auftauchen. Diese *Entsprechung* geschieht spontan; der Therapeut muß sie nicht durch Fragen, Aufforderungen usw. herbeizwingen. Jedoch soll er um diese kostbare Eigenschaft des Spontanrituals wissen, auf sie achten und auf jede situativ auftauchende Ensprechung zum Traum ausdrücklich hinweisen. So entsteht ein sich ausweitender fruchtbarer *Rückkoppelungsprozeß zwischen Traum und Spontanritual.* Auch wenn wir in einem Spontanritual nicht systematisch alle Elemente des zu verarbeitenden und zu deutenden Traumes durchkämmen, gelangen wir auf diesem spontanen, aufmerksamen Weg doch zu einer erstaunlichen Vollständigkeit. – So geschah es bereits in der von mir ausdrücklich hervorgehobenen Entsprechung zwischen der Drohung des Mädchens zu stehlen und der Drohung der Träumerin, unsere Zeit zu stehlen.

So geschieht es auch jetzt: In Katharinas Identifizierung mit der die eigene Bedürftigkeit verleugnenden Mitspielerin fehlt die andere Seite; die sensible Durchlässigkeit. Es fehlt die Frau, die sich vom achtjährigen Mädchen berühren läßt. Und eben diese äußert sich nun dadurch, daß Katharina den Kopf nach allen Seiten dreht und unsicher herumschaut, als suche sie im Kreis noch jemand anderen, zusätzlich zur »harten« Mitspielerin. Ich spreche sie auf ihr Herumschauen an, und sie erklärt: »Ich habe mich gerade daran erinnert, daß ich im Traum mit dem Mädchen Mitleid hatte und es bei mir aufnehmen wollte.« – Ich: »Diese andere Frau, die du auch bist, suchst du in diesem Moment in der Gruppe. Wähle also jemanden für diese Rolle aus, eine Frau, die für das Leid des Mädchens empfänglich ist und ihm spontan helfen will!« – Sofort wählt sie eine zweite Mitspielerin aus, die jedoch, kaum sitzt sie Kathy gegenüber, auch bitterlich zu weinen anfängt. Befangen im gleichen Verlassenheitskomplex identifiziert sie sich mit dem bedürftigen Kind, statt ihm als erwachsene Frau beizustehen. Sie schluchzt: »Ich kann dir auch nicht helfen.« Ich frage Katharina: »Warum hast du gerade diese Frau gewählt, die dich offensichtlich nicht unterstützen kann?« – »Weil sie mich versteht. Ich habe gemeint, sie hilft mir, aber sie kann mir nicht helfen.« – Ich: »Kennst du eine solche Frau?« – »Ja, meine Mutter, sie war noch hilfloser als ich: Sie hat mich verstanden, aber konnte mir nicht helfen. Sie spielte das bedürftige Kind, jedesmal, wenn ich sie als erwachsene Frau gebraucht hätte.«

Die Wahl der zweiten Mitspielerin war also eine Komplexwahl; sie ist unter dem Einfluß des Verlassenheitskomplexes geschehen, nicht unter dem eines gesunden Entwicklungsdrangs, wie dies bei der Wahl der ersten Mitspielerin der Fall war. Diese sprengte in der Tat durch ihre emotionale Stärke die ihr zugedachte Rolle der pessimistischen und ungläubigen Katharina. Diese Vermutung wurde im Nachgespräch bestätigt; Katharina sagte darin: »Ich habe die erste Mitspielerin gewählt, weil sie mich an meine Nachbarin erinnert, die immer verständnisvoll zuhört, wenn ich ihr mein Herz ausschütte.« – In Rollenspielen kann beides auftreten, und es ist wichtig, daß der Therapeut jeweils bemerkt, ob die Wahl eines Mitspielers stärker im Sog eines Komplexes oder aus dem Drang nach Wachstum geschieht, also eine *Komplexwahl oder* eine *Individuationswahl* bedeutet. Oft vermischt sich in einem Mitspieler, ähnlich wie in einer Traumfigur, beides, und es ist die Aufgabe des Therapeuten, jeden der beiden Aspekte von Situation zu Situation separat zu identifizieren.

Die gleiche Frage stellt sich uns übrigens auch bei jeder Wahl eines Freundes oder eines Partners. Auch hier vermischen sich immer Komplex- und Individuationsmotive. Die sorgfältige, situative Unterscheidung zwischen beiden kann eine Beziehung retten.

Nachdem sich Katharina ihres Wiederholungszwanges in der Wahl einer »hilflosen Helferin« bewußt geworden ist, wählt sie zu ihrer Unterstützung eine dritte Mitspielerin, die der kleinen Kathy Glauben schenken und sie bei sich aufnehmen soll: eine herzliche, humorvolle, kluge und vor allem durchsetzungsfähige Frau. Doch während diese anfängt, die Rolle der hilfsbereiten Katharina zu spielen, indem sie der Träumerin in der Rolle der kleinen Kathy beteuert, sie glaube ihr, hört diese ihr gar nicht richtig zu, sondern bleibt immer noch an der »hilflosen Helferin« kleben: Von ihr möchte sie endlich doch noch die ersehnte Hilfe bekommen. Die bloße Bewußtwerdung der Tatsache, daß sie immer noch »mehr vom Gleichen« will, hat also nicht gereicht. Verzweifelte Sehnsucht nach der hilflosen Mutter breitet sich wie lähmendes Gift in ihr aus. Sie weint und guckt zur zweiten Mitspielerin, die sich im gleichen Boot hilfloser Verlassenheit niedergelassen hat, mit einer Mischung von Flehen, Provokation und Resignation. Sie klebt im Spinnennetz ihres Komplexes und sucht Unterstützung da, wo es keine gibt: Wie zur Bestätigung bricht die zweite Mitspielerin wieder in hilfloses Schluchzen aus, was diesmal auf mich und die Teilnehmer geradezu komisch wirkt.

Anfängertherapeuten verwechseln manchmal *Leidenssymbiose* mit *Resonanz*, doch an der gegenteiligen Wirkung läßt sich der Unterschied leicht ablesen: Bestärkt durch ihre Mitleiderin im gemeinsamen Jammertal wird Katharina noch mehr zum heimatlosen, bedürftigen Kind, also zu Kathy, und sinkt ganz in sich zusammen; ihre Brust fällt ein, die Arme hängen schlaff nach unten und liegen halb auf dem Boden. Die Leidenssymbiose, wie wir sie auch in kirchlichen Kreisen oft antreffen, narkotisiert das gesunde Bedürfnis nach Entwicklung.

Da umfaßt die dritte Mitspielerin mit beiden Händen Nacken und Schultern der nach unten und vorn einknickenden Selbstinitiandin und verstärkt mit rhythmisch abgestimmtem Druck den fatalen Hang zur Entmutigung. Anfänglich läßt es die nun völlig erschlaffte Selbstinitiandin einfach mit sich geschehen, ja, sie scheint es nicht einmal zu merken. Die Mitspielerin befindet sich ganz in echter therapeutischer Resonanz mit ihr. Der Unterschied zur Leidenssymbiose ihrer Vorgängerin ist offensichtlich. Wie sonst könnte Katharina zum Spürbewußtsein ihrer Selbstaufgabe kommen? Spürbewußtsein bedeutet ja, ich wiederhole es, den entscheidenden Punkt in jedem Spontanritual. Kein noch so virtuoses Rollenspiel kann es ersetzen. Über längere Zeit geschieht nichts. Mir und den anderen Gruppenteilnehmern wird es dabei etwas unheimlich. Lebenshaltungen, die uns seit der Kindheit in Fleisch und Blut übergegangen sind, leiblich spürend wahrzunehmen, ist viel schwieriger, als sie zu analysieren und lebensgeschichtlich einzuordnen. Doch ohne Spürbewußtsein keine Wandlung. Leise sage ich zu Katharina: »Lenke deine Aufmerksamkeit ausschließlich in die Körperstellen, wo dich deine Mitspielerin berührt! Achte auf kleine Veränderungen im Spüren dieser Stellen! Achte sorgfältig auf jede Veränderung im Druck, den ihre Hände auf deinen Nacken und deine Schultern ausüben!«

Auf einmal bemerke ich bei der Selbstinitiandin eine leichte Zuckung im Nacken. Auch die Mitspielerin – eine in Psychoenergetik ausgebildete Therapeutin – hat sie bemerkt und spontan mit einem ebenfalls zuckenden Gegendruck reagiert. Genauer: Beide Zuckungen, die der Selbstinitiandin und die der Mitspielerin geschahen *gleichzeitig*, wie das bei Resonanz oft der Fall ist; auf welche Weise das geschieht, ist nicht befriedigend zu erklären. Hauptsache, es geschieht und wirkt. Das Phänomen der Resonanz ist nur im Rahmen eines übergeordneten Organismus, in diesem Falle eines Paarleibes, vorstellbar, also eines *»Dritten Leibes«*, in dem Lebensimpulse beim einen und anderen Menschen synchron verlaufen. Dies kann zweifelsfrei beobachtet, aber nicht logisch rational begründet werden. Die so verstandene Resonanz, rückgekoppelt mit dem (immer leiblichen) Spürbewußtsein des Klienten, macht das Spezifische, unverwechselbar Eigene in meiner Arbeitsweise, also in der Psychoenergetik, aus.

Katharinas Zuckung, verstärkt in der gleichzeitigen Zukkung der Mitspielerin, wandelt sich nach und nach in rhythmischen Gegendruck. Ich mache sie darauf aufmerksam und sage, sie möge das und was immer sich sonst noch melde, einfach von innen heraus geschehen lassen. An ihrer wachsenden Energie und ihrem immer kraftvolleren und harmonischeren Ausdruck merke ich, daß sie jetzt einfach spürend da ist, ohne jeden durch kritische Selbstbeobachtung verursachten Abstand zum Geschehen. Sie befindet sich bereits jenseits des Zwiespalts, mit dem ihr Traum sich selbst unterbrochen hat. Im rhythmischen, energiegeladenen Hin und Her zwischen ihr und der Mitspielerin richtet sie sich nach und nach klar und entspannt auf. Nun löst sich die Mitspielerin von ihr und zieht sich zurück. »Ich nehme mir meinen Platz«, sagt Katharina jetzt mit einem kleinen, selbstverständlichen Lächeln. In diesem Satz schwingt nichts mehr vom diebischen Trotz des kleinen Mädchens im Traum mit. Dann ändert sie den Satz ein wenig: »Ich gebe mir meinen Platz.« Auf meine Frage hin, wie es der kleinen Kathy gehe, antwortet sie zuerst mit dem gleichen Satz: »Ich gebe mir meinen Platz«, und etwas später: »In der Kindheit war kein Platz für mich da. Immer herrschte Streit, und ich mußte zwischen meinen Eltern und Geschwistern schlichten. Ich selbst nahm mich zurück. Ich hatte kein Zuhause. Zum ersten Mal in ihrem Leben hat Kathy ein Zuhause: bei mir, Katharina. Ich gebe ihr ihren Platz. Ich adoptiere sie. *Ich adoptiere mich.*«

Ich habe diese »gewöhnliche« Geschichte an den Anfang meiner Berichte von Komplex- und Kreativträumen gestellt, weil sie die in fast jedem Traum verborgene zentrale Dynamik, sich selbst zu »adoptieren«, das heißt das eigene Selbst ein Stück weit zu integrieren, aufzeigt. Sie ist insofern gewöhnlich, als ich in meiner Arbeit unzähligen vergleichbaren Geschichten begegnet bin. Das meine ich nicht als Entwertung, sondern im Gegenteil, als Wertschätzung: Es geht um einen allgemein menschlichen, archetypischen Prozeß, der Ihnen zweifellos in der Ihnen eigenen individuellen Tönung bekannt ist.

In den folgenden Berichten werde ich weniger oft auf meine eigenen Beiträge und Fragen hinweisen. Das war in diesem ersten Bericht notwendig. Von nun an setze ich meistens voraus, daß Spontanrituale nur im Zustand einer leichten wachen Trance – wir erreichen diese dadurch, daß wir spürbewußt im eigenen Körper und in der Welt sind – und durch Resonanz des Therapeuten und der Gruppenteilnehmer möglich sind.

Heiße Hochzeit

Am vierten Tag einer Gruppentherapiewoche meldet ein 62jähriger Mann den Wunsch an, seinen Traum der letzten Nacht in ein Spontanritual hinein zu verlängern. Ich kenne ihn als einen eher schweigsamen, zurückgezogenen Mann, der bis dahin fast ohne Bewegung dagesessen hatte. Seine Panzerung vor allem im Brustbereich, in den Schultern und im Nacken fällt mir auf. Er erzählt, daß er morgens naßgeschwitzt erwacht sei. Dann gibt er von der Gruppenmitte aus seinen Traum wieder, der aus zwei Sequenzen besteht:

»Zusammen mit einer attraktiven Frau liege ich im Bett. Wir sind beide nackt. Ich bin sexuell sehr erregt und merke, daß die Ejakulation kurz bevorsteht. Doch auf einmal schäme ich mich meiner Geilheit. Ich unterdrücke die aufsteigende Ejakulation und bin frustriert.«

»Neue Szenerie: Mit meiner Lebensgefährtin, meinem

Bruder und meiner Schwägerin bin ich zu einer Hochzeitsfeier unterwegs. Wir haben uns verspätet. Ich rechtfertige meinen Widerstand, überhaupt hinzugehen: Die Hochzeit sei nach meinem Geschmack viel zu protzig. In Wirklichkeit ist sie dann aber überhaupt nicht protzig. Zuerst gehen wir in die Kirche. Zu meinem Erstaunen wird hier getanzt, das pure Gegenteil von dem, was ich in den pietistischen Gebetsversammlungen meiner Kindheit erlebt habe. Dann kommen wir verspätet im Hochzeitssaal an. Die anderen Gäste haben fast fertig gegessen; ich habe Angst, nichts mehr abzukriegen, zu kurz zu kommen. Ich kann meine Augen nicht von der wunderschönen Braut lösen, weiß nicht recht, ob ich ich bin oder der Bräutigam neben der Braut. Manchmal sehe ich mich nämlich als Bräutigam neben der Braut sitzen. Die Bedienung ist negroid (sic). Sie reicht mir die Salatschüssel. In meiner Hast schütte ich den Salat mitsamt der weißen Soße aus. Ich schäme mich. Die negroide Bedienung spottet über mich: ›Das macht meine Näherin in Kenia besser.‹ Sie sagt es durch ein Mikrofon, so daß alle Hochzeitsgäste es hören. Ich könnte vor Scham in den Boden versinken und erwache.«

Wir führen ein kurzes, den Traum umkreisendes Gespräch. Er erzählt, daß die ungewollte Unterdrückung der Ejakulation eben ein Thema sei, das ihn für die Therapiegruppe motiviert habe. Er schäme sich seiner Lust und seines Spermas, das sei nichts Neues. Sexuell ekle er sich vor sich selbst. Der erste Teil des Traumes gebe ein realistisches Situationsbild wieder. »Nähen« bedeutet dasselbe wie »vögeln«. Wenn er nicht zur Ejakulation komme, fühle er sich nicht als Mann. Das empfinde er als schlimme Beschimpfung: Eine Frau aus Kenia sei der bessere Mann im Bett als er! Er fühle sich wie kastriert. Zur weißen Salatsoße falle ihm sein Sperma ein. Er spüre eine gewisse Abneigung gegen Afrikaner, sie seien so direkt und schamlos. Deshalb wohl habe er den gestelzten und diskriminierenden Ausdruck »negroide Bedienung« gebraucht. Aber Afrika fasziniere ihn auch: diese Hitze, diese Nacktheit, diese Ursprünglichkeit. Die dort unten haben seine Probleme nicht, fügt er hinzu. Seine verdammte pietistische Prägung: Lust, Sex, Tanzen, – alles verschwiegen und verpönt. Jetzt sei er 62 und werde den alten Kram einfach nicht los. Bald sei es zu spät. Im Traum komme er ja auch zu spät zur Hochzeitsfeier. Er habe wirklich Angst, definitiv zu kurz zu kommen, wie dort beim Essen. Und dann werde er so hastig, auch in der Sexualität. Und so gehe der Schuß eben daneben, wie bei der Salatsoße.

All diese Sätze kamen natürlich nicht auf einmal, sondern im Laufe einer langen Reihe von Assoziationen und im Hin und Her unseres Gesprächs. Was ihn im ganzen Traum am meisten aufrege, erklärt er schließlich, sei die Unverschämtheit der Afrikanerin, allen seine Schande durch das Mikrophon kundzutun. Er könne nicht nähen – vögeln – wie er gern möchte, aber das sollen doch nicht alle wissen. Peinlich! Diese afrikanische Unverblümtheit! – Hier unterbreche ich ihn: »*Du* hast der Afrikanerin das Mikrophon gegeben.« Er stutzt und schaut mich verständnislos an. »Klar«, erkläre ich, »es ist schließlich dein Traum. Etwas in dir will, daß alle im Hochzeitssaal es wissen. Und jetzt willst du, daß wir alle im Gruppenraum es wissen. Du bist stärker als deine eigene Scham. Du verrätst uns dein Geheimnis.«

Eine Teilnehmerin reicht dem Mann ihre längliche Brosche als Mikrophon: Das ist der »obere Phallus«, den er jetzt braucht, damit er möglicherweise auch mit dem »unteren Phallus«, also mit seiner Sexualität, zurechtkommt. Er nimmt das symbolische Mikrophon, schaut es eine Weile an, schöpft offensichtlich Kraft aus diesem Schauen, gibt es der Besitzerin dankend zurück und steht jetzt etwas nach vorn gebeugt, mit leicht abstehenden Armen und nach hinten halb offenen Händen da. Er schließt die Augen, erspürt von innen her sorgfältig seine Körperhaltung, beschreibt differenziert, was er spürt, und sagt schließlich: »Orang Utan«. Das ist er in der Tat. Mit ihm als Orang Utan befinden wir uns im afrikanischen Urwald. Er beginnt tief und kräftig zu atmen. Beim Ausatmen knurrt er. Auf einmal stößt er einen gewaltigen Urwaldschrei aus, dann wieder und wieder. Dieser befreit ihn offensichtlich.

Aber er ist schließlich nicht allein auf der Welt. Auch im Bett liegt er nicht allein. Auch jetzt ist er nicht allein. Erst mit der Partnerin zusammen, erst mit anderen zusammen stellt sich ihm das Problem des unterbrochenen Lebensschwungs. Deshalb verknüpfe ich seinen befreienden Schrei mit dem Traum: »Du hast mit voller Kraft durch den Lautsprecher geschrien. Alle Hochzeitsgäste haben dich gehört. Die Braut hat dich gehört. Wir im Gruppenraum haben dich gehört. Und alle schauen auf dich, den Oran Utan.« – Meine Worte lassen den Mann in die gleiche Erstarrung zurückfallen, mit der ich ihn in den letzten Tagen kennengelernt habe. Er sagt mit tonloser Stimme: »Jetzt ist mein Gefühl weg.« Im Spontanritual wiederholt sich also die ihm bekannte Selbstunterbrechung in der sexuellen Erregungskurve. Hätte er sich mit dem Schreien begnügt, wäre er vermutlich mit einem guten Gefühl der Entladung an seinen Platz zurückgekehrt, aber er ist ja nicht hierhergekommen, um zu lernen, in der Onanie zur Ejakulation zu kommen. Das Problem der Impotenz stellte sich ihm nicht beim Masturbieren, sondern nur, wenn er mit einer Frau schlief. Sein Traum zeigt es in seltener Eindeutigkeit.

Gruppenpsychotherapien, in denen die Gruppe als therapeutisches Instrument genutzt wird, verhindern die *onanistische Illusion*, daß alles gut sei, wenn man sich nur ausgesprochen, ausgeschrien, ausgekotzt, und wenn man nur assoziiert und begriffen habe. Nur im Zwischen der Begegnung offenbart sich Wahrheit oder Lüge eines Entwicklungsschrittes. Einzeltherapien jedoch, falls in ihnen die Beziehung mit dem Therapeuten – Übertragung, Gegenübertragung, Resonanz – kein zentrales Thema bildet, fördern manchmal die onanistische Illusion, die besagt, daß Triebentladung auf dem verbalen, stimmlichen, emotionalen und motorischen Weg zur Lösung aller Probleme führe.

Der Selbstinitiand steht betroffen da und schließt die Augen. Zu unserer Verwunderung setzt er sich nun, immer noch mit geschlossenen Augen, langsam in Bewegung. Nach einem Weilchen bemerkt er: »Ich suche eine Braut. Ich habe nur Augen für die Braut.« – Er befindet sich also wieder mitten in seinem Traum und ist dabei, ihn weiterzuträumen. Die Atmosphäre, die er verbreitet, hat sich völlig verändert; sie ist intensiver, inniger, zentrierter geworden. Mit spürbewußter Sorgfalt geht er herum. Wir wundern uns, daß ein »Blinder« dazu in der Lage ist. Er »sieht« die Braut nicht mit äußeren, sondern inneren Augen. Schließlich bleibt er vor einer Gruppenteilnehmerin stehen, öffnet die Augen, schaut sie lange an und zieht sie in die Mitte. Dann stockt und erstarrt er wieder. Ich bin froh, daß nicht alles glattgeht, sondern daß er mehrmals die Erfahrung der Selbstunterbrechung macht, zusammen mit der nachfolgenden Erfahrung, diese durch körperliches Spürbewußtsein auflösen zu können. Dies geschieht auch jetzt. – Dann blitzen plötzlich seine Augen auf: »Ich habe Lust zu tanzen, und du?« – Seine Mitspielerin ist einverstanden. Also lege ich eine CD mit schwungvoller Musik auf, und die beiden tanzen dazu. Es ist Hochzeit, und das Brautpaar eröffnet den Tanz.

Doch schon meldet sich eine neue Klippe. Der Mann tanzt so wild, daß er sich etwas überanstrengt. Genauer: Das Tanzen strengt ihn an, weil es nicht nur durch freie

Bewegungslust motiviert ist, sondern ebenso stark durch seinen Kampf gegen einen inneren Widerstand, gegen das pietistische Vorurteil, gegen die hemmende Scham: Jeder ambivalente Selbstausdruck reibt Körper und Seele auf. Immer noch fühlt er sich ein wenig als der zu spät gekommene Hochzeitsgast, als ein für solche Vergnügungen zu alter Mann. Das behindert seine Hingabe an den gemeinsamen Tanz, ebenso wie es schon oft seine Ejakulation verhindert hat.

Ich fordere ihn nicht auf, gemäßigter zu tanzen, sondern zu merken, wie er tanzt, und es zu beschreiben. So bringt sein Spürbewußtsein auch dieses Eis zum Schmelzen, und nun tanzen die beiden gelöst, innig, intensiv.

Indes auch dies dauert nur zwei, drei Minuten. Dann meldet sich erneut der alte Zweifel, der alte Widerstand. Er löst sich von seiner Tanzpartnerin, und fühlt sich wieder allein, obwohl sie ganz in seiner Nähe und auf ihn bezogen bleibt. Ich berühre seine Hände: Sie sind kalt. Er sagt: »Ich spüre in meiner Herzmitte so etwas wie eine enge Kapsel.« – Ich: »Du hast deine Energie ängstlich von den Händen, deinen Kontaktorganen, zurückgezogen und überlastest dadurch unwillkürlich dein Herz«, und dann: »Lenke deine Aufmerksamkeit in deine Arme und Hände, die fallen!« – »Das fällt mir schwer.« – Er läßt seine Arme wie beim Gehen vor und zurückschwingen, beginnt im Kreis herumzugehen und bittet seine Mitspielerin, ihn zu begleiten. Während er geht, phantasiere ich, daß in Situationen der Nähe sein Blut sich nicht nur aus den Händen, sondern auch den Füßen, dem Penis und insgesamt von der Hautoberfläche zurückzieht. Dabei bleibe ich mit einer weit fokussierten Wahrnehmung mit ihm verbunden.

Auf einmal wird mir klar, daß der Pendelschlag seiner beiden Arme nach hinten gebremst ist und nicht weiter zurück als bis zu seinem Becken geht. Dadurch wirkt auch das

Schwenken der Arme nach vorn angestrengt und willensbetont. Ich gehe hinter ihm her und lasse ihn die eigene Bewegungshemmung spüren, indem ich jedesmal, wenn er einen Arm zurückschwingt, kurz vor seiner automatischen Bremsung meine Hand an seine stoßen lasse. Gleichzeitig frage ich ihn: »Wer bedroht dich von hinten?« – »Es sind die Schläge, die ich regelmäßig von meinen Eltern bekomme. Sie bedrohen mich. Ich nehme mich in acht.« – »Wie alt bist du jetzt?« – »Ich bin acht.«

Die Scham vor dem eigenen Lebensschwung und der eigenen Lebenslust, vor der frei spritzenden Ejakulation hängt also mit einem eingebauten Reflex zusammen: mit dem automatischen Schutz gegen die drohende Bestrafung von hinten, aus dem Hinterhalt. – Nun läßt er seine Arme freier auch nach hinten schwingen. Nach kurzer Zeit erweist es sich als überflüssig, daß ich meine Hände zur Bewußtmachung seiner Bremsung einsetze. Der gegenläufige Pendelschlag seiner Arme schwing sich jetzt frei aus, und seine Hände sind ganz warm. Zusammen mit seiner Mitspielerin schreitet er aus. Es wird warm im Raum. Die anderen Gruppenteilnehmerinnen und -teilnehmer räuspern und bewegen sich. Auch bei ihnen ist ein Stück Leben in Schwung gekommen. Nun beginnt der 62jährige locker zu traben. Sogar Schultern, Nacken und Kopf entspannen sich dabei. Dank dem immer wieder neu einsetzenden Spürbewußtsein im Laufe seines Spontanrituals, besonders zum Schluß in bezug auf seine körperliche Bedrohungsangst, konnte er seinen nächtlichen Komplextraum in einen wachen Kreativtraum wandeln. Eine Schwelle ist überschritten. In der nächsten Zeit wird es darum gehen, die einzelnen Schritte des Spontanrituals nochmals sorgfältig durchzuspüren und durchzudenken.

Noch waren wir nicht ganz am Ende. Einen Punkt des Traumes galt es noch in Erinnerung zu rufen. Ging es da nicht um eine Hochzeit? Und lebte er nicht seit vielen Jahren unverheiratet mit einer Partnerin zusammen? Ich fragte ihn: »Hast du schon ans Heiraten gedacht?« – Und er: »Bisher verband ich mit Heiraten immer die engen pietistischen Vorstellungen von einer Ehe. Aber die Hochzeit im Traum ist das Gegenteil davon: lustig und sinnlich. Meine Partnerin möchte gern heiraten. Zum ersten Mal lockt es auch mich. Ich werde der Sache nachgehen«, fügt er verschmitzt hinzu. – Bei dieser Vorstellung wird ihm heiß, heißer noch, als vorhin beim Tanzen und zügigen Herumgehen. So oder so: Er befindet sich bereits mitten in einer heißen Hochzeit, mitten in der intensiven Kontaktaufnahme mit seinem Gefühl. Diese Hitze ist angenehmer als das nächtliche Schwitzen, aus dem er heute früh aus seinem Traum aufgewacht ist.

Sucht: Es ist alles verloren

Eine etwa 50jährige kultivierte und differenzierte Frau – ich nenne sie Tanja – nimmt schon seit vier Jahren an einer Gruppentherapie – ein Wochenende pro Monat – mit mir teil. Außerdem geht sie alle zwei Wochen zu einer Frau in Einzeltherapie. Seit bald dreißig Jahren lebt sie in einer Ehe, aus der zwei nunmehr erwachsene Töchter stammen. In ihrem Leben gab es schon viele Aufbrüche und Abbrüche. Geduldig baute sie jeweils eine Zeitlang etwas auf. Dann plötzlich packte sie destruktive, anarchistische Ungeduld: Sie griff zur Flasche und betrank sich. Dies stürzte sie jedesmal in tiefe Entmutigung und Resignation. Zu Beginn der Therapie kam dazu noch wurschtige Gleichgültigkeit: »Jetzt ist eh alles egal. Mein Leben ist mir nichts wert.« – Diese beunruhigende Wurschtigkeit löste sich nach und nach auf. An ihre Stelle trat ein wachsendes Gefühl für Kontinuität, selbst durch alle Abstürze hindurch. Diese wurden seltener. Die Beziehung zu mir bedeutete für sie in dieser Hinsicht eine wichtige Stütze.

Folgenden Traum erzählte sie vor über zwei Jahren. Er brachte die Wende von einem diskontinuierlichen, oft abgespaltenen Lebensgefühl hin zu einer Entwicklung in Richtung der erwähnten Gefühlskontinuität, verbunden mit einer tragfähigeren Beziehung zu mir.

»Ich befinde mich in einem wunderschönen Glashaus, umgeben von üppigen tropischen Bäumen. Du, Peter, befindest dich im gleichen Raum vor einem Stehpult. Ich sitze mit zwei Frauen auf dem Boden, dir zu Füßen. Die beiden fragen nicht mich, sondern nur dich, ob du mit ihnen Kaffee trinken kommst. Ich fühle mich ausgeschlossen. Ich entferne mich und will vier Karten für ein Theater, in dem eine Pantomime gespielt wird, besorgen: eine für dich, zwei für die beiden Frauen und eine für mich. Es ist schwierig, aber schließlich gelingt es mir. Mit den vier Theaterkarten gehe ich über eine Brücke, auf deren Mitte in einer Art Gebetsnische ein tanzendes Skelett, der tanzende Tod, dargestellt ist. Mir entgegen kommen vier schwarzgekleidete Männer. Ich weiß, es sind kriminelle, gefährliche Mafiosi.«

Während die Träumerin von ihnen erzählt, lacht sie schelmisch, komplizenhaft, anarchistisch. Ihr distanzloses Lachen, das im Kontrast zu ihrer sonstigen vorsichtig abwägenden, fast zu rücksichtsvollen Bezogenheit steht, wirkt auf mich irgendwie schamlos, sogar »kriminell«. Die vier faszinieren sie offensichtlich. Merkt sie, daß sie sich mit ihren Feinden zum Teil solidarisiert? – »Die vier gewissenlosen Männer versuchen, mir die Karten abzunehmen. Ich kämpfe hartnäckig und mit aller Kraft, und schließlich habe ich Erfolg. – Nun gehe ich noch mal über die gleiche Brücke; warum, weiß ich nicht. Wieder kommen mir die vier Dunkelmänner entgegen, und diesmal gelingt es ihnen, mit die Theaterkarten zu stehlen. Ich bin völlig entmutigt. *Es ist alles verloren.* Mit diesem Gefühl erwache ich.«

Bevor ich das kurze Spontanritual wiedergebe, das auf diesen Traum folgte, fasse ich einige Einfälle der Träumerin und Deutungen von ihrer und meiner Seite zusammen. Tanja befindet sich zu Beginn des Traumes in einem Glashaus: ihr bürgerliches Leben, das ihr Schutz und Halt gibt. Aber es ist nicht nur dieses: Es ist auch ihr Seelenhaus, ihre emotionale Einsamkeit. Sie sieht alles und ist doch von der draußen üppig wuchernden tropischen Vegetation abgeschnitten: das ihr bekannte quälende Leiden, nicht dazuzugehören, zu sehen und nicht zu fühlen. Dabei weiß sie theoretisch: Es ist mein Leben. Gleichzeitig empfindet sie: Es ist mir fremd; es wächst ohne mich; der Urwald braucht mich nicht; ich bin nicht angeschlossen; meine Hände greifen nicht ins volle Leben, sie stoßen auf Glas. – Oft schon habe ich bemerkt, wie Tanja die Hände ringt. Sie möchte etwas tun, aber da ist eine unsichtbare Sperre. »Schöpferisch sein, das möchte ich«, sagt sie, »aber ich weiß nicht wie. Ich war nie schöpferisch.«

Sie verfügt über eine reiche, intensive Sprache, über eine in ihrer Verhaltenheit packende Ausdrucksweise. Doch mache ich mir keine Illusionen: Sie ist wirklich im Glashaus. Nur ihre brennenden Augen schaffen eine Verbindung nach außen. – Schon in anderen Fällen habe ich festgestellt, daß vielseitig begabte Menschen, die ihre Kreativität nicht ausleben, eine rege Traumtätigkeit haben. Ihre Träume sind oft wahre Kunstwerke: originell, phantasievoll und klar durchgestaltet, mit packenden, allgemeinmenschlichen Motiven. Es ist, als glichen diese Menschen ihre an schöpferischem Tun armen Tage durch nächtliche Träume aus. – Dies ist auch bei Tanja so. Zurück zu ihrem Traum.

Ihre Einsamkeit im Glashaus ist nicht total. Zwei unbekannte Frauen und ich sind bei ihr. Aber der gläserne Spaltpilz waltet auch hier: Tanja plaziert mich im Traum vor ein Stehpult, also in die Position des Meisters, zu dessen Füßen sie und die beiden anderen Frauen sitzen: eine verdreifachte »Größen-Selbst-Übertragung«[4] (drei Frauen). Sie erlebt sich nicht als mir ebenbürtig, sondern macht mich zum überlegen Wissenden, gegen den sie keine andere Chance hat, als sich ab und zu durch Suchtverhalten unbewußt trotzig aufzulehnen. Die beiden anderen Frauen zeigen kein Interesse an ihr, sondern haben nur Augen für mich. Nur mich, den Überlegenen, laden sie zum Kaffee ein. Tanjas Minderwertigkeitskomplex erzeugt in ihr Isolierung, Entmutigung, Eifersucht und einen ständigen Druck, den sie fast nur in der Sucht los wird. Und wieder fühlt sie sich allein in ihrem Glashaus, ausgeschlossen von den Menschen.

Trotzdem: Wie auf einem Vexierbild ist in diesem Anfangsszenario bereits ein inneres Gruppenbild der Träumerin heimlich vorgezeichnet, ein Bild der eigenen Ganzheit. In Träumen von Frauen setzt sich diese oft aus drei Frauen – dem Traum-Ich und zwei anderen Frauen – und einem Mann zusammen; in Träumen von Männern ist es umgekehrt. Ich bin diesem *inneren »Viererclub«* in seiner Bedeutung der individuellen Ganzheit schon so oft in Träumen begegnet, daß ich keinen Zweifel mehr daran hege. Ist es aus der Kraft dieser geahnten Ganzheit heraus, daß Tanja beschließt, aktiv einen Schritt in die Verbindung mit denen zu tun, die sie scheinbar ausschließen? Daß sie sich durch eigene Initiative den abspaltenden Tendenzen in sich entgegensetzt, indem sie die beiden Frauen und mich, das heißt ihre weiblichen Anteile und ihren männlichen Teil, durch den Plan eines gemeinsamen Vorhabens einzubinden versucht? Daß sie mit diesem Ziel das Glashaus verläßt und sich der lebendigen Welt mit all ihren Entwicklungsmöglichkei-

4 Vgl. H. Kohut, Narzißmus, und H. Kohut, Die Heilung des Selbst.

ten und auch Verlockungen aussetzt? Und daß sie es mit dem Ziel tut, Pantomime, Selbstausdruck zu erleben?

Seit nunmehr vier Jahren befindet sie sich in psychoenergetischer Therapie. Sie hat erfahren, wie der schöpferische Selbstausdruck in Körperphantasien und Spontanritualen aus dem Gefühlstod erwecken kann. Oft hat sie sich selbst zärtlich und lange berührt und dabei als Frau lieben gelernt. Gleichzeitig stärkt sie ihre »männliche« Tatkraft: Sie äußerte sich, behauptete sich, wagte Widerspruch. Doch ab und zu, nachdem sie sich wieder mal betrunken hatte, glitt sie immer noch in sterile, wurschtige Beliebigkeit ab, in der ihr das eigene Leben nur wenig wert zu sein schien. Und außerhalb der Gruppentherapietage fiel ihr der Schritt in den klaren, deutlichen Selbstausdruck nach wie vor schwer.

Nun ist sie unterwegs, um sich vier Karten für das Ausdruckstheater, ihre innere Bühne, zu besorgen. Zwar träumte sie uns vier nicht als Schauspieler, sondern als potentielle Zuschauer. Doch der Sprung vom Zuschauerraum auf die Bühne liegt in der Dynamik des Traumes.

Wenn so viele das Leben fördernde Kräfte aktiviert werden, formiert sich auch die Phalanx der alten Widerstände mit nie dagewesener Kraft. In welchem Zeichen sie stehen, ist außer Frage: Mitten auf der Brücke, da, wo der Übergang vom Alten zum Neuen geschieht, tanzt der Tod. Wird Tanja ihn durch ihren Kampfeswillen zu einem Wandlungstod machen können? Ihre komplizenhafte Sympathie für die anarchistische, dunkle, nur männliche innere »Viererbande« verheißt wenig Gutes. Gleichwohl: Sie kämpft mit aller Kraft für ein sich schöpferisch strukturierendes Dasein. Diesen Kampf kenne ich seit langem, und er erfüllt mich mit Bewunderung. Doch kenne ich auch ihre gewissenlose Viererbande: ihre Faszination für den totalen, alles mit sich reißenden Fluß, die totale Triebhaftigkeit, die totale Selbstaufgabe zugunsten des vervierfältigten Mannes, den Untergang der eigenen Würde, die zersetzende Scham – kurz: die *Totalherrschaft der Sucht.* Ihre Selbst-Persönlichkeit hat im Kampf auf der Brücke den Sieg über ihre Suchtpersönlichkeit errungen. Wäre das nicht der Moment aufzuwachen? Was fehlt ihr noch? Was will sie sich im Traum noch »reinziehen«? Sie hat doch alles, was sie für ihr neues Leben braucht: die Karten und den Sieg. Doch wie unter Hypnose saugt es sie zur Brücke zurück, zu deren Mitte, dahin, wo seit jeher der Tod tanzt. Einmal mehr läßt sie sich treiben. Sie schnuppert die verführerische Freiheit, alles zu zerstören, das heiß strömende Leben im ausfließenden Blut. Und natürlich sind sie wieder da, die vier Komplizen ihrer Selbstzerstörung. Von Kampf ist diesmal nicht einmal die Rede. Er war bereits verloren, als sie den Fuß zurück auf die Brücke setzte. Die Theaterkarten sind weg. Der Aufbruch in den Selbstausdruck weicht dem Absturz in die Selbstzerstörung. Auch die Entmutigung ist total: Es ist alles verloren.

In Tanja findet nun die gleiche Entspannung statt, als ob sie sich der Sucht ergäbe. Am Schluß ihres Traumberichts habe ich dies bei ihr festgestellt. Der Moment der *Suchtentspannung* verleiht Menschen einen eigentümlichen, unverwechselbaren Ausdruck. Er ist schwer zu beschreiben. Es ist der kurze, lebendige Ausdruck nach dem soeben erfolgten und jetzt irreversiblen Einverständnis. Am ehesten ist er noch der Entspannung von Sterbenden vergleichbar, kurz nachdem sie den letzten Widerstand gegen den Tod aufgegeben haben: ein Ausdruck, nicht mehr zu beeinflussen und eindeutig. Sie sind nur noch das, was sie zieht. Suchtentspannung und Entspannung im Sterben vermitteln beide das Gefühl für Transzendenz.

Die Wahl der Eingangstür in ihr Spontanritual hat sie in dem Moment getroffen, als in ihrem Traum der Umschlag in die Rückwärtsbewegung stattfand, dann, als etwas in ihr die vier Diebe zum zweiten Mal auf der Brücke treffen wollte. Den Sieg hatte sie bei der ersten Begegnung errungen; diesmal ging sie hin, um sich besiegen zu lassen. Das von ihr ersehnte »kreative Leben« kam ihr vielleicht zu anstrengend vor. Manchmal sagte sie von sich, sie sei zu bequem. Doch das halte ich nicht für das Hauptmotiv ihrer fatalen Rückkehr. Sie kehrte zurück, um in der Auflösung jeder verantwortungsvollen Bindung schnelle Intensität zu erleben: Paradise now. Für den langsamen Lernprozeß im pantomimischen Theater fühlte sie sich auf einmal zu ungeduldig. Der freche Raub war ihr näher als der disziplinierte Aufbau. Von diesem Moment an, da der Traum anfing sich zurückzubuchstabieren, war sie mit ihren vier dunklen Schattenfiguren, den Mafiosi, identisch. Als einer dieser Lebensräuber steht sie nun in der Mitte des Gruppenraums und schickt sich an, Tanja gründlich fertigzumachen.

Mit beiden Händen umkrallt sie ein Kissen. Das Kissen ist Tanja, und der Mafioso würgt es mit sadistischer Lust: »Ich würge dich ab, mache dich fertig, du lächerliche Person, ich zerschmettere dich.« – Mehrmals schlägt der Gauner das Kissen auf den Boden, wirft es dann hin, zertrampelt es und tanzt stampfend auf ihm rum: ein schauerlicher Totentanz. Wir wohnen keinem Theaterstück bei: Tanja in der Rolle des Zerstörers ist ganz da, mit Lust und Wut. Zwischendurch wiederholt sie stets von neuem: »Ich lache über dich. Ich lache über dich.« Und es erklingt ein gräßliches Gelächter, daß es mir kalt über den Rücken läuft: höhnisch, zynisch, verächtlich, von oben herab gleichgültig entwertend. – »Was immer du tust: Ich zerstöre es. Rackere dich nur ab: Ich zerstöre es. Tu, was du willst: Ich zerstöre es. Was bist du wert? Nichts, gar nichts. Bevor du etwas anpackst: Es ist schon zerstört.«

Tanja braucht keine Karten für das pantomimische Theater mehr: Sie steht selbst auf der Bühne und spielt ihre eigene destruktive Kraft aus sich heraus. Indem sie die Rolle der Zerstörerin angenommen hat, folgt sie der energetischen Spur des stärksten Ausdruckssignals. Je länger sie spielt, desto mehr tritt diese Rolle in den Hintergrund; mehr als alles andere spüre ich jetzt ihre sich ausdrückende Kraft. Die negative Bewertung der Zerstörung fällt allmählich dahin. *Das inhaltliche weicht dem energetischen Erleben.* Wenn dies in einem Spontanritual eintritt, weiß ich, daß das spürende stärker als das reflektierende Bewußtsein geworden ist. Dann atme ich auf: Von nun an gehen die Dinge ihren organischen Lauf. Aus der verzweifelten Zerstörerin ihrer selbst hat sich der natürliche Zerstörerarchetyp herausgeschält, wie er im tanzenden *Schiwa-Natataraja,* im »König der Tänzer«, wohl am treffendsten zum Ausdruck kommt.[5] Was zerstört werden muß, wird nun von ihr abfallen, und etwas Neues wird Gestalt annehmen.

Ohne Übergang steht Tanja auf einmal ganz ruhig und gesammelt da, die Hände kreuzen sich auf der Herzmitte. »Wer bist du?« frage ich sie. – »Tanja«, antwortet sie. – »Wie geht es dir?« – »Richtig, einfach richtig, ich kann nicht sagen gut oder schlecht.« Die Ruhe, die sie ausstrahlt, ist ohne Scham, ganz anders, als wenn sie aus einem süchtigen Absturz jeweils zu sich selbst zurückgekehrt ist. Im Spontanritual hat sie ihren Traum zu Ende geträumt. Ich gehe mit ihr im Kreis herum. Ab und zu schaut sie mich selbstsicher an. »Wie geht's dir mit mir zusammen?« frage ich sie. – »Es gefällt mir, daß wir nebeneinandergehen.« – »Jetzt stehe ich nicht mehr am Stehpult, und du sitzt nicht mehr zu meinen Füßen.« – Sie lacht: »So wie jetzt ist mir wohl«, und wir gehen weiter. Wie erwähnt, bedeutete dieses Spontanritual eine Wende in unserer Beziehung. Von nun an begegnete sie

5 Vgl. P. Schellenbaum, »Schiwas Tanz: ein Urritual«, in: Die Wunde der Ungeliebten, S. 75–78.

mir ohne Unterwürfigkeit und ohne übertriebene Erwartungen. Ich hatte den Eindruck, daß sich jetzt auf ihrer inneren Bühne weder vier Frauen noch vier Männer tummelten: Weder verlor sie sich in der Bedürftigkeit nach einem Mann, noch überließ sie das Feld dem männlichen Zerstörer ihrer Weiblichkeit. Beide sind Aspekte der gleichen Selbstaufgabe. Nein, wie im Anfangsbild ihres Traumes bestand sie aus drei weiblichen und einem männlichen Anteil: eine richtige, durchsetzungsfähige Frau. Ich teilte ihr diese Phantasie mit. – Spontanrituale täuschen nicht definitive Problemlösungen vor; sie dienen einer neuen, klaren Weichenstellung. Dessen waren Tanja und ich uns bewußt. Die Arbeit mit sogenannten Suchtpersönlichkeiten erfordert viel Geduld und Liebe von beiden Seiten.

Den wesentlichen Punkt im Traum haben sie und ich bisher noch nicht ausdrücklich angegangen: ihre Sehnsucht nach schöpferischem Tun anstelle der Sucht. Eigentlich wird ein Mensch von allein kreativ, wenn er wie Tanja die Schwelle zum jetzt entscheidenden Selbstausdruck überschritten hat. Und doch war es für Tanja hilfreich, daß ich sie zum Schluß an die Eintrittskarten zum pantomimischen Theater erinnerte und sie fragte, auf welche Weise sie denn gern ihre Kreativität leben würde. Meine Frage machte sie etwas ratlos, und sie wiederholte, daß sie darin keine Erfahrung habe. Um es ihr einfacher zu machen, stellte ich ihr die gleiche Frage in der bekannten Umformulierung: »Wenn du schöpferisch wärest, was würdest du tun?« – Sie lachte über den offensichtlichen Trick, und die Sperre war weg: »Ich würde an verschiedene Männer Liebesbriefe schreiben, nicht um sie abzuschicken, sondern in Form eines kleinen Buches.« Und sie stellte in Aussicht, daß sie bis zum nächsten Gruppentreffen damit anfangen werde.

Die Wahrheit in den Augen hinter der Maske

»In einer Zeitschrift lese ich eine Enthüllungsstory. Dazu gehört auch ein Foto, das ein Gesicht zeigt, das mich an die *›Bocca della Verità‹*, den ›Mund der Wahrheit‹ in Rom erinnert. Allerdings weist das Gesicht in meinem Traum keinen Mund, sondern nur Öffnungen für Nase und Augen auf. Anstelle der Nase ragt ein spitzer, kegelförmiger Penis, der nach oben gerichtet ist, aus der Öffnung hervor. Eigentlich gleicht er einem lustigen Hütchen. Ich schaue das Foto näher an. Da beginnen sich hinter den Augenöffnungen des Gesichtes Pupillen hin und her zu bewegen. In dem Artikel geht es darum, daß ein in der Öffentlichkeit stehender, bekannter Mann sich, als er jung war, mit derartigen Aktfotos das Geld für sein Studium verdient hat.«

Die Träumerin ist eine Frau um die vierzig: Akademikerin in einem ausgesprochenen Männerberuf. Seit bald drei Jahren nimmt sie regelmäßig an psychoenergetischen Therapiegruppen mit mir teil, und sie geht seit zwei Jahren in Einzeltherapie. Bisher erlebte sie die Männer ihrer Umgebung als geschlechtslos. Auch in der Beziehung zu ihrem Freund fühlte sie sich ziemlich blockiert; das hat sich seit dem Spontanritual vor einem halben Jahr, von dem ich gleich berichten werde, deutlich geändert: Körperlich und seelisch löst sie sich nun im Zusammensein mit ihm und genießt seine Nähe. Das ist neu. Sie fühlt sich viel gelassener. Früher litt sie unter einem permanenten Druck und hatte das Gefühl, vor Wut und Zorn zerplatzen zu müssen. Mit wachen Augen kontrollierte sie das Geschehen um sich herum. Kam ihr jemand zu nahe, blitzte aus ihren Augen Wut, doch weiter ging sie im Ausdruck ihrer Aggression selten. So lernte ich sie vor drei Jahren kennen. Doch das stimmt nicht ganz: Im Gegensatz zu einigen Teilnehmern ihrer Therapiegruppe sah ich in ihren Augen nie in erster

Linie Kontrolle, Reflexion und Beobachtung, sondern lebendige Intensität. Mir fielen gleich ihre schönen, dunklen, ausdrucksstarken, spiegelklaren Augen auf. Die Wahrheit über ihr Wesen sah ich vor allem in diesen intensiven Augen. Dies teilte ich ihr bereits zwei Jahre, bevor sie obigen Traum erzählte, mit.

Allerdings stellte auch ich fest, in welch ungewöhnlichem Ausmaß sie ihre Augen zur Abwehr von Bedrohungen aller Art einsetzte. Wenn ihr jemand zu nahe trat, konnte sie schneidend scharf blicken. Doch noch häufiger sah ich in ihren Augen Sehnsucht und Traurigkeit, manchmal auch spritzigen, lustigen Humor. Am meisten beeindruckte mich der Gegensatz zwischen den sich rege hin und her bewegenden Augen und dem unbeweglichen Gesicht und Körper. Das Traummotiv der sich hinter einer »Maske« hin und her bewegenden Augen spiegelt diesen Aspekt in »augenfälliger« kräftiger Bildersprache.

Von seiten dieser Frau ist der wiedergegebene Traum einer von dreien, in denen die Augen das am stärksten besetzte Element darstellen. Sie laden zu Blickkontakt und Tiefenspiegelung ein. Die Eingangstür des Spontanrituals zum Traum ist folglich die erste der im letzten Kapitel beschriebenen: der Dialog. Drei Informationen schicke ich dem Spontanritual voraus: Erstens, als die Träumerin – nennen wir sie Sarah – zweidreiviertel Jahre alt war, starb ihr Bruder Wolfgang mit elf Monaten. Zweitens, Sarah schlief bis zu ihrem zehnten oder elften Lebensjahr im elterlichen Schlafzimmer. Drittens, die »Bocca della Verità« ist ein antikes Marmorrelief, das einen furchterregenden Männerkopf mit aufgesperrtem Mund zeigt. Im Mittelalter diente die Maske der Rechtsfindung beziehungsweise Rechtsbeugung. Der Nicht-Geständige mußte die Hand in den Mund des Ungeheuers legen. Bei einem Meineid soll die Hand abgebissen worden sein. Man vermutet, daß jemand mit dem Schwert hinter der Marmorplatte nachgeholfen hat. Der »Mund der Wahrheit« steht heute in der Vorhalle der einzigen katholisch-orthodoxen Kirche Roms, Santa Maria in Cosmedin. Ursprünglich handelte es sich wohl um einen altrömischen Kanaldeckel.

Zu Beginn ihres Spontanrituals stellt sich Sarah unaufhörlich die Frage, zu wem wohl die sich hin und her bewegenden Augen im Traum gehören und was sie zu bedeuten haben. Das bohrende Suchen im Kopf gibt ihr keine Ruhe und verhindert das Einsetzen des Spürbewußtseins. Dies ändert sich schnell, als sie unter den Gruppenteilnehmern einen Mann wählt, dessen Augen Ähnlichkeit mit den sich hinter der Maske hin und her bewegenden Augen im Traum haben. – Nun sitzen sich die beiden gegenüber. Auch der Mitspieler hat lebendige, ausdrucksstarke Augen, auch sein Gesicht gleicht manchmal einer Maske, und, was mir besonders auffällt, seine vorragende Nase erinnert mich an den spitzen, kegelförmigen Penis, der anstelle der Nase aus der mittleren Öffnung der Maske ragt. Ich fördere Sarah auf, jede noch so kleine Veränderung, die sie in den Augen ihres Gegenübers bemerkt, mitzuteilen und zu beschreiben. Zuerst schildert sie deren Farbe, dann sieht sie in ihnen Humor, Schalk, Belustigung, darauf plötzlich Ablehnung. Jetzt fällt ihr das Schauen schwer, es beginnt sie anzustrengen. Trotzdem macht sie weiter. In keinem Moment wird ihr Blick starr. Sie schaut in die Tiefe der Augen ihres Mitspielers. Nun sagt sie: »Ich sehe in deinen Augen tiefe Traurigkeit.« Dabei bleibt es eine ganze Weile. Ohne es auszusprechen – ich entnehme es ihrem später erstellten schriftlichen Bericht – fragt sie sich, ob die Augen ihres Mitspielers wirklich traurig seien, oder ob nur sie das in ihnen sehe. In dem Zusammenhang spreche ich sie auf den altrömischen »Mund der Wahrheit« an und betone, daß nur sie, einzig sie, die Wahrheit kenne.

An diesem Punkt mache ich eine bedeutsame Beobachtung, die beweist, daß sich die beiden – Sarah und ihr Mitspieler – in wechselseitiger Resonanz befinden. Natürlich stelle ich mir die gleiche Frage wie Sarah. Projiziert sie ihre »inneren Augen« auf die Augen ihres Mitspielers? Oder nimmt sie tatsächliche Veränderungen in dessen Augen wahr? Und wenn das zweite zutrifft: Ist sie dabei, sich in den Augen des anderen zu verlieren? Letzteres trifft sicher nicht zu: Ihr Blick ist aufmerksam und aktiv. Ist sie also in bloßen Projektionen befangen? Auch dies ist erstaunlicherweise nicht der Fall: Ich nahm in den Augen des Mitspielers alle von Sarah erwähnten und noch zu erwähnenden sich ablösenden Ausdrucksnuancen wahr. Manchmal formulierte ich sie für mich, bevor Sarah dies tat. Die Frage nach einem Entweder-Oder scheint also zum vornherein falsch gestellt. Es ging um ein zeitgleiches Sowohl-Als-auch: unbefriedigend für den logisch in den Kategorien von Ursache und Wirkung denkenden Verstand, aber den beobachteten Tatsachen entsprechend. Ebendiese Gleichzeitigkeit kennzeichnet das, was ich *gegenseitige Leitbildspiegelung* nenne[6], eine der unterschiedlichen Möglichkeiten von Resonanz. Dadurch, daß sich die beiden in spürender Verbindung befanden, durchliefen sie frei und individuell, das heißt jeder der beiden mit je eigenen, verschiedenen inhaltlichen Einfällen, einen ähnlichen emotionalen Prozeß. Diese affektive Übereinstimmung intensivierte und beschleunigte das Spontanritual.

Während Sarah in den Augen ihres Mitspielers Trauer sieht, fängt sie an, bitterlich zu weinen. Dabei fällt ihr der im Alter von elf Monaten verstorbene Bruder ein. Die Intensität der Trauer in den Augen des Gegenübers paßt zu ihrer eigenen, soeben geweckten Trauer über den Tod ihres

6 Vgl. P. Schellenbaum, Das Nein in der Liebe, S. 19–24, 152–157, u. a.

kleinen Bruders. Zum ersten Mal hat sie diese Trauer im vergangenen Jahr in ihrer Einzeltherapie erlebt. Heute geht sie noch einen entscheidenden Schritt weiter. Als nächstes sieht sie in den Augen des Mannes ihr gegenüber »Wärme und unendlich große Liebe«. Auch ich sehe sie. Doch dann bemerkt sie in ihnen etwas Beunruhigendes: Aggression. Auch ich sehe sie bei ihm und ebenso bei ihr. Zögerlich teilt sie auch diese Wahrnehmung mit. Ich frage sie, ob ihr zu ihrer Wut ein Name einfalle. Erst denkt sie an ihren Vater, dann an ihre Mutter, aber das ist es noch nicht. Plötzlich blitzt der Name ihres früh verstorbenen Bruders in ihr auf, dann ist er wieder weg, ohne daß sie ihn ausgesprochen hätte. Im gleichen Augenblick stelle ich ihr noch mal die gleiche Frage, und sie antwortet erstaunt, der Name des kleinen Bruders sei ihr eingefallen. Nun ist sie verwirrt. Und sie forscht weiter in den Augen des anderen.

Nach und nach kristallisiert sich in ihr ein neues Gefühl heraus. Sie spricht es aus: »Ich fühle mich verlassen, allein gelassen.« Dann sehe ich zum ersten Mal, seit ich sie kenne, Aggression nicht nur in ihren Augen, sondern auch in ihrem Körper. Ihre Faust ballt sich, während sie noch verhalten zischt: »Du bist einfach abgehauen und hast uns allein gelassen.« Ich weise sie an, die Aufmerksamkeit in die sich im Ansatz bewegende Faust zu richten und ihr im spürenden Kontakt die Initiative zu überlassen. Die gemeinte Gebärde befreit sich, und sie schlägt mit der rechten Faust auf den Boden: »Du Dreckskerl«, schreit sie, »du bist einfach so von heute auf morgen abgehauen und hast uns zurückgelassen. Ohne dich fühle ich mich so allein.« Und wieder und wieder schlägt sie mit der Faust auf den Boden.

Nun zitiere ich aus ihrem eigenen schriftlichen Bericht: »Mir fällt ein, daß ich als sechs- bis zehnjährige ein etwa halbjähriges Baby, das ich im Kinderwagen spazierenfahren durfte, geohrfeigt habe, bis es blau im Gesicht war. Der

Arzt kam, und ich leugnete, dem Kind etwas getan zu haben. Bisher konnte ich mir nicht erklären, was mich veranlaßt hatte, so zu handeln.« – Diese noch nie hergestellte Verbindung erschüttert die Selbstinitiandin. Auch an diesem Beispiel läßt sich erkennen, daß das erlebnisorientierte Spontanritual auch solche Traumdeutungen ermöglicht, die auf einem bloß analytischen Weg in vielen Fällen nicht erfolgen könnten. Die brutalen Ohrfeigen der kleinen Sarah galten nicht dem fremden Säugling, den sie spazierenfuhr, sondern dem kleinen Bruder, der sie im ungefähr gleichen Alter plötzlich verlassen hatte.

Damit endet das Spontanritual. – Es setzte in Sarah bis zum heutigen Tag erotisches Potential frei, ich habe es schon erwähnt. Heute sieht sie Männer, vor allem ihren Freund, mehr als Männer und blendet die sexuelle Spannung weniger aus ihrer Wahrnehmung aus. Im gleichen Maß nimmt ihr Aggressionsdruck ab: eine einfache energetische Gleichung. – Es scheint, daß sie bisher in ihrer Beziehung zu Männern unter einem unbewußten Wiederholungszwang den Groll gegen den verstorbenen Bruder manchmal ausagiert und häufiger aus Selbstschutz abgewehrt hat: Es könnte ja wieder eine brutale, zerstörerische Regung über sie kommen, so wie damals mit dem Säugling, den sie als Kind spazierenfuhr. Eine Folge der Abwehr ihrer Wut war, daß Männer für sie zu Neutren wurden. Außerdem beugte sie dadurch einem möglichen, wiederum traumatischen Verlassenwerden vor. Auf diese Weise verließ sie immer wieder ihre eigene Lebendigkeit, wiederholte also an sich selbst den traumatischen Tod des kleinen Bruders. Die seelische Schmerzprophylaxe fordert meist einen hohen Preis: die emotionale Lebendigkeit.

Vor dem Spontanritual wäre auch eine andere Deutung der schrecklichen Szene mit dem Säugling denkbar gewesen, nämlich die, daß die knapp dreijährige Sarah ihrem

Brüderchen, dem kleinen Rivalen, aus Eifersucht den Tod gewünscht hat, und, als dieser dann eintrat, sie sich als Täterin fühlte, und zur Abwehr ihrer Schuld den erwähnten unbewußten Wiederholungszwang schuf. Erinnern wir uns jedoch daran, daß sie in den Augen des Mitspielers zuerst »Wärme und unendlich große Liebe« und erst dann Wut wahrnahm. Bei aller wahrscheinlicher Eifersucht dem Brüderchen gegenüber war die Liebe zu ihm das zentrale, das grundlegende Gefühl. Die eigentliche Ursache für das auf das Gefühl der Liebe folgende Gefühl der Wut war ihr Verlassenheitstrauma: Wut auf den geliebten Bruder, weil er von ihr gegangen ist. Falls der Todeswunsch gegenüber dem jüngeren männlichen Rivalen überhaupt eine Rolle spielte, dann sicher nicht die führende. Der Ablauf des Spontanrituals zeigt es deutlich. Das ist die Wahrheit, welche die Augen hinter der Maske sprachen, diese Augen, die so zum »Mund der Wahrheit« wurden: eine typische Traumverdichtung, die sich erst im Spontanritual in ihre Elemente auflöste. Die Intensität der Wut entsprach der Intensität der Liebe. Die zum Zerplatzen angespannte Wut blieb so bedrohlich, daß Sarah sich ihrer, ich habe es erwähnt, nur durch Verdrängung ihrer sexuellen Anziehung zu Männern erwehren konnte. Eine unbewußte Phantasie sagte ihr, daß sie sonst mit ihrem grenzenlosen Groll Männer zerstören könnte, wie sie damals den kleinen Jungen im Kinderwagen »arztreif« geschlagen hat. Die Neigung zu sexueller Verdrängung zeigte sich vielleicht auch darin, daß sie beim Erzählen des Traumes die »Penisnase« mit einem »lustigen Hütchen« verglich, sie also ihrer sexuellen Komponente entledigte.

Das Spontanritual hat scheinbar eine wichtige Frage, die der Traum stellt, nicht beantwortet. Das Geheimnis der beiden Maskenöffnungen, hinter denen sich die Augen hin und her bewegten, ist gelüftet. Aber ist es wirklich gelüftet?

Gab es nicht noch eine dritte Öffnung in der Mitte der Maske, aus der ein spitzer, kegelförmiger, nach oben gerichteter, also erigierter Penis ragte? Verbergen die drei Öffnungen nicht ein gemeinsames Geheimnis? Kurz nach diesem Traum sah Sarah den Penis eines anderen Säuglings, nämlich den ihres Neffen, und er sah aus wie die »Penisnase« im Traum. Und hatte sie nicht einen Mitspieler mit einer ausgeprägt phallischen Nase gewählt?

Die dritte Öffnung der Maske zeigt die Tendenz des Traumes, die Verdrängung der soeben erwähnten sexuellen Anziehung zu Männern aufzuheben. Zusammen mit den beiden anderen Öffnungen – mit den sich hin und her bewegenden Augen – löst sie die Gefühlsverdrängung der sexuellen Vereinigung von Frau und Mann auf. Indem das Spontanritual die Ursache von Sarahs zerstörerischer Wut entlarvte, beantwortete es auch die Frage nach der dritten Maskenöffnung: Der Penis braucht sich nicht mehr zu verstecken.

Aufgrund des Lebensalters der zweidreivierteljährigen Sarah vermute ich, daß die eigentliche sexuelle Wunschphantasie in bezug auf den Bruder nicht in diesem Alter, sondern später, im phantasierten Weiterleben mit dem Bruder, entstanden ist. Auf letzteres verweist auch der beschriebene Wiederholungszwang. Im Traumbild der kindlichen, erigierten »Penisnase« verbinden sich natürliche Anziehung und traumatische, durch den plötzlichen Tod des Bruders bedingte und durch das Inzesttabu verstärkte Abwehr der körperlichen Vereinigung mit dem Mann. Diese Ambivalenz dauerte bis zum Tag des Spontanrituals an. Natürlich konnte sie sich nicht schlagartig auflösen, aber Sarah besaß den Schlüssel zum schon beschriebenen nachfolgenden Entwicklungsprozeß.

In Sarahs Traum und Spontanritual verbinden sich ständig die objekt- und die subjektstufige Perspektive: die ambivalente Beziehung zum realen Bruder – Liebe und Wut – einerseits, und andererseits der ambivalente »innere Bruder«, der durch einen schnellen Wechsel konstruktiver und destruktiver Emotionen abwechselnd ins Leben und in den Tod lockt. – Zur subjektstufigen Deutung ein zusätzlicher Hinweis. Die »Bocca della Verità«, mit der auch die Träumerin das Foto im Traum verglich, erinnert an verschlingende Muttergottheiten in vielen Religionen. Es sind Gestaltungen der *Großen Mutter* mit offenem Maul, das mit destruktiven phallischen Attributen versehen ist: mit scharfen Zähnen und gebleckter Zunge. Bilder der *»Vagina dentata«*: des mit Zähnen bewehrten, das Geborene wieder verschlingenden Mutterschoßes.[7] Der grausige mittelalterliche Brauch, in dem das marmorne Ungeheuer mit seinem Maul die Hand des vermeintlichen Delinquenten abbiß, aktualisierte die »Vagina dentata« im Dienste der Herrschenden. – Nun zeigt aber die »Bocca della Verità« nicht den Kopf einer Frau, sondern den eines Mannes. In ihrer Abwehr des Mannes sah Sarah die weibliche Identität der Großen Mutter ausgeblendet und sich selbst psychisch zum Mann gemacht, – in Jungs Terminologie: sich mit ihrem *Animus* identifiziert. Sie »kastrierte« – neutralisierte – die Männer und verleugnete sich dabei als Frau. Erinnern wir uns daran, daß der »Mund der Wahrheit« auf dem Foto im Traum gar keinen Mund hat. Statt seiner gibt es die Öffnung für die »Penisnase«. Im Traum ragt der Phallus, Symbol der Männlichkeit, von innen durch die Öffnung nach außen ins Freie. Das Bild der Öffnung bezieht sich hier darauf, daß sich etwas bisher Verstecktes, Verdrängtes zeigt, zutage tritt.

Doch kann die Öffnung auch in umgekehrter Richtung, von außen nach innen, gesehen werden. Dann wird sie zu einem Bild der im Koitus sich öffnenden Vagina. Auch dies

7 Vgl. E. Neumann, Die Große Mutter, S. 147–173.

ist im Bild des »Mundes der Wahrheit« mit enthalten. Zur Abwehr des von außen in sie eindringenden Mannes – nicht nur in sexueller, sondern auch in geistig-seelischer Hinsicht – hat Sarah oft »zugebissen«. So merken wir, daß sich auch im Traumbild der Maske ein zuschnappender Mund versteckt: eine weitere virtuose Verdichtung von Hemmendem und Befreiendem. – Einer ähnlichen Verdichtung begegnen wir auch in der Gestalt des Mannes, von dem die Enthüllungsstory in der Zeitschrift der Träumerin handelt: Einerseits hat er als junger Mann seine attraktive Männlichkeit zur Gänze enthüllt, doch andererseits geschah diese Entblößung, aus der Sicht gängiger Moralvorstellungen, unter entwertenden Vorzeichen: Er stellte sich für Aktfotos zur Verfügung und verdiente Geld damit – für Sarah Anziehung und Abwehr in einem.

Der Traum handelt von einem Artikel und einem Foto in einer Zeitschrift mit Enthüllungsstorys, also von Papier. Somit abstrahiert er vom dreidimensionalen, beweglichen, pulsierenden, emotionalen Leben. Zu Beginn ihres Spontanrituals zerbrach sich Sarah den Kopf über die Bedeutung ihres Traumes und kam zu keinem Schluß. Erst der vom Traum selbst nahegelegte Einbezug eines Mitspielers, der ihr Potential an emotionaler, erotischer und sexueller Begegnung weckte, erweiterte ihr reflexives um das leiblich spürende Bewußtsein. Aus diesem kommt Orientierung. Die Richtung ist jetzt klar vorgegeben.

Die Last einer lebendigen Leiche

Ich erzähle nun zwei kürzere Geschichten, die beide von der lebendigen Leiche der eigenen Mutter handeln. Im Gegensatz zum vorigen Bericht verzichte ich weitgehend auf Analyse und Deutung. Jede der beiden Geschichten setzt sich aus einem Traum und dem daraus entstandenen Spontanritual zusammen.

Der erste kurze Traum stammt von einem 69jährigen Mann. Seine Mutter bestimmte und prägte ihn mit ihrer starken Persönlichkeit, aber er vermißte bei ihr emotionale Wärme und Geborgenheit. Von solchen Müttern fällt es schwer, Abschied zu nehmen. Mir scheint, daß er ihr ähnlich ist: eine starke, eigenwillige, durchsetzungsfähige Persönlichkeit mit reichen Begabungen, doch emotional extremen Wechseln ausgesetzt, abwechselnd voller Hingabe und Begeisterung, entmutigt und leer, schneidend aggressiv und totalitär zerstörerisch.

»Ich schleppe die Leiche meiner Mutter auf meinem Rükken. Sie lastet schwer auf mir und ist mir lästig. Ich schleppe sie von Bauernhof zu Bauernhof, in der Hoffnung, irgendwo Ankunft und Ruhe zu finden. Meine Mutter lebt noch, obwohl sie im Traum eine Leiche ist.« – Mit einem ungelösten Konflikt endet auch dieser typische Komplextraum. Im nun folgenden Spontanritual tötet er die Leiche, indem er wild auf einen zusammengerollten Teppich einschlägt. Im Schlagen ist er ganz dabei. Es ist kein Theater: Er befreit sich von der bestimmenden Macht seiner Mutter. In seinen verzerrten Gesichtszügen herrscht der Haß. Indes verschwindet dieser nach und nach, obwohl der Mann immer noch schlägt, sogar kräftiger als zuvor. Was in Spontanritualen durch das wachsende Spürbewußtsein regelmäßig eintritt, sehe ich nun auch bei ihm: Die anfänglich zerstörerische Emotion weicht dem klaren, sicheren, einfachen Dabeisein. Selbst wenn sich Gebärden in diesem Wechsel wenig verändern, bekommen sie eine neue Ausstrahlung. Was vorher Zerstörung war, wird jetzt zur Schöpfung. Immer noch schlägt er auf den zusammengerollten Teppich, auf die Leiche seiner Mutter, ein. Doch verliert er sich nicht mehr an den Gegenstand seines Schlagens. Sein Schwerpunkt liegt nicht mehr in der Mutter, sondern in ihm selbst: der entscheidende Übergang bei Menschen mit einem Elternkomplex. Seine Sicherheit, Zielstrebigkeit und Kraft wachsen. Das energetische trägt über das inhaltliche Moment den Sieg davon.

So überrascht es nicht, daß es nach einer Weile nicht mehr ums Schlagen geht. Er hält inne, und wir gehen Seite an Seite mehrmals im Kreis herum. Dabei taucht in ihm ein lebendiges Bild seiner Mutter auf: Aus dem lähmenden Komplex schält sich ein Wachstumsmotiv. Er erzählt, seine Mutter sei in frühen Tagen eine leidenschaftliche Ausdruckstänzerin gewesen. Nun zitiere ich wörtlich aus seinem eigenen Bericht über das Spontanritual, den er mir als Teil eines Briefes zukommen ließ: »Du fragst mich, ob ich tanzen wolle, und genau das lag damals in der Luft. Ich erbitte sanfte Musik – und jede Bewegung stimmt: einfach, klar, sehr sanft, zart. Seitdem ist der tänzerische Ausdruck zu einem festen Bestandteil meines Lebens geworden. Und dies ist doch dein starkes Anliegen: die Energie, die sich im Traum aus der Tiefe der Lebenskraft meldet, ins wache, bewußte Leben zu übertragen! – Etwa zehn Tage nach diesem Ereignis stirbt meine Mutter mit mehr als 96 Jahren.«

Die Versöhnung mit unseren Eltern geschieht von allein in dem Moment, da wir uns das Beste aus ihrer Persönlichkeit für unser Leben nehmen können. Eben dann fühlen wir uns von ihnen »gesegnet«. Da braucht es nicht mehr die manchmal künstlich und aufgesetzt wirkende Zeremonie einer zusätzlich inszenierten Versöhnung, wie zum Beispiel Bert *Hellinger* sie nahelegt. In der autonomen Selbststrukturierung eines Spontanrituals ist alles Notwendige bereits enthalten. – Seit dieser bewegenden Erfahrung sehe ich den nunmehr 71jährigen jedesmal, wenn er bei einer Gruppe dabei ist, in der Mittagspause intensiv und innig mit ausdrucksstarken, nie gleichen Gebärden lange tanzen.

Ein 24jähriger Mann träumte einige Monate nach dem plötzlichen Tod seiner Mutter durch Herzinfarkt folgendes: »Ich bin mit meiner Mutter zu deren Begräbnis unterwegs. Zwischen uns herrscht eine liebevolle Atmosphäre. Auf dem Metallrost vor einem ebenerdigen Fenster entdecke ich, während wir gehen, ein Goldstück. Ich bücke mich, um es aufzuheben. Gleichzeitig bückt sich auch meine Mutter. Während wir uns beide bücken, lächelt sie mir liebevoll zu. Das ist ein ganz intensiver, wunderschöner Moment. – Nun bin ich am Grab. Tot liegt die Mutter mit einer Totenmaske auf dem Grab. Ich schreie: ›Nehmt ihr doch die Maske weg, sie kann sonst nicht atmen!‹«

Der junge Mann hat sich mit seiner Mutter kurz vor deren Tod wegen einer Bagatelle heftig gestritten. Sie war gesundheitlich bereits angegriffen und seiner jugendlichen Vehemenz nicht gewachsen. Das belastet ihn sehr. Er kann sie nicht sterben lassen, bevor er sich liebevoll von ihr verabschiedet hat. Dies geschieht im ersten Teil des Traumes beim gemeinsamen Bücken nach dem Goldstück. In diesem gemeinsamen Gestus begegnen sie sich innig. Doch ist er in diesem Traummoment noch nicht imstande aufzuwachen. Zu traumatisierend wirkt in ihm immer noch der plötzliche Tod der Mutter nach. So buchstabiert er seinen Traum zurück, der dadurch zu einem Komplextraum wird, ähnlich wie nach buddhistischer Auffassung ein Mensch nur dann vom Rad der Wiedergeburten befreit wird, wenn er sich vom Alten eindeutig löst und zur vollständigen Unabhängigkeit erwacht. Dazu ist der Träumer noch nicht in der Lage. Deshalb muß er in der zweiten Sequenz seines Traumes am Grab der toten Mutter »wiedergeboren« werden. Dadurch erinnert er an die buddhistische Lehre, daß es jeweils die spezifische Fixierung ist, die einen bestimmten Menschen in eine neue, dieser alten Fixierung entsprechende Wiedergeburt drängt. Diese Abhängigkeit zu lösen, ist seine Aufgabe im neuen Leben. Traumatisierte Menschen müssen oft mehrmals mit der gleichen illusorischen Hoffnung auf Leben zum gleichen Grab, zum gleichen längst Gestorbenen und Überlebten zurückkehren und jedesmal einsehen, daß hier kein Leben mehr zu holen ist.

In Spontanritualen erstarkt der Drang, weiterzugehen. So geschah es auch bei diesem Mann. Es drängte ihn, sich nochmals nach dem Goldstück zu bücken, und er tat es langsam und sorgfältig, mit seltener Intensität. Nun hielt er das Goldstück in seiner Hand und sagte: »Meine Mutter und ich haben es gemeinsam gefunden. Wenn ich es in der Hand trage, ist mir, als ob sie an meiner Seite ginge.« Und mit dem Goldstück in der Hand geht er kreuz und quer durch den Gruppenraum.

Doch auf einmal kommen ihm die Tränen: »Ich brauche sie noch. Ich hatte eine schwierige Kindheit. Ich brauche sie immer noch. Ich glaube nicht, daß sie tot ist.« Er steht still und sieht vor sich das Grab seiner Mutter. Schluchzend bricht er zusammen. Ich bitte ihn, genau auf die Leiche seiner Mutter zu schauen und zu beschreiben, was er sieht. Wie schon im Traum erschrickt er: »Sie trägt eine Totenmaske und kann nicht atmen.« Ich frage ihn: »Warum forderst du andere auf, ihr die Maske abzunehmen? Warum tust du es nicht selbst?« Er stutzt und schaut mich an, als hätte ich ihn bei einer Lüge ertappt. Glaubt er wirklich, daß seine Mutter noch lebt? Bedeutet seine Aufforderung an die anderen, ihr die Maske abzunehmen, etwa einen Trick, um sich die Wahrheit von ihrem Tod, um den er eigentlich weiß, zu ersparen? – »Nimm du ihr die Maske ab«, schlage ich ihm vor, »doch nur, wenn du es für richtig hältst.« – Er schüttelt erschrocken den Kopf, richtet sich steif auf, flüchtet kurz aus dem unmittelbaren Geschehen ins beobachtende Bewußtsein und schweigt längere Zeit. Auch ich schweige, trete zurück und schaue ihn nicht mehr an: Es ist seine Freiheit, die auf dem Spiel steht, und er soll sie nicht durch eine neue Unfreiheit, durch Anpassung an mich, gewinnen. Meine Resonanz mit ihm betrifft die Leere, in der er sich nunmehr befindet. Er ist ratlos, hat Angst, beginnt schneller zu atmen. In spürender Verbindung mit ihm mache ich mir keinerlei Vorstellungen über das Kommende, gehe also nicht davon aus, daß er früher oder später die Wahrheit enthüllt. Dabei fühle ich mich immer ruhiger, zuversichtlicher. Nach einer Zeitspanne, die ich nicht abschätzen kann, steht er auf, geht zwei Schritte zum Grab der Mutter, kniet sich hin, nimmt ihr langsam die Maske ab und schaut ihr ins Gesicht. Dabei sagt er kein Wort, aber wir spüren es: Die Mutter ist tot, und der Sohn stellt sich dieser Tatsache. Er bricht in erlösendes Weinen aus.

In jedem Komplextraum opfern wir neues, aufbrechendes Leben einer Leiche, die wir mit der Illusion von Leben schmücken. Dann gilt es, dem Tod des früher einmal Lebendigen kompromißlos in die Augen zu schauen, um für neues, unsicheres, unvorhersehbares Leben frei zu werden.

Teufel komm raus!

Anders als in den fünf vorigen Geschichten setzt sich diese letzte aus *vier Phasen* zusammen, die gemeinsam eine geschlossene Gestalt ergeben. Die erste Phase besteht nicht in einem Traum, sondern einem Spontanritual, die zweite in einem dazu passenden Gruppenspiel, die dritte im Komplextraum der übernächsten Nacht, und die vierte in der anschließenden, den Prozeß zu Ende führenden Leibimprovisation ohne therapeutische Begleitung.

Zur *ersten Phase,* also zum Spontanritual. Selbstinitiandin ist die 35jährige »Beate«: weiblich und drahtig, phantasievoll und vorsichtig, zärtlich und manchmal gequält, Schriftstellerin und Deutschlehrerin an einem Gymnasium. Aus dieser zu kurzen, steckbriefartigen Beschreibung erahnen Sie vielleicht schon den Spannungsbogen in dieser starken Persönlichkeit. Seit über zehn Jahren leidet sie an *Phobien.* Sie erzählt von *vier Situationen*, die in ihr die Angst auslösen, von einer bösen Macht, dem Teufel, besetzt zu werden, ihren Gefühlen nicht mehr trauen zu können, weg vom heilen Leben zu zerstörerischen Dingen manipuliert zu werden – das sind ihre Formulierungen. *Erstens,* Berichte über Okkultismus und Sekten; wenn sie solche hört, schaltet sie gleich ab, will keine weiteren Informationen mehr bekommen, bleibt also in ihren Vorstellungen gefangen. – *Zweitens*, Geschichten, die vom Teufel handeln. Vor kurzem hatte sie ihren Schülerinnen die Aufgabe gestellt, je ein Werk aus der Romantik vorzustellen. Eine wählte den Roman »Die Elixiere des Teufels« von E.T.A. *Hoffmann*, in dem der hochbegabte, aber charakterlich wenig gefestigte Mönch *Medardus* ein geheimnisvolles Teufelselixier trinkt, das in ihm verzehrende Leidenschaft zu dem Mädchen Aurelie entfesselt. Es war für Beate beruhigend festzustellen, daß die Schülerin durch die Beschäftigung mit diesem »Teufelsroman« nicht verändert wurde. – *Drittens*, den Brief einer Bekannten, die Selbstmord begangen hat, zu lesen. – *Viertens*, Besuch einer Bekannten, die von ihren Suizidversuchen erzählt. Diese war dabei im Glauben, das Richtige zu tun. Nun hat Beate Angst, ihren Gefühlen nicht mehr trauen zu können. Ihre phobischen Ängste breiten sich aus. Sie vermeidet es, Bücher neurotischer Schriftsteller zu lesen.

Der letzte, vierte Punkt beunruhigt Beate am stärksten. Als Gegenüber wählt sie einen reifen, gefühlsstarken Mann mit viel Lebens- und auch Leidenserfahrung. Er befindet sich bei mir in Ausbildung. Ich fordere Beate auf, ihm genau, bis ins letzte Detail, zu beschreiben, wovor sie Angst hat und was ihr passieren könnte. Bisher reagierte sie auf ihre plötzlich einschießenden panischen Ängste mit völliger Blockade, so daß sie ungeheure, irreale Dimensionen annehmen konnten. Ihr Gegenüber ist gleichzeitig liebevoll und unbestechlich. Wenn Beate eine Beschreibung auf einmal abbricht, läßt er nicht locker. Sie muß ihre phobischen Vorstellungen, die vermeintliche Gefahren halluzinatorisch vorwegnehmen, durch sorgfältige Beschreibung in die Gegenwart zurückholen und so auf ein menschliches Maß reduzieren. Dergestalt nehmen sie immer präzisere Konturen an, und das Gefühl, fremden Manipulationen ausgeliefert zu sein, nimmt ab. Regelmäßig beschreibt sie dabei auch ihre Körperempfindungen und Gefühle. Da ihre Ängste, wie erwähnt, in erschreckender Plötzlichkeit aufbrechen, muß Beate sofort das erste Bild, das dabei auftaucht, am Schopf packen und genau ins Auge fassen, um nicht panisch in völlige Spürunbewußtheit abzudriften. In ihrem Spontanritual findet ein Lernprozeß statt, bei dem nicht die heute erzielten Resultate zählen, sondern das wachsende Gespür für den Lernprozeß selbst. Deshalb ist es nicht nötig, daß ich hier auf alle Einzelheiten eingehe.

Beate wird zunehmend ruhiger und atmet tiefer. Differenzierte Emotionen steigen hoch. Gruppenteilnehmer teilen ihre Eindrücke und Wahrnehmungen mit. Folglich befindet sie sich nicht nur mit ihrem Gegenüber, sondern auch mit den anderen in einem zunehmend realistischen Austausch. Anstelle der Isolierung in ihren Ängsten erlebt sie emotionalen Austausch. Nun schätzt sie die Lebensbedrohlichkeit der Suizidversuche ihrer Freundin richtig ein, vertraut also nach und nach ihren eigenen Gedanken und Gefühlen, erlebt sich weniger ausgeliefert und manipulierbar. Die Emotionen von Betroffenheit und Trauer, die jetzt in ihr hochkommen, entsprechen dem Thema. Auch der Mann ihr gegenüber teilt sie mit ihr. Ihn, wie sie mir später in einem Brief mitteilt, sieht sie jetzt zum ersten Mal klar, nicht mehr wie zu Beginn durch den Schleier ihrer Ängste. Seine Betroffenheit berührt sie. Sie atmet noch tiefer und wird noch ein Stück ruhiger. Zwei weitere Ängste teilt sie schließlich mit und verarbeitet sie auf die gleiche Weise. Aus Gründen der Diskretion gebe ich sie hier nicht wieder.

Im Anschluß an Beates Spontanritual bekommen einige andere Teilnehmerinnen und Teilnehmer die Möglichkeit, im Gruppenkreis ihren »Teufel« – eine unangepaßte innere Teilpersönlichkeit – mit Worten zu benennen und mit expressiver Übertreibung darzustellen: Dadurch stelle ich den Bezug zur zweiten Situation her, die in Beate die Angst, vom Teufel besetzt zu werden, auslöste, nämlich zu Geschichten, die vom Teufel handeln. In diesem Spiel ändert der Teufel gewissermaßen die Richtung. Er dringt nicht mehr, wie in Beates bisherigen Ängsten, von außen in den einzelnen ein, sondern bekommt eine menschliche, faßbare Gestalt, indem er als bisher negativ bewerteter eigener Persönlichkeitsanteil von innen nach außen treten darf. Natürlich erfaßt ein solches Spiel nicht alles an der Destruktivität eines einzelnen, aber es entschärft diese, indem es ihren erlebbaren Anteil ausdrückt und zumindest teilweise von seiner negativen Bewertung befreit. Beate nimmt nicht an diesem Spiel teil. Aber es wird in ihr eine Reaktion auslösen, die uns noch beschäftigen wird.

In der übernächsten Nacht hatte Beate folgenden Traum: »Ich gehe nachts an einer Baustelle vorbei. Der Weg ist schmal und führt bergauf. In jeder Hand trage ich zwei Stangen. Dieser Weg ist nur ein Durchgang zu einer beleuchteten Straße. Ich habe Angst, weiß aber von einer Freundin, daß sie in einer solchen Situation einfach schrie und auf diese Weise durchkam. So glaube ich, es ebenfalls zu schaffen. Fast am Ende des dunklen Weges jedoch stoße ich mit meinen Händen auf etwas Dunkles, Warmes, Weiches. Ich weiß: Jetzt muß ich schreien. Ein Krächzen kommt aus mir heraus. Das Etwas richtet sich groß vor mir auf. Aber es ist immer noch dunkel, warm und weich. Ich bringe keinen Ton mehr heraus. Das versetzt mich in Panik, und es zieht mich nach oben aus dem Traum heraus.«

In diesem Komplextraum findet ein Aufbruch statt, der vor dem Spontanritual noch undenkbar gewesen wäre. Beate wagt den dunklen Weg, den gefährlichen Durchgang hin zu einer neuen Lebensstraße, auf der es Licht, also die Möglichkeit zum Überblick, gibt. Der Weg führt an einer Baustelle vorbei. Bedeuten die vier Stangen, die sie trägt, Baumaterial? Eher nicht. – Waffen? Nein. – Symbolische »männliche« Stützen? Vielleicht. – Zeremonialstäbe, die in Ritus und Mythos Macht in der Innen- und Außenwelt bedeuten? Das wäre schön. Beate fällt zu den Stangen vieles ein, aber nirgends macht es klick.

Kurz vor dem Ziel stößt sie auf das Dunkle, Warme und Weiche. Diese lebendige Eigenart des rätselhaften Etwas bleibt auch dann noch bestehen, als dieses sich groß vor ihr aufrichtet. Der Moment, in dem die zwiespältige Begegnung stattfindet, ist der wichtigste im ganzen Traum. In ihm halten sich das Entwicklungsträchtige und das Furchterregende genau die Waage. Die Energiebesetzungen sind sich gleich. Welches der beiden wird die Oberhand gewinnen? Dasselbe gilt für Beates Krächzen: Die Stimme kommt heraus und ist gleichzeitig gehemmt. Und dann fällt die Entscheidung: Der Traum schlägt nach rückwärts um. Das Bedrohliche und Dunkle wird stärker als das nach vorn ins Licht Ziehende. Beate bringt keinen Ton mehr hervor. Der vermeintliche »Teufel« draußen ist stärker als der erfahrbare Drang im Innern. Die jetzt mächtigere Angst zieht sie aus dem Traum heraus. – Nur durch diesen Abschluß wird Beates Traum zu einem Komplextraum. Doch ist sie weiter gegangen als vermutlich je zuvor. Und sie wird noch weiter gehen, diesmal ohne Begleitung. Die Lösung wird sie allein finden. Von hier an sind meine einzigen Quellen Beates schriftlicher Bericht – und meine Resonanz mit diesem.

Vierte Phase: Nach dem Erwachen spürt Beate noch den gleichen Druck auf dem Herzen wie bereits zum Schluß ihres Traumes. Immer noch also bedrückt die diffuse Vorstellung einer übermächtigen äußeren Gefahr ihr Herz, das sich doch danach sehnt, im warmen, vertrauensvollen Kontakt mit der Außenwelt zu pochen. Panische Gedanken jagen durch Beates Kopf. Dann erinnert sie sich an meinen wiederholten Hinweis, sich am leiblichen Ort der stärksten Bedrängnis mit den Händen lange und sorgfältig zu berühren. So legt sie eine Hand auf ihr Herz. Kaum hat sie das getan, merkt sie, daß etwas in ihrem Hals steckt, – wahrscheinlich der erstickte Schrei aus ihrem Traum. Deshalb legt sie die andere Hand an den Hals. Immer wieder rutscht sie aus der spürbewußten Aufmerksamkeit für diese beiden Selbstberührungen weg, und jedesmal kehrt sie wieder zu ihnen zurück. So übt sie sich ins Spürbewußtsein ein, dessen einer Pol, ich komme im nächsten Kapitel ein letztes Mal darauf zurück, der leibliche Empfindungsanker ist und dessen anderer Pol durch den jeweils stärksten Lebensimpuls repräsentiert wird, ob dieser im Einzelfall ein Gedanke, eine Emotion, eine Bewegung, eine Körperhaltung, eine Vorstellung – oder eine *Erinnerung* ist.

Beate erinnert sich, in der letzten Nacht geträumt zu haben, einem Gruppenteilnehmer, der ihr auf die Nerven ging, die Zunge herausgestreckt zu haben, und sie bringt diese Erinnerung mit dem Teufelsspiel in Verbindung: Das also ist ihr Teufelchen, die kecke Aggression, der freche Ausdruck ihrer Mißbilligung. Das Schreckgespenst des großen Teufels im Außen hat sich in das kleine Teufelchen in ihr gewandelt, und dieses findet den Weg in den passenden Ausdruck. Im Traum spielte also auch sie das Spiel *»Teufel komm raus«*! Sie denkt darüber nach und bleibt gleichzeitig in ihrer Berührung von Hals und Herz. Diese Verbindung der beiden erwähnten Pole im Spürbewußtsein ist es, die auch in Spontanritualen Schwellen überschreiten läßt. Beate schreibt: »Ich werde ruhiger.«

Und nun erlebt sie etwas Wunderbares: Ihr Hals wird warm und weich und ganz weit. Auch die dunkle Gestalt in ihrem Traum war warm und weich: *Auf sich selbst* also ist sie am Ende des gefährlichen Übergangs im Traum gestoßen! Solange wir spürunbewußt sind, begegnen wir uns wie Fremde und machen uns selbst angst: Eng zieht es sich in uns zusammen. Dann, spürbewußt geworden, wird es weit in uns, und die Verbindung zur Außenwelt ist frei. Beate könnte schreien, singen, lachen: Der Durchgang ist offen. Sie befindet sich auf der hellen, breiten Straße; darauf zu gehen war ihr Ziel. Reale Gefahren, die vermutlich auf dieser Straße, wie auf allen anderen Straßen des Lebens, ab und zu auftauchen, bewahren menschliches Maß und verführen nicht zur panischen Vermeidung in der Phobie. Das wohlige Gefühl breitet sich in Beates ganzem Körper aus. Das Warme und Weiche hat gesiegt. Es ist nicht mehr außerhalb, sondern gehört zu ihr, bedeutet Vertrauen ins eigene Dasein. Ihr Lebensgefühl ist klar geworden. Das Warme und Weiche in ihr hat sich aufgehellt. Nun kann sie sich auch ihrer Müdigkeit anvertrauen. Der letzte Satz in Beates schriftlichem Bericht lautet: »Ich schlafe ein.«

Der vierstufige Prozeß, den ich hier wiedergegeben habe, löste ihre Anfälligkeit für phobische Reaktionen nicht ein für allemal auf. Aber sie hat sich die ihr entsprechende Bahnung zu deren Überwindung geschaffen. Das nächste Mal wird es ihr vermutlich leichterfallen, die bereits gezogene Spur erneut zu begehen. Und jedesmal wird sich diese ein wenig vertiefen.

9
Kreativträume: Neues Leben setzt sich durch

»Ein Mann, der nicht eine Art Traumbild seiner Vollendung in sich trägt, ist genau so monströs wie einer ohne Nase« (*Chesterton*). Es fehlt ihm die »gute Nase«: das intuitive Gespür für neue Lebensmöglichkeiten. Ich ergänze Chestertons Aussage: Ein Mensch, der dem Traumbild seiner Vollendung nicht entgegengeht, ist ähnlich verkrüppelt wie einer ohne Beine. Er schwelgt im Traum, statt sich in dessen Sinne zu bewegen, eine im sozialen Umfeld der Tiefenpsychologie verbreitete Form eines subtilen, durch Bildung getarnten Narzißmus. Mein ganzes Buch handelt von der Möglichkeit, den Weg des Traumes nicht nur in der Vorstellung, sondern in Tat und Wahrheit zu beschreiten. Im letzten Kapitel über Komplexträume geschah die entscheidende Neuorientierung jeweils erst in dem auf den Traum folgenden Spontanritual. Das ist bei Kreativträumen anders. Die neue Richtung, die den einzelnen auf seine »Vollendung« hin orientiert, wird bereits durch den Traum selbst eingeschlagen. Was bleibt im Spontanritual noch zu tun? Ich erinnere daran, daß im Traum die den Lebensfluß hemmende psychische Kontrollinstanz schwächer als im Wachzustand ist. Hürden, die wir im Wachen nicht oder nur mit großer Mühe nehmen, überwinden wir im Kreativtraum manchmal spielend leicht, weil sie gar keine Hürden mehr sind. Treten im Traum trotz Schwächung der Kontrollinstanz immer noch schwierige Hürden auf, vermeiden wir sie oft durch Aufwachen. So entstehen Komplexträume.

Im Anschluß an einen Kreativtraum kehrt der Selbstinitiand im Spontanritual von allein, ohne Aufforderung des Therapeuten, vor jene Schwellen zurück, die zu überschreiten ihm im Traum vielleicht mühelos gelungen ist, geht es doch darum, die gleichen Energieklippen auch im Wachen, das heißt auch mit den üblichen Widerständen, zu überwinden. Oft muß er lange vor ihnen ausharren, so lange, bis er in lebendigen Kontakt mit seiner inneren Wachstumsinstanz kommt, also mit dem, was Chesterton das »Traumbild seiner Vollendung« nennt. Dies geschieht durch Spürbewußtsein, also durch jenes Bewußtsein, das selbst im Denken aufmerksam den Körper spürt. Der Übergang vom nur reflexiven zum auch spürenden Bewußtsein ist der entscheidende Schritt, der ein Menschenleben mit der Zeit in großer Tiefe wandeln kann. Gedanklich ist er leicht zu begreifen, doch der existentielle Vollzug kann nicht durch einen Knopfdruck des Verstandes erreicht werden, – deshalb nicht, weil er nicht nur Denken, sondern ebenso Emotion und Bewegung sowie Wahrnehmung durch die Sinne jederzeit miteinbezieht. Neulich rief ein Analytiker aus, der sich seit zwei Jahren in psychoenergetischer Ausbildung befindet: »Jetzt habe ich es begriffen.« Sein Aha-Erlebnis war von der Wandlung seiner Lebenseinstellung, von der Wende zum Spürbewußtsein nicht zu trennen. – Zum Verständnis des Spürbewußtseins tragen die Kategorien der Achtsamkeit im Buddhismus und der Gefühlskontinuität in der Gestalttherapie Wichtiges bei. Der psychoenergetische Begriff des Spürbewußtseins versucht, beide zu integrieren und weiter zu entwickeln.

In diesem Zusammenhang komme ich zur vollständigsten *Definition des Spürbewußtseins* in diesem Buch. Ich habe sie gegen Ende des letzten Kapitels bereits angedeutet. Spürbewußtsein bedeutet die permanente, weit fokussierte, für Veränderungen und Verschiebungen offene Selbstwahrnehmung im stärksten körperlichen Empfinden, bei welcher Emotion, Wahrnehmung in der Außenwelt, Begegnung, Vorstellung, Erinnerung, Bewegung, Körperhaltung, Denkleistung und Tätigkeit auch immer. Das Spürbewußtsein entsteht und festigt sich also immer *zwischen zwei Polen*: erstens dem wachen körperlichen Empfinden und zweitens der Aufmerksamkeit für den gerade aktivierten Lebensbereich. Im momentanen Spürbewußtsein fallen die beiden Pole ununterschieden in eins. Die körperliche Selbstwahrnehmung entspricht einem »Randbewußtsein«, das heißt, wir fixieren uns nicht auf sie, sondern sind ganz bei der Sache, zum Beispiel bei einer Tätigkeit oder einem denkerischen Problem, und gleichzeitig nehmen wir uns unscharf, doch kontinuierlich spürend im Körper wahr.

Vor Lebensschwellen, die wir in vielen Träumen leichter nehmen, empfinden wir im Wachen mehr *Widerstand*. Dieser ist weder zu bekämpfen noch sofort zu analysieren, sondern zunächst in gleicher Weise mit Spürbewußtsein zu »füllen« wie alle anderen Lebensäußerungen auch. Gelingt dies, was geschieht dann? Der Widerstand löst sich nicht einfach auf, sondern wandelt sich in die für jeden geordneten Lebensprozeß notwendige *Struktur*. Ohne den Widerstand vor einer neuen Schwelle würde die Lebensenergie chaotisch mal da, mal dorthin fließen, wie dies bei psychotischen Menschen geschieht, die den Widerstand als Teil der psychischen Selbststeuerung nicht genügend kennen. Der archetypische Sinn jedes Widerstandes ist die psychische Notwendigkeit von Grenzsetzung und Strukturierung.

Das spürbewußte Überschreiten von im Traum bereits überwundenen, aber noch spürunbewußten Lebensschwellen ist wohl die wichtigste Aufgabe des in Fortsetzung eines Kreativtraumes stattfindenden Spontanrituals. Anderen Aufgaben werden wir in konkreten Zusammenhängen von Traumbeispielen begegnen. Auch Kreativträume werden in manchen

Spontanritualen nicht nur spürbewußt »nachgeträumt«, sondern auch autonom weitergeträumt. – Ähnlich wie im letzten Kapitel erzähle ich auch in diesem Geschichten. Einige fallen kürzer aus, weil der Kreativtraum selbst meist einen größeren Teil der Arbeit als der Komplextraum erledigt. Außerdem kann ich bei Ihnen, meinen Leserinnen und Lesern, den theoretischen Hintergrund nun in fast jeder Hinsicht als bekannt voraussetzen. Fünf Geschichten setzen sich aus einem Traum und dem daraus gewachsenen Spontanritual zusammen. In den vier anderen gibt es aus einleuchtenden Gründen kein Spontanritual. Zwei davon betreffen Transzendenzträume, die unseren gewohnten Wahrnehmungshorizont sprengen. Nach einigem Zögern habe ich auch sie in dieses Kapitel aufgenommen. Im weiteren Sinne sind auch sie Kreativträume, obgleich sie im Wachzustand nicht weitergeträumt werden können.

Der Fall von der Kanzel

Ein 35jähriger verheirateter evangelischer Pfarrer mit zwei kleinen Kindern, der sich seit einem Jahr einer berufsbegleitenden Ausbildung in Gesprächstherapie unterzieht, bringt folgenden Traum in die Psychotherapiegruppe. »Mit anderen Menschen zusammen sitze ich unten in einem Kirchenraum. Lisa, eine mir unbekannte Startheologin, steigt mit wiegenden Hüften und ausladenden, exaltierten Gebärden die Wendeltreppe zur Kanzel hoch, als würde sie da oben eine Modekollektion vorstellen: eine große, blonde, auffällige Frau mit einem tiefen Dekolleté. Ich finde sie sehr sexy. Mit schwungvollen Verneigungen und Kußhändchen auf alle Seiten hin begrüßt sie das Volk zu ihren Füßen. Wie im Triumph wirft sie immer wieder ihre Arme hoch und hält mit brillanter Rhetorik eine eindrucksvolle Predigt, an deren Inhalt ich mich aber nicht erinnere. Voll Neid schaue ich zu ihr hoch; die Kanzel befindet sich auffällig weit oben. Immer wieder unterbricht Applaus aus dem Kirchenschiff ihre gekonnt formulierten Ausführungen. Darüber ärgere ich mich, ist doch Applaus in der Kirche verboten. Ich denke: ›Nächstes Jahr will ich an ihrer Stelle da oben stehen!‹

Auf einmal fällt die Startheologin Lisa von der hohen Kanzel herunter. Im Fall erhascht sie ein Seil und baumelt nun wie im Zirkus in weitem Schwung durch den Kirchenraum. Ein Schrei des Entsetzens geht durch die Reihen der Gläubigen. Sie versucht, mit Starallüren die mißliche Situation zu überspielen. Wie vorhin auf der Kanzel macht sie auffällige, künstliche Gebärden, als würde sie eine Zirkusnummer abwickeln, und stellt ein starres Lächeln zur Schau. Doch auf ihrem verkrampften Gesicht sehe ich wachsende Angst. Jetzt ruft sie nach dem Sakristan, er solle sie aus ihrer Lage befreien. Doch er reagiert nicht. Sie ruft noch einmal und bietet ihm hundert Mark. Das reicht ihm aber nicht; er rührt sich nicht vom Platz. Dann kann sie ihre Angst nicht mehr beherrschen und schreit in wilder Panik: »Tausend Mark!« Endlich bequemt er sich aufzustehen und sie vom Seil herunterzulassen. Genauer: Gleichzeitig mit ihr baumelt er zunächst am Seil. Beide erreichen sie dann zusammen den Boden und verlassen den Kirchenraum in Richtung Sakristei. – In einer zweiten Szene betritt Lisa wieder die Kirche. Sie wirkt völlig gewandelt. Ruhig, gesammelt, bescheiden, in einem unauffälligen Kleid, steigt sie die Wendeltreppe hoch. Nun steht sie wieder auf der Kanzel, doch ohne zu predigen. Sie spricht kein einziges Wort. In ihren Armen liegt ein Säugling, den sie innig lächelnd langsam wiegt.«

»Dieser Traum bringt mich durcheinander und bewegt mich sehr«, bemerkt der junge, sympathische Pfarrer, dessen Ehrgeiz mir bekannt ist, als erstes, »was ein schrilles, primitives Bild meiner Anima!« (Er ist ein guter Kenner der Schriften Jungs.) – »Was verstehst du unter Anima?« frage ich ihn. – »Mein ganzes Gefühlsleben. Ich bin nach Anerkennung und Ruhm süchtig; – komisch für einen Pfarrer, nicht wahr? Und triebhaft bin ich auch; neulich verliebte ich mich in eine junge Gemeindehelferin. Dabei habe ich eine tolle Frau. Gestern wollte ich für einen von mir verfaßten Artikel in einer Zeitschrift tausend Mark; das war übertrieben. Ich denke zuviel an Geld. Ein so mieser Sakristan bin ich also! Wie im Traum hängen wir am gleichen Seil, machen gemeinsame Sache. Immerhin ist er bodenständiger als ich, sonst könnte er mir nicht helfen. Einen so krassen Spiegel bekam ich noch nie vorgehalten. Ich schäme mich. Lisa, die Person auf der Kanzel, ist mir total peinlich. Und auf so was bin ich noch neidisch! Wie kann ich dieses lächerliche Zirkusweib nur sexy finden! Ich krieg mich nicht mehr ein.« – Das ist die Zusammenfassung der ersten Einfälle – zerknirschten »Einsichten« – des offensichtlich bekenntnisgewohnten Pfarrers. Während der schuldbewußten »Beichte« behält seine Ausstrahlung etwas pastoral Aufgesetztes und Demonstratives. Ich komme nicht umhin, in ihm auch jetzt noch die auffällige Startheologin Lisa zu sehen.

Auf einmal fällt der gequälte Ausdruck, der sein Schuldbekenntnis begleitet hat, von ihm ab. Entspannt richtet er sich auf. Seine Augen bekommen einen warmen Ausdruck. In der Vorstellung befindet er sich jetzt offensichtlich im zweiten Teil seines Traumes. Nach einer wohltuenden Pause sagt er leise: »Der Schluß erschüttert mich. Ich empfinde große Sehnsucht. Die Frau mit dem Säugling ist so anders. Liebevoll und intensiv schaut sie ihn an. Wie schön sie ihn wiegt! Was ich im Moment am stärksten spüre: Ich habe dieses kleine Kind sehr lieb.« – Tränen steigen ihm in die Augen, aber er unterdrückt sie schnell. Ich frage ihn: »Woran denkst du gerade?« – »An meinen kleinen Sohn. Er ist auch ein Säugling. Ich liebe ihn sehr. In letzter Zeit habe ich das Gespür für ihn verloren. Scheiße! Ich habe nur ein Bedürfnis: bald nach Hause zu gehen und ihn in die Arme zu nehmen.« Während er dies sagt, bewegt er sich wiegend hin und her.

Ich spiegle es ihm: »Jetzt wiegst du dich selbst. Du bewegst dich liebevoll hin und her und wiegst dich selbst.« Nun läßt er die lange zurückgehaltenen Tränen fließen. Ich weiß, daß seine Mutter kurz nach seiner Geburt gestorben ist. Er war ein zu wenig Gewiegter, zu wenig Geliebter, ein an der »Wunde der Ungeliebten« Leidender. Deshalb dieser unruhige Ehrgeiz, die Sucht nach Aufmerksamkeit und Applaus, dazu noch mit dem Segen der Religion. Bisher fand er keinen Boden unter den Füßen und hing mit seinen überhöhten, pseudoreligiösen Glaubenssätzen in der Luft, so wie Lisa an ihrem Seil. Sein bisheriges Leben entsprach einer Akrobatennummer. Jetzt ist es anders: Er baumelt nicht mehr in der eigenen Gefühlsöde, im Leerraum zwischen Himmel und Erde, Vorstellung und Wirklichkeit hin und her, sondern wiegt sich selbst mit wachsender Innigkeit. Das erste war eine neurotische Ersatzbewegung für das zweite, eigentlich Gemeinte. Ich mache acht Menschen aus der Gruppe ein Zeichen, und vereint wiegen sie ihn, der jetzt still und glücklich daliegt, auf ihren Armen. Keinen Ton mehr hören wir von ihm; Tränen laufen ihm über die Wangen. Von nun an wird seine wichtigste »Predigt« das Kind sein, das er in sich wiegt: seine einzige Botschaft, die es wert ist, gehört zu werden.[1]

Zum Schluß ein Hinweis über die Struktur dieses Wandlungstraumes, entsprechend der im zweiten und dritten Ka-

1 Vgl. P. Schellenbaum, Die Spur des verborgenen Kindes.

pitel erläuterten Geburtsmetapher: Das *»alte Leben«*, erster Teil eines Kreativtraumes, entspricht der langen Einführung, in der die Startheologin Lisa ihre alte Nummer abzieht. *»Die Schwangerschaft«* – zweiter Teil – beginnt mit dem Fall von der Kanzel und setzt sich im Bild der zwischen der oberen alten Position auf der Kanzel und der neuen unteren Position auf dem festen Boden hängenden Frau fort. Der *»Eintritt in den Geburtskanal«* – dritter Teil – geschieht durch ihren Hilfeschrei – der ersten echten Lebensäußerung – und ihre unrühmliche Rettung durch den geldgierigen Sakristan. Die *»Geburt des neuen Lebens«* – vierter Teil – äußert sich im Bild des von Lisa gewiegten Kindes.

Komm essen!

Auch der folgende knappe, rätselhafte, zweiteilige Traum einer feinfühligen und kultivierten Frau mittleren Alters, die allein lebt und in einem künstlerischen Beruf arbeitet, führt von oben nach unten auf den Boden alltäglicher Wirklichkeit, wenn auch in einem anderen Sinne. Seit längerem ist sie bei mir in Gruppentherapie. Vor kurzem hat sie eine Einzeltherapie bei einem Kollegen abgebrochen.

»Ich sehe dein Gesicht, Peter, links oben: Es ist ernst und intensiv. Es sagt: ›Du bist dicht dran: am Kaiser, am Tenno, am Schatten.‹ – Dann wechselt die Szene, und ich höre eine Stimme von links hinten: ›Zieh den Pullover an und komm essen.‹«

Der Traum faszinierte die Frau und machte sie ratlos. Am Abend, als sie ihn in der Therapiegruppe erzählte, fehlte die Zeit zu einem Spontanritual. So führten wir ein etwa dreiviertelstündiges Gespräch, das ich hier zusammenfasse. Der zweite banale Teil des Traumes berührt sie wenig, der erste dagegen sehr. Ihre »hochgemute« Seele ist von ihm angezogen. Ihren sehnsüchtigen, erwartungsvollen Blick nach links oben empfinde ich, seit ich sie kenne, als intensives Ausdrucksmoment. Im Traum ist von einem Kaiser die Rede, und nicht von irgendeinem, sondern vom japanischen *Tenno*, dessen Name bedeutet: »Himmlischer Souverän«, einem Gottkaiser, dessen Dynastie von der Sonnengöttin Amaterasu stammt. Die introvertierte Träumerin ist vom Zen-Buddhismus und allgemein von fernöstlicher Geistigkeit angetan. Sie spürt: Es geht um ihren *zentralen Wert*, um das, was ihrem Leben *Sinn* verleiht. Die orakelhafte Botschaft kommt von links oben, aus der Richtung ihrer Sehnsüchte, und aus meinem, ihres Therapeuten Mund. – Ich fühle mich etwas unbehaglich, und sage es ihr auch. Nicht, weil ich mich dieser Rolle aus Prinzip verweigere, sondern weil in meiner Resonanz mit ihr etwas ganz anderes zum Schwingen kommt, und ihre Übertragung des idealen Vaters sich meiner Resonanz entgegenstemmt, also darauf hinzielt, in mir eine entsprechende Gegenübertragung hervorzurufen. Es stört sie, daß ich nicht auf diese Rolle eingehe. Wir sprechen über eine frühere Übertragungserfahrung, die unglücklich endete und trotz einiger Gespräche letztlich unaufgelöst blieb. – Ihr sehnsüchtiger Blick nach links oben drückt auch viel Traurigkeit und Einsamkeit aus. Da oben hat sie noch nie wirklich gefunden, was sie sucht. Im Gegenteil: Sich selbst hat sie dabei verloren, seit den frühesten Erfahrungen mit ihrem Vater. Jedesmal, wenn sie sich nach oben links verliert, wird der Körper dieser attraktiven Frau unsinnlich, einsam, wie von allen guten Geistern verlassen. Und doch zieht es sie nach wie vor in diese Richtung, auch im Traum. So sind wir denn, zusammen mit ihr, ratlos.

Wohl oder übel – Gott sei Dank! – müssen wir uns an den Traumtext halten. Beim idealisierten Kaiser ist die Träumerin schon lange zu Hause. Warum heißt es denn, sie sei erst nahe dran? Offensichtlich ist mit dem japanischen Kaiser letztlich nicht die Idealisierung gemeint. Sie hat die Schwelle zu ihrem wirklichen Kaiser, ihrem Tenno, noch nicht überschritten. In »meiner« Stimme von links oben verdichtet sich also nicht nur die vertraute Überhöhung, sondern zusätzlich etwas Neues, Unbekanntes. Nennt der Traum nicht im gleichen Atemzug den Kaiser, den Tenno – und den *Schatten*? Diese drei scheinen zusammenzugehören. Was hat der japanische lichtvolle Tenno aus der Dynastie der Sonnengöttin mit dem dunklen Schatten zu tun? Schatten steigen doch nicht in den Himmel, sondern fallen auf die ganz gewöhnliche Erde. Eines läßt sich jedenfalls jetzt schon sagen: Die beiden ergänzen sich. Beide – Tenno und Schatten – ergeben zusammen eine Ganzheit. Erst ihre Verbindung macht klar, daß das *Selbst*, die regulierende Instanz in der Gesamtpsyche, gemeint ist. Aus diesem verkannten Zentrum stammt vermutlich die Faszination der Träumerin auch für das einseitige Gebot »Sucht, was oben ist!«[2] Aber das Obere wird erst in der Verbindung mit dem Unteren zur Lebensquelle.[3]

Nun schaut die Frau nach unten, doch nicht mit einem gelösten, eher mit einem traurigen, hoffnungslos resignierten Blick, – das ihr ebenfalls vertraute andere Extrem: Niedergeschlagenheit, manchmal sogar Depression nach dem Zusammenbruch einer Idealisierung. Jetzt ist sie unten, nicht auf dem Boden, sondern am Boden: bedrückt, heruntergedrückt; nichts Oberes zieht sie mehr: keine Hoffnung, kein Sinn, kein Entwicklungsziel. Die zwei entgegengesetzten Gemütszustände der einen gleichen affektiven Trennung. – Aber sie ist nahe dran; das behauptet der Traum.

2 Paulus, Brief an die Kolosser, 3,1.

3 Vgl. »Verankerung im Oben und Unten«, in: P. Schellenbaum, Nimm deine Couch und geh!, S. 95–100.

Diesem sind schon viele bedeutsame Lebensschritte vorausgegangen, mit denen sie ihrem wirklichen »Tenno« näher und näher kam: Gegenüber ihrem Vater hat sie ihre Selbständigkeit behauptet, unter eine quälende, zum Teil komplexhafte Beziehung den tapferen Schlußstrich gezogen. Ein Mann, mit dem sie ihre Sinnlichkeit eine Zeitlang gelebt hat, wohnte zwar viele tausend Kilometer entfernt, aber immerhin. Sie ist lebensfreudiger, erotischer, mutiger als noch vor wenigen Jahren. Erst auf diesem Hintergrund ist der Traum, der ihr verrät, daß sie nahe dran ist, möglich geworden. Die »große Kostbarkeit« ist im Dreck zu suchen, wie ein alchemistischer Spruch sagt: der Kaiser im Dunkel seines Schattens.

Kurz noch erwähnte ich in unserem abendlichen Gespräch den zweiten Teil ihres Traumes: »Zieh den Pullover an; du brauchst Wärme« und »Komm essen!« – Der Nebensatz, den ich, den Traumtext verdeutlichend, hinzugefügt habe »du brauchst Wärme«, löst bei ihr eine starke Emotion aus. Als würde sie erst jetzt aus ihrem Traum erwachen, schaut sie mich erstaunt an. »Das Wort Wärme berührt mich tief«, sagt sie. Ich stelle ihr in Aussicht, am nächsten Morgen vom Wort Wärme an weiterzumachen, falls es immer noch das stärkste Energiesignal sein würde.

Das war es in der Tat. Am nächsten Vormittag wählt sie ohne vorausgehendes Gespräch einen gemütsstarken, warmen Mann aus der Gruppe für die Rolle der Stimme aus, die im Traum von links hinten kam. Dort plaziert sie ihn in einiger Entfernung von sich und dreht ihm den Rücken zu. Er wiederholt die beiden Aufforderungen aus dem Traum: »Zieh den Pullover an und komm essen!« Sie rührt sich nicht. Da ruft er sie noch einmal mit dem gleichen Satz. Doch erst bei der dritten Aufforderung dreht sie sich um und geht langsam auf ihn zu: »Zieh den Pullover an. Er gibt dir Wärme.« Wiederum bewegt sie das Wort Wärme, diesmal noch stärker als am Vorabend. Sie zieht den Pullover an. Ihr Widerstand – eine tiefsitzende Entmutigung – schmilzt allmählich. Mehrmals wiederholt sie das Wort Wärme – ihr Wirkwort –, dann bricht sie in Tränen aus und sagt: »Ich friere oft. Mir ist fast immer kalt.« Der Mitspieler schaut sie liebevoll an. Nun legt sie sich in seine Arme und entspannt sich in kurzer Zeit. Nach wenigen Minuten löst sie sich sanft und bestimmt aus der Umarmung: Sie scheint zu merken, daß es um ihre eigene Wärme geht. Ihr Blick richtet sich nach unten und innen, während sie sich, nun wieder allein, sorgfältig liebevoll berührt und streichelt. Auch der zweiten Aufforderung des Traumes »Komm essen!« entspricht sie mit dieser Eigenberührung. Sie gibt sich Wärme und Nahrung. Dabei ist sie zentriert. Sie war nahe dran, jetzt ist sie drin. Der Kaiser offenbart sich im wärmenden und nährenden Spürbewußtsein. Ist die Orientierung einmal gegeben, fällt es leichter, sich in Bewegung zu setzen.

Der Weg durch das Kornfeld

Der nächste Traum stammt von einer sehr dünnhäutigen, ebenfalls künstlerisch tätigen Frau, die im Alter von sieben Jahren mitten in einem Kornfeld von einem jungen Bauernknecht vergewaltigt wurde. Das Kind erzählte niemandem von dem schwer traumatisierenden Erlebnis, das das spätere Gefühlsleben der Frau nachhaltig beeinträchtigte. Zur Bannung des in ihr ständig lauernden Grauens war der künstlerische Ausdruck lebensrettend. Sich mit Worten verständlich zu machen, fiel ihr immer noch schwer. Doch jedesmal, wenn ich Einblick in ihr Schaffen bekam, beeindruckte mich ihre Fähigkeit zur Selbstheilung durch den bildnerischen Ausdruck. Ihr Traum besteht aus einem einzigen Bild, einem einzigen Satz:

»Durch ein gemähtes Kornfeld führt eine Straße.«

Das Kornfeld ihres Kindheitstraumas hat sich in zweierlei Hinsicht gewandelt: Erstens ist es gemäht, und zweitens führt eine Straße hindurch und hinaus. Übersichtlichkeit und Freiheit der Eigenbewegung sind jetzt möglich, zwei Faktoren, die bei ihrer Vergewaltigung mit sieben nicht gegeben waren. Allerdings ist die Straße leer; auch die Träumerin befindet sich nicht auf ihr. Im Spontanritual jedoch spürt sie den Impuls, auf ihr zu gehen: Es zieht sie zur Straße. Doch kaum gibt sie dem inneren Drang ein wenig nach, ergreift sie Panik. Ihr Blick beginnt zu »schwimmen« und verliert sich in der Ferne. Ihr wird schwindelig. Sie schwankt, als werde sie im nächsten Augenblick ohnmächtig. »Ich möchte da durch, aber allein geht es nicht.« Als Gegenkraft zur frühen Überwältigung braucht sie jetzt unterstützende Begleitung. Zuerst bin ich es, der mit ihr geht, dann ein sehr einfühlsamer Gruppenteilnehmer, zu dem sie seit längerem Vertrauen hat. Die Kleinarbeit, die nun folgt, zeigt beispielhaft, wie sich ein symbolisches Traumbild durch ein Spontanritual nach und nach in eine lebendige, prägende, Orientierung schaffende Alternativerfahrung wandelt, die später auch ohne den unterstützenden Therapeuten wiederholt und erneuert werden kann. Der Traum für sich allein reicht meist nicht aus, um eine neue Spur so tief zu graben, daß sie auch ihr Begehen im Alltag ohne Begleitung ermöglicht. Erst das Hinzukommen der Bewegungskomponente schafft die dazu nötige Prägung. Der bloßen Vorstellung fehlt die motivierende Kraft der vollzogenen Gebärde. – Im Spontanritual macht die Frau *drei Erfahrungen.* Zunächst *die erste:*

Zögernd betritt sie, von den Bewegungen des Begleiters unterstützt, die Straße, die durch das Kornfeld führt, und tut auf ihr probeweise erste Schritte. Dabei identifiziert sie das Kornfeld links und rechts mit den Gruppenteilnehmerinnen und -teilnehmern, die auf beiden Seiten von ihr sitzen und sich mit ihr verbunden fühlen; das gibt ihr Kraft: das Gegenteil der stummen, hohen, von der übrigen Welt trennenden Ähren, die das Verbrechen an ihr ermöglicht haben. »Ich bin nicht allein«, sagt sie unsicher lächelnd. Auch in Zukunft wird der *lebendige Kontakt* mit den Menschen um sie herum oder, wenn sie allein ist, mit Menschen ihrer freien Vorstellung, mithelfen, sie vor dem Ausbruch der alten Panik zu bewahren. Dies teile ich ihr mit, und sie spürt noch eine ganze Weile den stärkenden Kontakt mit uns, mal mit offenen, kurz mal auch mit geschlossenen Augen. Ihr Begleiter faßt sie nicht an; es ist wichtig, daß sie auch in seiner Gegenwart, ihn und uns kontinuierlich spürend, allein, ohne fremde Berührung, Schritt um Schritt selbst geht.

Eine *zweite* ebenso wichtige *Erfahrung* folgt auf dem Fuß: Sobald sie auf der Straße durch das Kornfeld, dem frühen Ort ihrer traumatischen Überwältigung, still steht, steigt sofort Panik in ihr hoch, und sie erstarrt, unfähig zu fühlen, zu denken, zu sprechen. In dieser Erstarrung verbrachte sie, bevor sie therapeutische Hilfe suchte, lange Phasen ihres Lebens. Sie schlug tiefe Kerben in ihre Lebensgeschichte, machte manchen Aufbruch bald wieder zunichte. Doch war es der bestmögliche Weg: Lieber Erstarrung als willenloses Getriebensein, das in Selbstauflösung führt. Heute in ihrem Spontanritual versucht sie es mit einer dritten Variante: Wenn sie, spürunbewußt geworden, automatisch dazu neigt, still zu stehen, richtet sie ihre *Aufmerksamkeit* schnell auf *Beine und Füße* und vertraut sich ihnen an. Diese wollen nicht anhalten, sondern gehen: Die Bewegung setzt wieder ein, und sie geht weiter. Es ist nicht das erste Mal, daß sich ihre Erstarrung auf diese Weise löst, wohl aber, daß dies im Zusammenhang mit ihrem frühen Vergewaltigungstrauma geschieht. Und eben diese Verknüpfung erweist sich als entscheidend. Die Frau wird in Zukunft die dritte Variante – die Alternative zu Erstarrung und Auflösung – weiter üben und daraus mehr Vertrauen, Freiheit, Eigenantrieb und Lebenslust gewinnen.

Mit einer *dritten Erfahrung* rundet sich ihr Spontanritual: Es ist nicht gleichgültig, wie schnell sie schreitet. Geht sie zu schnell, drohen Getriebensein und Selbstauflösung; ist ihr Schritt dagegen zu langsam, saugt er sie in die Erstarrung. So probiert sie es mit einer mittleren Geschwindigkeit. Doch diese läßt sich nicht objektiv festlegen. Die *mittlere Frequenz* bleibt, auch wenn das Tempo variiert. Gerade in ihrer Flexibilität erweist sie sich als authentisch. Spürbewußtsein ist ihr einziges Kriterium. In Zukunft wird die Frau mit ihrem Tempo spielen, sowohl im Gehen als auch bei allen anderen Tätigkeiten, und darauf achten, bei welchem sie sich im gegebenen Moment am freisten und intensivsten erlebt.

Aus dem verdichteten Traumbild »Durch ein gemähtes Kornfeld führt eine Straße« erschloß das Zusammenspiel der drei geschilderten Erfahrungen – Kontakt, spürbewußtes Gehen, mittlere Geschwindigkeit – der Selbstinitiandin lebendiges Entwicklungspotential. Zwar konnte es das frühe Trauma nicht ungeschehen machen. Nachdem bereits der Traum das fixierte, Panik hervorrufende Kindheitsbild des Kornfelds, in dem die Vergewaltigung stattfand, um das Bild einer Straße erweitert hatte, geschahen im Spontanritual zusätzlich die ersten Schritte auf dieser Straße. Dieses setzte somit den Anfang zur Möglichkeit, das alte traumatische Situationsbild der Vergewaltigung, wann immer es später erneut auftauchte, aus freier Entscheidung wieder zu verlassen. Es war der erste Schritt in einem geduldigen Lernprozeß.

Gruppeninszenierung eines Traumes

Im Rahmen eines Traumseminars schlug ich vor, daß nicht nur die Träumerin selbst, sondern zu deren Unterstützung auch andere Kursteilnehmer ihren Traum mit inszenierten. Eine jüngere Frau stellte dazu diesen Traum zur Verfügung:

»Ich stehe auf einer Brücke, die über einen Fluß führt. Unten im Wasser schwimmen flüchtende Vietnamesen. Sie dürfen mich nicht sehen, sonst würden sie mich töten. Ich erreiche das Ufer und verstecke mich in einem hohlen Baum. Eine junge Vietnamesin mit einem Kind auf dem Arm geht vorüber. Sie sagt: ›Das ist sie!‹ – Ich bin erkannt, und doch weiß ich, daß diese Frau mich nicht verraten wird.«

Der Traum besteht aus *fünf Strukturelementen*: dem Fluß, der Brücke, den Vietnamesen als verfolgten Verfolgern, dem hohlen Baum und der jungen Vietnamesin mit dem Kind auf dem Arm. Die Aufmerksamkeit des Traum-Ich verlagert sich im Laufe des Traumgeschehens vom ersten bis zum fünften Element. Ich schlage ein Ritual vor, das den Traum in seiner Abfolge der fünf Strukturelemente nochmals begeht, und zwar mit drei Zielen: erstens, Intensivierung der Traumerfahrung; zweitens: Erweiterung des Verständnisses und drittens: Vertiefung der Deutung. Ich nenne dieses Gruppenritual nicht Spontanritual, weil es sich hinsichtlich seines Ablaufs und des Einbezugs der Gruppe nicht nach den momentanen Spürimpulsen der Träumerin richtet. Doch trägt die Gruppeninszenierung, wie ich zeigen werde, in hohem Maße zur Erreichung der drei genannten Ziele bei. Das macht den besonderen Stellenwert dieses Gruppenrituals aus.

Ich frage Carla – so nenne ich die Träumerin – nach ihren Einfällen zu jedem der fünf Elemente. Aus ihren Antworten wählt sie den emotional am stärksten besetzten Einfall zu jedem Element aus. Zu Fluß: »Ich bin in ständiger Bewegung.« Zu Brücke: »Ich bin genug belastbar, um aufzubrechen und das andere Ufer zu erreichen.« Zu den fliehenden Verfolgern: »Ich habe Angst.« Zum hohlen Baum: »Ich bin verwurzelt und gebe Schutz.« Zur Frau mit dem Kind: »Ich nehme mit den Augen Kontakt auf, und der Konflikt löst sich auf.«

Ich forderte die anderen Teilnehmerinnen und Teilnehmer auf, eines der fünf Elemente als das ihrige zu wählen. Wahlkriterium ist die stärkste Betroffenheit. Carla begibt sich nun zum Ort des ersten Elementes, zum Fluß, und lädt die »Flußmenschen« ein, sich als Flußlauf gemeinsam hinzulegen. Dann wechselt sie zum Ort der Brücke: Die »Brückenmenschen« formen nun zusammen eine Brücke. Dasselbe geschieht mit den »fliehenden Verfolgern«, den »Baummenschen« und den »Frau-mit-Kind-Menschen«. Soweit die Inszenierung. Das Ritual kann beginnen.

Carla taucht als erstes in den Fluß, sie *ist »Fluß«*. Nochmals quellen Einfälle aus ihr, und jeder der »Flußmenschen« trägt mit eigenen Einfällen zum Reichtum der Flußerfahrung bei. Carla wählt aus den Einfällen der anderen jene aus, die zu ihr passen. So erweitert sie den Erfahrungshorizont ihres Flußseins. Sie ist eine quirlige, lebendige, geistig und körperlich sehr bewegliche Frau, mit einer reich fließenden Phantasie, originellen Einfällen, mal sprunghaft wie ein Wasserfall, mal leicht plätschernd wie ein Springbrunnen, dann bedächtig und träge fließend, als würde sie im nächsten Augenblick stagnieren; aber es geht immer weiter, und schon kommt die nächste Stromschnelle, über die sie hüpft; sie ist heimatlos und einsam, hat keinen festen Ort, wo sie ganz zu Hause ist. Ihre Gebärden sind fließend, ohne Stockung, auch unstet und ohne Halt. Während sie sich in ihren Flußgebärden körperlich spürt, gerät ihre Emotionalität in strömende Bewegung. Auch bei jedem der »Flußmenschen« vermute ich – bei einigen bemerke ich es deutlich –, daß ein bestimmtes »Flußwort« sie besonders anrührt, zum Beispiel das Wort »einsam«. – Die individuellen inneren Prozesse der anderen klären und verstärken den Carlas. Sie begreift auch die kritischen Seiten ihrer Flußexistenz.

Nun ist sie gemeinsam mit den anderen »Brückenmenschen« ausschließlich *»Brücke«:* Sie und die anderen sprechen von den Lasten, die sie schon getragen haben, den Belastungen, denen sie in ihrem gegenwärtigen Leben ausgesetzt sind, von ihrer Belastbarkeit und dem, was ihnen lästig ist. Sie erzählen von ihrem Durchhaltevermögen vom einen zum anderen Ufer, den Spannungen, denen sie dabei ausgesetzt sind, der Erleichterung, auf der neuen Seite anzukommen, der Erfahrung mit schwierigen Übergängen. Und wiederum sammelt Carla das für sich Passende, äußert ihr Bedürfnis nach einem festen Brückenschlag, nach einem neuen, jetzt passenden Zuhause, nach Vertrauen in ihrer schwierigen Übergangsphase. Während sie dieses Bedürfnis äußert, spannt sie zusammen mit den anderen mit weitgreifenden Gebärden die Brücke, ist ganz Brücke, nähert sich dem anderen Ufer.

Doch bevor sie hier ankommt, sieht sie die schwimmenden Vietnamesen, wird zusammen mit anderen zur *»fliehenden Verfolgerin«*, schwimmt aus allen Kräften um ihr Leben, kontrolliert mißtrauisch die Umgebung, sucht sie nach Feinden ab. Aus eigenen und fremden Einfällen faßt sie dies zusammen: »Meine Beweglichkeit ist nicht nur die des Flusses, sondern auch die der Angst. Die Vietnamesen erinnern mich an den Vietnamkrieg: Lebensbedrohung, Verfolgung und Flucht. Jetzt spüre ich nur Angst. Wie oft habe ich als Kind und später im Erwachsenenalter, als wäre ich noch ein Kind, Menschen und Situationen vertraut, und wie oft wurde ich enttäuscht! Ich passe auf, daß mir das nicht noch mal passiert. Besser, *ich* greife die Männer an, als daß *sie* mich fertigmachen. Das schlimmste für mich ist, in einer Partnerschaft mich selbst zu verlieren. Ich bin auf der Hut. Ich bin mit dem Fluß verwandt, schwimme im Fluß, aber nicht ruhig strömend, sondern als unruhig Fliehende. Es fällt mir schwer, anderen, vor allem Männern, in die Augen zu sehen. Oft flieht mein Blick. Auch im Gespräch schweife ich immer wieder vom Thema ab und fliehe aus Angst, festgenagelt zu werden. Ich bin eine perfekte Ping-Pong-Spielerin mit Worten. Manchmal flirte ich mit dem Ziel, im Herzen nicht berührt und erkannt zu werden. So gelingt es mir, nicht greifbar, nicht begreifbar, nicht angreifbar zu werden. Flucht ist ungemütlich. Ich bin ein Vietnamese, also auch ein Mann; es stimmt: Wenn ich Angst habe, dann ist es mit meiner Weiblichkeit aus. Dann funktioniere ich wie ein Mann. Ich komme aus Vietnam. Mit östlichen Menschen verbinde ich ganz allgemein Innerlichkeit. Aus inneren Gründen also, nicht aufgrund äußerer Umstände, befinde ich mich auf der Flucht, auch wenn ich nach außen hin ein lustiger Kumpel bin. Und wenn mir einer zu nahe kommt, schlage ich zu – mit Worten und Handlungen –, bevor ich ihn richtig angeschaut, mit ihm Kontakt aufgenommen habe.« – Wiederum sind auch die anderen »Vietnamesen« sehr bewegt. Vermutlich hat jeder sein Komplexwort, den Ort seines Leidens, entdeckt. Die Spannung steigt in der ganzen Gruppe. Es geht nicht mehr bloß um Carlas Traum. Mittlerweile hat sich dieser zu einem Gruppentraum entwickelt. In Resonanz mit Carla spüre ich jetzt die Sehnsucht nach Ruhe, Verwurzelung, Geborgenheit.

Und schon befindet sich diese im *hohlen Baum*, ist selbst Baum und mütterlicher Hohlraum, symbolischer Schoß, Ort der Wandlung und Wiedergeburt wie viele hohle Bäume in den Mythen der Völker, wie die ausgehöhlten Baumstämme, mit denen Tote zur Fahrt in jenseitiges Leben übers Meer geschickt wurden. Wie ermutigend, daß sie dabei nicht allein ist, getragen vom Strom allgemein menschlicher Ahnungen und Erfahrungen, heute unterstützt von den anderen »Baummenschen«. Nicht hier oder dort sind wir verwurzelt, sondern als uns ständig Wandelnde hier und dort. Deshalb ist die Verwurzelung nicht zu trennen vom Fluß und von der Brücke. Hierhin hat der Traum Carla geführt. Sie faßt Vertrauen, wird ruhiger, zuversichtlicher, endlich bereit zur entscheidenden Begegnung.

Eine *Frau*, eine junge Vietnamesin *mit einem Kind auf dem Arm* geht vorüber. Im Innern Carlas und ihrer Mitspielerinnen und Mitspieler wird eine Frau wach. Sie ist nicht unfruchtbar. Ihr Leben verläuft nicht im Sande. Es wandelt und erneuert sich. Ein Kind ist geboren, und sie trägt es auf ihrem Arm. Auch sie, wie die anderen Vietnamesen, ist unterwegs, doch nicht als Verfolgte und Verfolgerin. Ihre Wahrnehmung ist klar und direkt, im Gehen bleibt sie bei sich, trotz äußerer Bedrohung. Sie ist eine Frau: sieht fühlend der Wirklichkeit ins Gesicht. Carla merkt: Sie sieht mich, ich werde angesehen. Und als Vietnamesin: Ich sehe Carla. Ich schaue nach innen und sehe mich an. Durch den Kontakt bin ich zwar in Bewegung, aber nicht auf der Flucht. »Das ist sie!« sage ich, die junge Vietnamesin. Warum sage ich nicht: »Das bist du?« Warum rede ich, als spräche ich zu einer dritten Person? Ich habe nicht die Absicht, Carla einem Verfolger auszuliefern. Es gibt keinen Verfolger mehr. Die Angst hat sich aufgelöst. Der Konflikt ist vorbei. Und doch sage ich: »Das ist sie.« Das klingt so sachlich. Es ist sachlich: Carla hat einen objektiven Wert, den ihr niemand wegnehmen kann. Bei aller sprudelnden Lebendigkeit ist sie eine sachliche, nüchterne Frau: in Kontakt mit sich selbst, und das ist das Allernormalste der Welt. – Jetzt bin ich wieder Carla, die die Vietnamesin vor sich sieht: Sie spricht zu mir in der dritten Person, aber ihr Blick sagt Du zu mir. Ohne Beimischung alter, überlebter Geschichten fühle ich mich in einem »objektiven« Kontakt zu mir selbst.

Carla hat eine klare, ruhige, warme Ausstrahlung. Sie schaut mich, ihren Begleiter, an, ich schaue sie an. Einen so langen und selbstverständlichen Blickkontakt mit ihr habe ich, seit ich sie vor zwei Jahren kennengelernt habe, noch nie erlebt.

Ich habe die Einfälle Carlas und ihrer Mitspielerinnen und Mitspieler nicht immer wörtlich wiedergegeben. Doch dem Sinne nach treffen meine Formulierungen zu. An einigen Stellen bezog ich Informationen aus früheren Arbeiten mit Carla ein. Es ging mir in erster Linie darum, Ihnen, meinen Leserinnen und Lesern, die Dynamik des Traumes und seiner Begehung in einem Gruppenritual zu vermitteln. Wir bekamen eine Ahnung davon, wie der Traum eines einzelnen auch zum Traum vieler in einer Gruppe werden kann. Haben die Mitglieder von Stammesgesellschaften bei der Inszenierung eines Großen, für den ganzen Stamm bedeutsamen archetypischen Traumes vielleicht etwas Vergleichbares erlebt?

Abschied

Fast in jedem Traum verdichten sich gegenwärtige mit analogen vergangenen Erfahrungen. Besonders deutlich wird dies in Träumen, die Menschen in Trennungssituationen haben. Trennungsschmerz in der Gegenwart verbindet sich mit frühen Verlassenheitsgefühlen. Je stärker diese sind, desto schwerer fällt die momentane Trennungssituation. Menschen, die an ihren Partnern klebenbleiben, obschon die Zeit der Liebe längst abgelaufen ist, haben in ihrer Kindheit oft an emotionaler Ferne der Mutter oder des Vaters gelitten.[4] – Diese »Verwirrung der Gefühle« – Vermischung von Trennungsimpuls und Sehnsucht in bezug auf den gleichen Menschen – aufgrund einer frühen Frustration kennzeichnet auch den Traum eines kräftigen, warmherzigen, verantwortungsbewußten Mannes um die Vierzig, der in einem gestalterischen Beruf tätig ist: Mathias.

»Mit mir im gleichen Raum befinden sich mehrere Erwachsene und auch Kinder im Alter von zwei bei drei Jahren. Eins davon, blond, eher ein Mädchen als ein Junge, ist bockig und trotzig, schlägt um sich und stampft mit dem Fuß auf. – Ich als Erwachsener, in meinem Alter, sitze auf einem Sofa, nehme das Kind auf den Arm in der Art, wie man das mit einem Säugling tut, und sage zu ihm: ›Du bist ganz in Ordnung, du bist gut, du bist gut!‹ Dabei spüre ich den Widerstand der anderen Erwachsenen gegen mein Handeln. Zuerst entspannen sich die Gesichtszüge, dann der ganze kleine Körper des Kindes, und es lächelt.«

Das Traum-Ich vermittelt dem Kind, was der Träumer als Kind selbst nicht genug bekommen hat: Liebe, Zuwendung, körperliche Nähe, Gehaltenwerden, Zuversicht und Vertrauen. Es verbündet sich mit einer Entwicklung, in der sich Mathias seit etwa drei Jahren befindet. Ich habe ihn als einen verunsicherten, körperlich angespannten, und, wenn es um Entscheidungen und klare Aussagen ging, als einen ziemlich diffusen, zögerlichen Mann kennengelernt. Mittlerweile ist er klarer, selbstsicherer, körperlich präsenter geworden. Immer noch ist sein Gesicht, vor allem im Kieferbereich, oft sehr angespannt, und zwar dann, wenn er sich in Frage gestellt fühlt und seine Aggression wie in einem automatischen Reflex zügelt. Doch merkt er es meistens

4 Vgl. »Unliebesspiele« in: P. Schellenbaum, Die Wunde der Ungeliebten, S. 20–34.

bald selbst, und durch Spürbewußtsein entspannen sich, vermutlich wie auch beim Kind im Traum, Kinnlade, Hals und der ganze restliche Körper erstaunlich schnell. Seine Verunsicherung löst sich auf, und die Wut findet ihren kongruenten Ausdruck.

Im Traum gibt es außer dem Traum-Ich noch andere Erwachsene: Anteile in ihm, die nach wie vor den Kontakt mit der kindlichen Quelle seines Leids und seiner Lebendigkeit mißbilligen, Elternfiguren, die ihn weiterhin auf Verlassenwerden und Ungeliebtsein programmieren »wollen«. – Das von ihm auf den Arm genommene Kind ist eher ein Mädchen als ein Junge: Als Kind hat der Träumer sich zeitweilig als Mädchen erlebt. Die männliche Geschlechtsidentität klärte sich in ihm erst nach und nach. – Ein letzter Hinweis: Der Träumer befindet sich im Traum auf drei Altersstufen: als erwachsener Mann im Traum-Ich, als zwei- bis dreijähriges Kind im ersten Trotzalter – da wurde sein Bruder geboren – und, durch die Art, wie sein Traum-Ich das Kind in die Arme nimmt, als Säugling. Diese drei Altersstufen treten auch abwechselnd im Spontanritual, das den Traum weiterträumt, auf. In der Wiedergabe von Mathias' Spontanritual halte ich mich weitgehend an den schriftlichen Bericht, den er mir überließ.

Er wählt die dritte Eingangstür in den Traum, das heißt, er identifiziert sich zu Beginn ganz mit dem zwei- bis dreijährigen Kind. Sein erster Satz fängt mit den Worten an: »Wenn ich nicht geliebt werde«, und mit diesen Worten ist er bereits mitten in eben diesem Alter: abhängig von äußerer Zuwendung. Für die Rolle des Traum-Ich, das ihm Halt gibt, wählt er eine etwas jüngere Frau aus. Sein körperlicher Ausdruck ist gehemmt, nun, da er anfängt, seinem Ärger mit Worten über die ungerechte Behandlung durch die Mutter Luft zu machen. Er klagt sie an und findet die Kraft zu einer Einsicht, die ihm früher unmöglich gewesen wäre:

»Du hast meinen zweieinhalb Jahre jüngeren Bruder mehr geliebt als mich, du hast ihn mir vorgezogen.« Darüber ist er sich klar. Vorbei ist die Verdrängung dieser Tatsache: Er ist bereit, den Schmerz zu fühlen. Seine Empörung über diese Ungerechtigkeit wird eindeutiger und schafft sich Raum. Er atmet tiefer, und nach und nach formt sich eine erste ausdrucksstarke unbewußte Gebärde aus ihm heraus: Er ballt seine rechte Hand zur Faust, aber sagt gleichzeitig: »Ich bin doch auch klein, nur drei Jahre.« Was mir in seiner Gebärde besonders auffällt, ist der Kontrast zu seiner linken Hand. Diese ist weit nach oben hin offen, als flehe sie um eine »milde Gabe«, ein »Herzensgeschenk«. Auch sein letzter Satz zeigt den gleichen Kontrast: Er spürt Aggressionen und weist im gleichen Moment auf sein kindliches Alter hin. Ich mache ihn auf den Kontrast in seinem Körperausdruck aufmerksam: die typische Spaltung früh Ungeliebter zwischen erwachsener Entschlossenheit und Unabhängigkeit einerseits und kindlicher Bedürftigkeit andererseits. Es ist noch nicht Zeit, das Aggressionssignal zu verstärken; dies entspräche einem künstlichen Willensakt und keinem durch bloßes Spürbewußtsein sich spontan steigernden Selbstausdruck. Das Aggressionssignal ist noch kein Energiesignal; denn Energiesignale geben sich unter anderem durch beginnende Ganzheitlichkeit zu erkennen.

Mathias braucht Wärme. Er erinnert sich an seinen Traum. Er will gehalten werden. Er legt seinen Kopf in den Schoß seiner Mitspielerin. Sie hält ihn und wiederholt den Satz aus seinem Traum: »Mathias, du bist gut!« Er glaubt es nicht: »Ihr schließt mich aus; wie kann ich da gut sein!« und etwas später zum vorgestellten Bild seiner Mutter: »Ich kann gar nicht gut sein! Du sagst doch, ich bringe dich noch ins Grab, ich sei dein Sargnagel.« – Bei dieser letzten Aussage spüre ich einen kurzen, wohltuenden Kontakt mit diesem Jungen, der sich mit aller Kraft dafür eingesetzt hat, geliebt zu werden, so daß die überforderte, durch eigene Probleme eingeschränkte Mutter nicht mehr ein noch aus wußte: eine vorwegnehmende Resonanz meinerseits.

Doch Mathias ist noch nicht soweit. Die ihn eiskalt umklammernde Gefühllosigkeit fing früher an. Über längere Zeit spricht er nicht. Er befindet sich im Säuglingsalter, im frühesten der drei Lebensalter im Traum. Ihn friert. Vor Kälte zittert er am ganzen Leib. Gruppenteilnehmer decken ihn zu. In seiner Mitspielerin hat er eine Frau »seines Herzens« gewählt, das heißt eine, die der »genug guten Mutter« entspricht, die in ihm schlummert und kurz vor dem Erwachen ist. Seine Wahl war unbewußter Ausdruck des sich verwirklichenden Entwicklungsdranges: die dritte Zeitdimension in jedem Kreativtraum, die beginnende Zukunft. Die Mitspielerin legt ihm die Hand aufs Herz. Er atmet tief und tiefer. Doch immer noch ist er sehr angespannt, fast wie ein spastisch verkrampfter, verlassener Säugling.

Das dauert eine ganze Weile. Dann setzt nach und nach wieder sein erwachsenes Bewußtsein ein und verbündet sich mit dem Kind, das nun sowohl drei Jahre alt als auch ein Säugling ist: Gleichzeitig mit allen drei Altersstufen ist Mathias jetzt ganz da. Ihm fällt ein: »Ich bin nicht gut, ich bin nicht schlecht, ich bin so, wie ich bin.« Bei diesem Satz entspannt er sich schnell und vollständig. Die Verbündung des erwachsenen Mathias mit dem Kind hat zum entscheidenden Entwicklungssprung geführt. Er atmet intensiv; noch braucht er Halt von außen. Wie zur Verstärkung des Gesagten fügt er hinzu: »Manchmal bin ich hart, manchmal bin ich weich; ich bin so, wie ich bin.«

Das ist seine Geburt als Erwachsener, der Energie aus seinem kindlichen Potential schöpft. Ich merke, daß er dazu neigt, an diesem Punkt abzubrechen. Doch muß sich das soeben in ihm erwachte neue Leben in seiner gegenwärtigen Beziehungssituation bewähren. Eine symbolische Geburt bedeutet nicht das Ende aller Probleme. Seit ein paar Wochen weiß er, daß seine Freundin ihn nicht liebt. Sie hat es ihm unmißverständlich gesagt. Vorhin, in der Gestalt seiner Mitspielerin, wurde er sich selbst zur guten Mutter und nahm somit indirekt Abschied von seiner äußeren Mutter, die den jüngeren Bruder vorgezogen hatte. In Kontakt mit dieser neuen Quelle wendet er sich jetzt zum Schluß an seine Freundin. Zunächst teilt er ihr mit, warum er sich in sie verliebt hat: Ihre Kraft und Zielstrebigkeit, ihre Fähigkeit, Wut, Ärger und Aggression Ausdruck zu verleihen, faszinierten ihn. Während er ihr dies mitteilt, merke ich, daß all dies jetzt deutlich in ihm selbst lebt. Er ist nicht mehr der pflegeleichte liebe Bruder, der sich höchstens ab und zu einen Wutausbruch ohne weitere Folgen leistet. Im Moment des Abschieds befindet er sich folglich in *Leitbildspiegelung* mit seiner früheren Partnerin! Und er fügt hinzu, er wisse wohl, was sie ihrerseits an ihm geschätzt habe – seine Wärme, zeitweilige Großzügigkeit und emotionale Kraft – »Auch du hast etwas davon in dir entwickelt.«

Auch Partnerschaften, die schließlich in eine Trennung münden, haben einen Sinn, manchmal sogar einen tieferen Sinn als lebenslängliche Beziehungen. Trennung oder Scheidung ist nicht gleichbedeutend mit Scheitern. Mathias lebt in diesem Moment ganz aus der Dynamik dieses Sinnes. Er wirkt frei, ernst, in innerer Übereinstimmung mit den äußeren Tatsachen. Eine tiefe Wunde spricht er noch an: seine vergebliche Hoffnung auf ein gemeinsames Kind. Damit ist alles gesagt. Er kann sich von seiner Partnerin verabschieden. Wird die beiden in Zukunft Freundschaft verbinden? Die Eindeutigkeit des Abschieds läßt darauf hoffen.

Über Transzendenzträume

Einige Träume sprengen den Rahmen von Raum, Zeit und Individualität. Das steht außer Frage. Ernstzunehmende Forschungen belegen es. Auch mit dem Risiko, insgesamt als unwissenschaftlich abgetan zu werden, darf unsere Wahrhaftigkeit in diesem Punkt nicht dem ÜberIch des positivistischen Vorurteils weichen. Es kann nicht mein Ziel sein, eine umfassende Darstellung dieser Träume, die ich Transzendenzträume nenne, zu geben. Ausführliche Literaturangaben dazu finden sich in Antony *Stevens'* Buch »Vom Traum und vom Träumen«.[5] Nach einigen Vorbemerkungen werde ich von zwei Träumen berichten, die den gewohnten Wahrnehmungsrahmen sprengen.

Die positivistische Voreingenommenheit hat etwas Gutes: Sie zwingt zur Nüchternheit. Viele Menschen reichern konfabulatorisch[6] ihre Träume mit wundersamen, außergewöhnlichen Details an und sind sogar in der Lage, dies zu verdrängen. Erzählt mir jemand in fiebrig aufgeheizter Stimmung einen scheinbaren Transzendenztraum, vermute ich jedesmal, daß das wundersame Element in diesem frei erfunden ist. Die Sucht nach Bedeutung ist Flucht aus der Alltagswelt.

Echte Transzendenzträume geben sich durch die nüchterne Selbstverständlichkeit zu erkennen, mit der sie auftreten. Selbst die numinose Gestimmtheit in manchen, keineswegs allen, Transzendenzträumen läßt die Urheber dieser Träume nicht vom Boden der Realität abheben. Im Gegenteil: Durch das Aha-Erlebnis, das sie auslösen, leiten

5 Vgl. Bibliographie am Ende des Buches.

6 Im psychiatrischen Sinne bedeuten Konfabulationen phantastische Geschichten, mit denen organisch Kranke ihre Lücken des Intellekts und Gedächtnisses ausfüllen. Hier brauche ich den Begriff »konfabulatorisch« natürlich nicht in diesem Sinne, sondern nur analog zu ihm.

sie zu einem neuen Erwachen in der alltäglichen Realität über.

Viele der *nur scheinbar auf Transzendenz verweisenden Träume* sind rational leicht auf eine von *drei Arten* zu erklären. Bereits Aristoteles hat auf zwei hingewiesen. *Erstens*: Unter den zahlreichen Träumen, die von zukünftigen oder sonstwie unbekannten Dingen handeln, treffen die allermeisten, was die äußere Realität betrifft, nicht zu. Sie müssen also anders – so nicht mehr Aristoteles, sondern die Tiefenpsychologie –, nämlich symbolisch gedeutet werden. Einige allerdings bewahrheiten sich auch in der Welt der Tatsachen. Von diesen lassen sich die meisten durch statistische Wahrscheinlichkeitsrechnungen erklären: Ab und zu gibt es auch *Zufallstreffer*. *Zweitens*: Oft spielt das *Verhältnis von Ursache und Wirkung* nicht, wie wir vielleicht meinen, von einer unbekannten Tatsache in der äußeren Wirklichkeit als Ursache zum Traum als »Wirkung«, das heißt zum Traum als eine Art Orakelspiegel, der eine vorgegebene, bisher verborgene Tatsache nicht bloß aufdeckt, sondern in umgekehrter Abfolge vom Traum als Ursache zur Wirkung, zur »Ver-wirklichung in der Außenwelt«. Zum Beispiel, so bereits Aristoteles, treten in Träumen Gedanken auf, nach denen sich der Träumer, ohne es zu wissen, im Wachzustand dann orientiert. *Drittens*: *Subliminale,* das heißt sich unter der Bewußtseinsschwelle ereignende *Wahrnehmungen*, zum Beispiel Körperempfindungen oder Wahrnehmungen, die andere Personen betreffen, finden nur in Träumen ihren adäquaten Ausdruck; im Wachzustand haben wir keinen Zugang zu ihnen.

Im Zusammenhang mit *diagnostischen Träumen* habe ich bereits darauf hingewiesen. So sah einer meiner Klienten im Traum an einer präzisen Stelle in seinem Kopf ein kleines schwarzes Etwas mit einer feuerroten Strahlung. Ich legte ihm eine medizinische Abklärung nahe. Diese ergab den Anfang eines operablen Hirntumors. – Ein anderes Beispiel: »Hall berichtet, daß jemand träumte, etwas in ihm explodiere. Kurz darauf wurde beim Träumer eine krankhafte Erweiterung der Aorta festgestellt.«[7] Dazu ein erschütterndes Erlebnis aus eigener Erfahrung, das allerdings nicht mehr als subliminale Wahrnehmung, sondern nur als transzendente, das heißt hier Raum und Individualität sprengende Erfahrung gedeutet werden kann. Am Tag, als meine aszendente Thorax-Aorta platzte, platzte auch wenige Stunden zuvor im Zürcher Heim, wo ich damals, vor dreizehn Jahren, mit meiner Frau lebte, der Heizkörper zuoberst im Haus, wo das Heizwasser umgewälzt wird. Am gleichen Vormittag versagte die Batterie meines Autos den Dienst. Vielleicht waren es diese beiden Vorkommnisse, die meine Frau unbewußt bewegten, mich zur Tramstation zu begleiten, wo ich zusammenbrach – ein Umstand, der mir das Leben rettete.

Wie nahe sind sich oft rational Erklärbares und Unbegreifliches! Mein letzter Bericht weist auch auf die Traumqualität jeglichen Lebens hin. Davon mehr im nächsten, abschließenden Kapitel. – Doch zurück zum Erklärbaren: Ich vermute, daß jeder mit Träumen arbeitende Therapeut von Fällen nur scheinbarer Transzendenz berichten kann.

Das gleiche gilt auch für die meisten *hellseherischen Träume*. Unser Gehirn speichert unzählige alltägliche Wahrnehmungen, die nicht ins Bewußtsein treten. Die Traumtätigkeit ordnet diese zu integrierenden Traumbildern. So berichtet Ann *Faraday* von einer Frau, die im Traum im Sportjackett ihres Mannes den Liebesbrief einer anderen Frau fand. Nach dem Erwachen ging sie zum Kleider-

7 A. Stevens, op. cit., S. 348.

schrank ihres Mannes und fand tatsächlich in seinem Jackett einen solchen Brief. Viele kleine subliminalen Wahrnehmungen im Zusammensein mit ihrem Mann, welche die Träumerin verdrängt hatte, fügten sich höchstwahrscheinlich zum entlarvenden Traumbild.

Nach diesen einschränkenden Vorbemerkungen einige Worte zu *prophetischen und synchronistischen Träumen*, die zu den echten Transzendenzträumen gehören. Aus der Geschichte sind viele Beispiele prophetischer Träume bekannt. Ich erwähne drei: »Zwar blieb Calpurnias Traum von der Ermordung *Cäsars* unbeachtet, doch Cäsars Nachfolger *Augustus* verdankte dem warnenden Traum eines Freundes sein Leben.« – Der amerikanische Präsident »*Lincoln* sah im Traum einen Sarg im Weißen Haus und Soldaten, die Totenwache hielten. Auf seine Frage, wer gestorben sei, erhielt er die Antwort: ›Der Präsident, von einem Mörder getötet.‹« Diesen Traum erzählte Lincoln am nächsten Morgen seiner Frau. Wenige Tage später trat das geträumte Ereignis ein.[8]

Auch von Klienten besitze ich schriftlich drei zweifellos prophetische Träume über den eigenen Tod, die sich im Abstand von drei Tagen bis zu einem Jahr erfüllt haben. Zwei davon habe ich in meiner Anfangszeit als Analytiker trotz eines unguten Gefühls rein symbolisch gedeutet. In beiden Fällen trat der angekündigte Tod genau so ein, wie ihn der Traum beschrieben hatte. Das war vor bald zwanzig Jahren. Mittlerweile nehme ich meine Gefühle ernster; so habe ich guten Grund zur Hoffnung, daß mir ein ähnlicher, durch unbewußte, rationalistisch getarnte Abwehr motivierter Fehler nicht mehr unterlaufen wird. Echte prophetische Träume zeichnen sich durch eine nüchterne, realistische Atmosphäre aus. Sie gleichen bloßen Berichterstattungen.

8 A. Faraday, Die positive Kraft der Träume, S. 164–165.

Die Reaktion des Träumers ist darauf abgestimmt. Zwar drückt sie Betroffenheit aus, rückt aber nie in die Nähe einer Bedeutungssucht.

Ebenfalls verbreitet sind *synchronistische Träume* zwischen Menschen, die in einer starken emotionalen Bindung zueinander stehen. Ich selbst habe ein gutes Dutzend aufgeschrieben. Auch in Paartherapien sind mir mehrere solcher Fälle begegnet. Oft träumen Menschen in Paarbeziehungen im Verlauf der gleichen Nacht das gleiche Traummotiv. Manchmal ist dieses so ausgefallen, daß mir seine Deutung als Zufallstreffer ausgeschlossen scheint. Zum Beispiel träumten in der gleichen Nacht ein Mann in Zürich und seine Frau in Frankfurt von einem Bergwerk, in dem eine kleine Katze geborgen wurde. – Solche verbindenden *Paartraummotive* sind natürlich außerordentlich wertvoll, um das, was für beide Partner gemeinsam ansteht, zu erfassen. In diesem Fall war der gemeinsame Hintergrund unterdrückte spontane Sinnlichkeit, welche die Paarbeziehung schwer gefährdete.

In seinem Roman »Der unbekannte Gast« formuliert Maurice *Maeterlinck* eine Theorie, die solche außergewöhnlichen Träume zwar nicht erklärt, ihnen aber immerhin einen verständlichen, hypothetischen Rahmen gibt. Er schreibt, daß »jedes Ereignis, ob vergangen, gegenwärtig oder zukünftig, an welchem Ort des Raumes auch immer, im Augenblick irgendwo existiert, in einer ewigen Gegenwart, und da es existiert, ist es uns möglich, daß wir in bestimmten Zuständen Ereignisse wahrnehmen, die in der Zukunft liegen, das heißt Ereignisse, die wir in unserer Reise durch die Zeit noch nicht erreicht haben.« Und er schließt: »Nach dieser Theorie ist jeder Traum die teilweise Bewußtmachung von Szenen oder Ereignissen in dieser ewigen Gegenwart, das heißt von Ereignissen, die vergangen, gegenwärtig oder zukünftig sein können.«[9] Für solche Phänomene entwickelte Jung seine Theorie der *Synchronizität*, das heißt des gemeinsamen Sinns von gleichzeitig sich abspielenden Ereignissen ohne Kausalnexus. Das Wort Synchronizität paßt insofern nicht ganz, als es dabei manchmal auch um zeitlich auseinanderliegende Ereignisse geht, die ohne Wirkzusammenhang eine Verbindung und einen gemeinsamen Sinn ergeben. Treffender ist es, allgemein vom *»Gesetz des akausalen Angeordnetseins«* zu sprechen. Auch dieser Ausdruck stammt von Jung.

Jetzt ist es zu Ende: ein Transzendenztraum

Ich erzähle und kommentiere nun einen Traum des im Dezember 1996 an Krebs verstorbenen liebenswürdigen italienischen Filmschauspielers Marcello *Mastroianni*, und darauf ausführlicher einen eigenen Traum. Beide vermitteln auf verschiedene Art Transzendenzerfahrungen. Mastroianni, der galante Vertreter der Italianità, bezeichnete in einem Interview mit dem französischen Wochenmagazin *Paris Match* drei Monate vor seinem Tod diesen Traum als bedeutsam. Er hatte ihn ein Jahr zuvor geträumt, noch ohne um seine Krankheit zu wissen. Offen ist, ob er damals bereits an Krebs erkrankt war. Doch da es sich nicht um einen diagnostischen Traum handelt, ist diese Frage kaum von Bedeutung.

»Ich spazierte in Rom, in den Studios der Cinecittà. Niemand war da. Alle Gänge waren völlig leer. Plötzlich bemerkte ich winzige Arbeiter. Sie trugen Dekorationen zur Bühne. Keiner grüßte mich. Sie sahen mich nicht. Deshalb

9 Zitiert bei A. Stevens, op. cit. S. 39–40.

ging ich zur Bar und dachte: ›Einer muß mich ja wohl kennen‹, aber ich konnte nicht eintreten. Ich war zu groß, wie ein Riese. In diesem Augenblick erwachte ich und dachte: ›Scheiße! Jetzt ist es zu Ende.‹«[10]

In diesem jenseitigen, rätselhaften Traum verdichten sich mehrere Faktoren. In der vertrauten Umgebung der Cinecittà, wo er zahlreiche Filme gedreht hat, ist Marcello nicht mehr zu Hause. Das Gewohnteste ist ihm fremd geworden. Doch nicht nur das. Er, der kommunikative, kontaktfreudige, umschwärmte Mann sieht alles und wird doch nicht gesehen. So stellt sich die Tradition des Aberglaubens das Leid von *Totengeistern* vor. Unzählige Menschen auf der ganzen Welt bewunderten Marcello auf der Leinwand. Er selbst sah nur Tausende, aber Millionen sahen ihn. Der überall gerngesehene Mann ist zu Luft geworden. Das frühere Leben entlarvt sich als Schein und Trug. Der Tod korrigiert ein lebenslängliches Mißverständnis. Der nun zerrissene Schleier der Maja fegt die einstmals von quirligem Leben pulsierenden Gänge leer. Noch irrt der große Geist Marcello durch die Gänge. Wie lange noch? Wie im Märchen »Alice im Wunderland« ist nicht die Hauptfigur gewachsen, sondern die anderen sind geschrumpft: die radikale Entwertung eines bisher so hoch bewerteten Lebens für das Gesehenwerden. Der Traum stimmt auf den Tod ein. Marcellos letzte rührende Hoffnung ist die Bar, italienische Drehscheibe lockerer, unverbindlicher Kontakte. Doch kann er sie nicht betreten. Er meint, er sei zu groß. Aber die Perspektive des Todes ist dabei, alles bisherige Leben radikal zu verkleinern. Der Perspektivenwandel schneidet den Faden zur Welt ab. So machen sich die Parzen ans Werk. Ein erster Hauch von Einsamkeit, die den vor

10 Wochenmagazin Paris Match, S. 50, Paris 2. Januar 1997. Die Übersetzung aus dem Französischen stammt von mir.

dem nahen Tod Erschaudernden umweht. Eine Ahnung davon, daß ihm der Tod seit Beginn seines Daseins in den Gebeinen saß. Ein Traum, der zur Wirklichkeit erwachen läßt, die Zerstörung einer fatalen Illusion.

Was geschieht, ist bereits geschehen: ein weiterer Transzendenztraum

Ich erzähle nun den sonderbarsten Traum, den ich je hatte. Er stammt aus der Nacht vom 6. zum 7. Oktober 1996. Die Stimmung, die in ihm herrschte, war mit nichts vergleichbar, was ich vorher und nachher träumte. Woran das liegen mochte, versuche ich deutlich zu machen. Doch hier zunächst der Traum selbst.

»Ich bin ein Mann um die Dreißig: etwa 1,75 Meter groß, also um zehn Zentimeter kleiner als in Wirklichkeit, schlank, mit breiten Schultern, sportlich, mit braunem Haar und blasser Gesichtsfarbe. Das bin in diesem Moment ganz ich, und gleichzeitig weiß ich schon im Traum, daß ich mich in einer Geschichte befinde, die bereits geschehen und abgeschlossen ist. Im Traum selbst kommt mir der Vergleich: Der Bericht ist schon zu Ende geschrieben. Auch wenn ich erst am Anfang bin, kann ich ihn nicht mehr ändern, einfach deswegen, weil der Schluß schon geschehen ist. Ich weiß, daß ich diese Geschichte träume, aber es ist völlig anders als in einem Klartraum. In diesen könnte ich eingreifen, aber in meine jetzige Geschichte nicht, ebensowenig, wie ich reale Ereignisse aus meiner Kindheit oder Jugend ungeschehen machen kann. Im Traum selbst denke ich nicht: Es ist nur ein Traum. Zwar weiß ich, daß es ein Traum ist, doch gleichzeitig auch, daß ich eine Geschichte erlebe, die ich offensichtlich vergessen habe. Das schafft die erwähnte sonderbare Stimmung: alltäglich real und auch fremd und irreal.

Die Geschichte spielt im Nazi-Deutschland 1938. Mit einem Mann, den ich nur vage, wie einen stummen Schatten neben mir wahrnehme, bin ich unterwegs, um eine Jüdin zu suchen. Auch das ›steht geschrieben‹. Ich habe keine Ahnung, warum, und mache mir auch keine Gedanken darüber. Die Jüdin zu finden, ist das einzige, was jetzt zählt. Die Situation ist sehr gefährlich. Es ist Nacht. Kurz treffen wir sie ein erstes Mal. Sie ist eher klein, hat braune Augen und braunes Haar mit Dauer- oder Fönwellen. Obwohl ich sie zum ersten Mal sehe, ist alles selbstverständlich und vertraut. Zwischen uns herrscht eine ruhige, klare Intensität. Bald gehen wir wieder auseinander. Neuer Treffpunkt wird ein Café sein, das haben wir vereinbart. Die Atmosphäre wird immer geladener, gefährlicher. Überall SS-Männer. Sie hacken einigen Leuten den rechten Fuß ab. Es ist unter Todesstrafe verboten, die Jüdin zu treffen. Nun sitze ich mit dem schattenhaften Begleiter im Zug. Durch das Fenster blicke ich auf Nürnberg, wie ich es von alten, vor der Zerstörung durch den Krieg entstandenen Fotos her kenne. Wir sind auf dem Weg zur Jüdin. Die Gefahr steuert dem Höhepunkt zu. Ich weiß: In ganz kurzer Zeit, vielleicht im nächsten Augenblick, werde ich sie treffen. Da erwache ich.«

Ebenso sonderbar wie der Traum selbst war die Art und Weise, wie ich ihn erinnerte. Es war, als ob jemand anderer in jedem Augenblick physisch die Erinnerungen aus mir heraus fortzog. Ich brauchte ungeheuer viel Entschlossenheit, um dem Sog ins Vergessen entgegenzuwirken. Während ich mich erinnerte, wußte ich: Es ist alles klar und unmißverständlich. Und doch war ich zeitweilig wie blind. Ich schaute hin und sah nichts. Es war anders als bei normalen Traumerinnerungen. Natürlich kenne ich auch in Zusammenhang mit letzteren die Neigung zur Verdrängung und die dieser entgegenwirkende Ausdauer. Ich versuche selbst zu begreifen, wo der stimmungsmäßig eindeutige Unterschied liegt. Vielleicht darin, daß ein normaler Traum in der Phantasie des Wachzustands eine natürliche Verbündete hat, nähren sich doch beide aus der gleichen kreativen psychischen Quelle. Ich konnte den noch halb im Unbewußten schlummernden Traum nicht wie sonst mit meiner gut entwickelten intuitiven Phantasie abtasten, bis plötzlich eine deutliche Erinnerung aufgetaucht wäre. Hier war mein eher mäßiges Faktengedächtnis gefragt. – Soeben habe ich meine Erinnerungsnotizen ein zweites Mal durchgesehen und bin mit Verwunderung auf meinen letzten Satz gestoßen, den ich völlig vergessen hatte. Er gehört noch zum Traumbericht und lautet: »Ich weiß, daß wir drei sterben werden.« Der Sog ins Vergessen dauert also noch an.

Es gibt in diesem Traum ein einziges Bild, das ich als »traumhaft«, das heißt mit der üblichen Stimmungsqualität eines Traumes behaftet erlebt habe, nämlich das Bild der Leute, denen SS-Soldaten den rechten Fuß abhacken. Dieses Motiv hat den gleichen halluzinatorischen Charakter wie Bilder aus anderen Träumen. Wenn ich es mir vergegenwärtige, verschwindet kurz die erwähnte sonderbare Stimmung. Aus dem Grund muß ich diese einzelne Sequenz wohl symbolisch verstehen, vielleicht als Ausdruck meines durch Angst hervorgerufenen Widerstands, mich auf die Jüdin hin in Bewegung zu setzen (der abgehackte rechte Fuß). Davon habe ich im Traum allerdings nicht das Geringste bemerkt. Falls meine Deutung zutrifft, würde dieses »normale« Traumbild meine Unbewußtheit bezüglich des Angstwiderstandes ausgleichen.

Ein weiterer Hinweis drängt sich mir auf. Die Stimmung im Traum wird überhaupt nicht von schicksalhafter Bedeutsamkeit geprägt, wie zum Beispiel in einem griechischen Drama, in dem alles auf das unausweichliche, vorherbestimmte tragische Ende hinzielt. Zwar herrscht große Gefahr, und vermutlich endet die Geschichte mit unserem Tod. Mein Wissen darum am Schluß des Traumes hat jedoch nichts Prophetisches, sondern entspricht einesteils einer richtigen Einschätzung der Sachlage und andernteils einer Art Erinnerung an bereits Geschehenes, dem Gegenteil einer Vorausschau. Bei allem Außergewöhnlichen der Situation ist das Gefühl doch realistisch und alltäglich. Das gilt auch in bezug auf die Jüdin. Sie ist mir nahe und vertraut, als würde ich sie schon lange kennen; die für Projektionen typische Fixierung und Vernebelung fehlen aber völlig. Von der Gestimmtheit her spricht nichts für die subjektstufige Deutung der Jüdin als Anima-Figur. Eher herrscht ein Gefühl wie zwischen zwei Menschen, die seit langem zusammenleben und die Kinderkrankheiten der positiven und negativen Projektionen, also der Idealisierung und Verteufelung, der Überschätzung und Abwertung schon längst abgelegt haben.

Sie, meine Leserinnen und Leser, gewinnen vielleicht den Eindruck, ich neige mit meinem Bericht dazu, Ihnen die Deutung dieses Traumes als eines Einblicks in ein Leben, das meinem jetzigen voranging, nahezulegen. Bin ich nicht 1939 geboren, also wenige Monate nach dem Geschehen im Traum? Und doch, es ist die Wahrheit, nichts in mir drängt zu dieser Deutung. Vielleicht hängt es mit meiner jetzigen Art zu denken, zu fühlen, zu leben zusammen. Im gegenwärtigen Augenblick ist alles enthalten. Dessen Ausfaltung in einer Geschichte ist real, aber sekundär. Wohl aus diesem Grund interessiert mich die Gretchenfrage nach der *Reinkarnation*, die mir in letzter Zeit oft gestellt wurde, wenig. Die Intensität meines Lebens hat nichts mit der Antwort auf diese Frage zu tun. Ich erlebe meinen sonderbaren Traum mit der Selbstverständlichkeit einer Erfahrung im Hier und Jetzt. Allein diese zählt. Weitergehende Deutungen, ob sie zutreffen oder nicht, stören mich eher und schwächen mein momentanes Erleben. Deshalb zieht es mich nicht zu ihnen hin.

Am Rande spielt bei meiner Einstellung auch die Erfahrung mit einer ganzen Anzahl von Menschen unserer westlichen Kultursphäre mit, welche die Frage nach der Reinkarnation zur Kernfrage ihres Lebens hochstilisieren. Bei vielen von ihnen habe ich die Angst, in der Gegenwart mit ganzer Hingabe zu leben, festgestellt. Westliche Anhänger der Reinkarnation verfolgen mit dem Glauben an diese oft den Wunsch nach Verlängerung des individuellen Lebens zurück in die Vergangenheit und nach vorn in die Zukunft. Das ist das Gegenteil von dem, was die Buddhisten mit der für sie selbstverständlichen Reinkarnation verknüpfen, nämlich den Wunsch nach Verkürzung und schließlichem Ende der Wiedergeburten. Neulich hörte ich den *Dalai Lama*, der dem Sinn nach sagte: Reinkarnation ist eine mißliche Angelegenheit. Das höchste menschliche Ziel besteht darin, zu erwachen, das heißt unabhängig von ihr zu werden, das Rad der Wiedergeburten aufzuhalten, die Verhaftungen an das Leben zu lösen. Ihn spürte ich in wohltuendster Weise als frei von Angst, also auch von Abhängigkeit. Die Fixierung auf das Thema Reinkarnation ist das Gegenteil davon. – Während ich mich mit der ganzen seelischen Kraft, die mir zur Verfügung steht, solange als nötig ausdauernd bemühte, das Geschehen im obigen Traum in der Gegenwart zu erinnern, fühlte ich mich immer freier und bekam eine Ahnung vom Erwachen, das der Dalai Lama ansprach.

Trotz allem, was ich über die Reaktion auf meinen Transzendenztraum geschrieben habe, kann ich nicht ausschließen, daß ich etwas im dunkeln behalte, das ich vielleicht doch aufhellen könnte. Warum träumte ich diesen Traum gerade zum besagten Zeitpunkt? Wer ist mein dunkler Begleiter? Tabuisiere ich etwas? Eines jedenfalls steht fest: Zum jetzigen Zeitpunkt will ich nicht in gewohnter Weise an diesem Traum arbeiten. Das in ihm enthaltene Geheimnis braucht Zeit, um in mir wirken zu können. Eine vorschnelle Deutung, ob sie nun richtig oder falsch wäre, könnte die Wirkung abschwächen. Deshalb respektiere ich ähnliche Entscheidungen auch von seiten meiner Klienten – und behalte sie im Gedächtnis. Manchmal kommt zu einem späteren Zeitpunkt eine Erfahrung oder Einsicht, die an den Traum anknüpft und ihn verständlicher macht. In anderen Fällen bleibt es bei der Ehrfurcht vor einem nicht auflösbaren Geheimnis.

Ein Stier springt aus Hitlers Bild

Das Dritte Reich wirkt nach wie vor intensiv in der Psyche zumindest jener Menschen nach, die dem deutschen Kulturkreis angehören. In Träumen wird es auffällig oft thematisiert, auch bei nicht persönlich Betroffenen. Während in meinem Traum die Seite der Opfer belebt wurde, möchte ich nun zeigen, wie auch auf der Seite derer, die sich mit der Naziherrschaft identifiziert haben, Wandlung und Entwicklung stattfinden können. Ich tue es mit dem Bericht eines nunmehr zweiundsiebzigjährigen Mannes, den ich auch stellvertretend für viele andere zu Worte kommen lasse. Dessen Traum – auch er ein Kreativ-, aber kein Transzendenztraum – soll meinen vorigen Traum durch einen Wechsel der Perspektiven inhaltlich ergänzen. Mit wenigen Auslassungen zitiere ich den eindrucksvollen Bericht des Traumes und eines Hinweises zu dessen Wirkungsgeschichte wörtlich:

»Der Traum ist nun sage und schreibe ca. 49 Jahre alt. Ich

will ihn Dir mitteilen, weil er gerade in den letzten Wochen wieder in mir auftauchte... Ich war damals Anfang Zwanzig und bei dem Jungianer XY in meiner ersten Analyse. Bis dahin habe ich nach dem verlorenen Krieg... und dem jämmerlichen Untergang des Hitlerreiches immer noch ziemlich fanatisch an diesem Idol Hitler gehangen. Hier nun der Traum: ›In der Küche in dem Haus..., wo ich meine Kindheit bis zum zehnten Lebensjahr verbracht hatte. Oben auf dem erhöhten Fenstersims ein riesengroßes Plakat, das Hitler in einer kämpferischen, militanten Pose zeigt. Gebannt starre ich auf dieses Bild. Und was passiert da? Aus ihm, dem Bild, springt plötzlich ein gewaltiger, sehr kräftiger Stier heraus, und direkt auf mich zu!‹ Dann erwache ich.«

»Mir sagt dieser Traum alles, um das es für mich – und nicht nur für mich – im damaligen Deutschland ging: Die ungeheure seelische Kraft, die wir irrtümlicherweise in diesen Mann und seine wahnsinnige Ideologie investiert hatten. Durch bloßes Betrachten dieses Phänomens – nicht durch intellektuelles Diskutieren –, nein, nur durch gebanntes Betrachten, kehrt zu uns jene vitale, fast tierhafte Energie zurück, die wir dorthin projiziert hatten – sie kehrt zu mir zurück.«

Eine Holzfigur erwacht

Zum Schluß dieses Kapitels über Kreativträume kehre ich zur Verbindung von Traum und Spontanritual zurück. Auch meine letzte Geschichte berührt eine Grundthematik unserer Träume: *Lösung aus Erstarrung und Isolierung.* Zugleich soll sie zum nächsten, letzten Kapitel überleiten, in dem es um Erwachen geht.

In einer neuen Therapiegruppe sitzt ein mir bisher unbekannter kraftvoller Mann um die Vierzig, der mich mit großer Intensität anschaut. Er drängt sich nicht vor, aber aus seiner Art sich zu melden, merke ich, daß er zu einem entscheidenden Lebenssprung bereit ist. Es ist das erste Mal überhaupt, daß er die Schwelle zu einer Psychotherapie überschreitet. Nach seiner Ankunft in Orselina ist er nachts zweimal unvermittelt aus dem Dunkeln vor mir aufgetaucht. Beide Male ein Übergang aus einsamer Dunkelheit in den klaren Kontakt. Meine Erfahrung in diesen Begegnungen mit ihm konkretisiert sich in dem Prozeß, von dem ich nun berichte. Hier der kurze Ausgangstraum:

»Oberhalb eines Sees fahre ich der Straße entlang. Auf dem Seegrund sehe ich eine Holzfigur. Kaum gesehen, verliere ich sie aus den Augen. Dann findet mein Blick sie wieder. Sie hebt die linke Hand.«

Das auf den Traum folgende Spontanritual ist in einer Hinsicht ungewöhnlich. Der Selbstinitiand spricht dabei kein einziges Wort. Ich merke, daß dies so sein muß, und beharre nicht auf meiner Einladung, das Erlebte zu beschreiben. Die verbale Verarbeitung wird später kommen. Es gibt keine Regel, die nicht auch Ausnahmen erfordert. Wie selbstverständlich identifiziert er sich gleich zu Beginn mit der Holzfigur auf dem Seegrund. Unbeweglich liegt er da. Mit spürender Aufmerksamkeit wandert er durch seinen Körper, auf der Suche nach einem spontan auftauchenden kleinen Lebensimpuls, einem Energiesignal. Der Traum arbeitet weiter in ihm. Wie die Holzfigur im Traum hebt er jetzt mehrmals seine linke Hand und läßt sie gleich wieder fallen, als wäre sie ein Stück Holz. Nun liegt er wieder hölzern da; seine ganze Muskulatur ist angespannt, als könnte es gar nicht anders sein. Nicht die geringste Bewegung, nicht die leiseste Vibration. Der linke Arm ohne jede Zuckung »wie für alle Ewigkeit« in einer höchst unbequemen Stellung leicht angehoben, der Daumen abgespreizt. In Spontanritualen treten manchmal vorübergehend Zustände ein, die an psychiatrische Krankheitsbilder gemahnen, ohne jedoch im geringsten pathologisch zu sein. Das Bild, das uns der Mann bietet, erinnert an *Katalepsie.*[11] Der Zustand dauert eine ganze Weile. Es ist wesentlich, daß der Mann nichts daran willentlich verändert. Das aufmerksame sich leiblich in der hölzernen Bewegungslosigkeit Erspüren, wozu ich ihn von Zeit zu Zeit einlade, wird früher oder später von innen heraus seine Wirkung tun. An den nach längerer Zeit tiefer werdenden Atemzügen merke ich, daß sich sein Spürbewußtsein intensiviert.

Ganz unerwartet entspannt sich sein Körper in kurzer Zeit vollständig. Jetzt ist er ganz da. Zuerst rühren sich seine Zehen ein klein wenig. Dann bewegt er sorgfältig seine rechte Schulter. Ich weiß, daß ihn diese seit längerer Zeit schmerzt. Nun rollt er sie richtig, die Bewegung wird flüssiger, der Gesamteindruck lockerer. Ich sehe, daß der Schmerz abnimmt. Jetzt krault er mit beiden Schultern und Oberarmen. Dabei kommt nach und nach auch der Oberkörper in Fahrt: Durch das regelmäßige, kräftige Atmen hebt und senkt er sich mehr und mehr. Auch das Becken beginnt sich leicht und dann immer kräftiger und lustvoller zu bewegen, und schließlich stimmen auch die Beine und Füße in eine jetzt harmonische, in sich stimmige Gesamtbewegung ein, die niemand durch bloße Willensanstrengung erreichen kann. Sie ist das Ergebnis des sich kontinuierlich steigernden Spürbewußtseins. Jeder echte Selbstausdruck erfolgt von innen nach außen, während bloß angelernte Bewegungen wie durch ein äußeres Diktat von außen nach

11 Katalepsie ist ein Symptom der Katatonie, eine motorische Störung, auch Flexibilitas cerea (wächserne Biegsamkeit) genannt, bei der Kranke beliebige, oft unbequeme Stellungen einnehmen und diese über lange Zeit beibehalten, oft viel länger, als es Gesunde aushalten könnten.

innen erzwungen werden und nie zur Befreiung des Eigenen führen. – Einen solchen natürlichen Prozeß erleben wir jetzt bei dem vor kurzem noch so ungeheuer verkrampften und in seiner Hölzernheit einsamen Mann. – Ich bräuchte es nicht zu wiederholen und tue es doch: Solche in leichter spürbewußter Trance erfolgten psychischen Durchbrüche führen meist nur dann zu dauerhaften Persönlichkeitsveränderungen, wenn sie geistig verarbeitet und mit den gewohnten, durch altes komplexhaftes Verhalten vorbelasteten Lebenssituationen verknüpft, das heißt in diesen zumindest mental wiederholt werden. Spontanrituale sind Schlüsselerlebnisse neuer Lebensbahnungen. Das ist viel, aber nicht genug.

Bisher blieben die Augen des Selbstinitianden geschlossen, nun öffnet er sie. Er setzt sich auf und nimmt langen Blickkontakt mit mir und den Gruppenteilnehmern auf, vor allem mit einer Frau. Mit seiner Einsamkeit ist es vorbei. Sie hat sich durch die Befreiung aus der hölzernen Unbeweglichkeit von innen her gelöst. Erst jetzt paßt es, daß auch von außen her ein Schritt auf ihn zu erfolgt. Dazu gab er mit seinem Blick selbst das Signal. Vorher hätte es seinen eigenen Weg gebremst; das hat er in der Vergangenheit schon viele Male erlebt. Ich frage die Frau, die er besonders intensiv angeschaut hat, ob sie zu ihm hingehen wolle. Sie tut es und hält ihn nun in ihren Armen. Dasselbe tun auch die meisten anderen Teilnehmerinnen und Teilnehmer in spontan sich bildenden Kontakten zu zweit. Gegenseitig geben sie sich körperlichen Halt und Geborgenheit. Nach einer Weile sage ich zu dem Mann: »Erst jetzt, nachdem du aus dir selbst heraus unabhängig geworden bist, ist der Moment gekommen, da sich diese Frau dir zuwendet.«

Das ist die Einleitung zu einem Gespräch über das Erlebte im Rahmen des Spontanrituals. Die Paare lösen sich voneinander, und der Mann ist wieder allein in der Mitte. Gemeinsam durchleben wir noch einmal das bisherige Geschehen. Ich beschränke mich auf die Wiedergabe seiner wichtigsten Einfälle. Als Kind gab er seiner kranken Mutter oft Zeichen, Einladungen, mit ihm Kontakt aufzunehmen, ähnlich wie dies die Holzfigur auf dem Seegrund tat. Aber sie konnte nicht reagieren, nahm ihn nicht in ihre Arme und hielt ihn nicht. So wurde er nach und nach zu Holz, unbeweglich, auch darin seiner Mutter ähnlich. Verlor er in seinem Traum nach einer ersten kurzen Verbindung mit der Holzgestalt auf dem Grund des Sees nicht sogleich wieder den Kontakt zu ihr? Und blieb er nicht bis zum Schluß des Traumes oben auf der Straße, statt, von der Bewegung ihrer linken Hand bewegt, aus dem Auto zu steigen, hinunter zum See zu eilen, zu tauchen und sie zu retten, das heißt zum Leben zu erwecken?

Er hatte unter seiner Mutter gelitten und wurde doch wie sie, hölzern zu sich selbst und hölzern zu den anderen: die übliche Kettenreaktion von Generation zu Generation. So sank seine Vitalität in die Spürunbewußtheit auf den Grund des Sees. Der Wilde Mann, der er eigentlich schon immer war, wurde zum Eisenhans, der im gleichnamigen Märchen ebenfalls auf dem Grund eines Gewässers liegt, ohne wirklichen Kontakt zu seiner Lebendigkeit und die der anderen. – »Das Wasser war kalt«, sagte er. »Als ich unfähig zu einer Bewegung da unten lag, spürte ich die Kälte des Wassers, die in mich eindrang. Die Gefühlskälte meiner Mutter und meine eigene. Die Isolierung meiner Mutter und meine eigene. – Doch dann begann ich, Wärme in meinem Bauch zu spüren, sie wuchs und wuchs, und gleichzeitig bewegte es sich aus mir heraus, angefangen am Ort meines Schmerzes, in meiner rechten Schulter. *Es war wie ein Erwachen.* Ein Erwachen zu mir selbst, meiner Freiheit, Beweglichkeit, Kontaktfähigkeit. Soweit ich mich zurückerinnere, war ich nie so wach wie jetzt.«

10

Erwachen

»Soweit ich mich zurückerinnere, war ich nie so wach wie jetzt«, das war der letzte Satz des Mannes in meiner vorigen Geschichte, nachdem er in einem Spontanritual von seiner geträumten Holzfigur zu einem lebendigen Menschen wurde. Als er aus dem Traum erwachte, war er noch nicht so wach wie später beim Aussprechen dieses Satzes. Für das Wachwerden, das er meinte, ist das Erwachen aus dem Schlaf nicht mehr als ein Bild, allerdings eines, das die tiefstmögliche menschliche Erfahrung gleichzeitig offenbart und verbirgt. Ein Bild, welches das existentielle Erwachen versinnbildet, durch das ein Mensch erst richtig zum Menschen wird. Viele tausend Male können wir am Morgen aufwachen und doch immer noch schläfrig an der Wirklichkeit vorbeitorkeln. Was braucht es, damit einer, der am Morgen erwacht, irgendwann auch wirklich erwacht?

Der Mann, von dem gerade die Rede ist, brauchte dazu zweierlei: erstens, ein Zeichen aus dem Traum. Die Holzfigur gab ihm ein Signal vom Seegrund aus: Sie hob ihre linke Hand. Was aber dann im Traum geschah, konnte nicht zum befreienden Erwachen führen: Zwar nahm er das Zeichen zur Kenntnis, doch ohne ihm zu folgen. Auch das Erwachen aus dem Schlaf änderte nichts an seiner existentiellen Schläfrigkeit; der Traum für sich allein öffnete ihm die Augen noch nicht. Weil er das Notwendige nicht tat, sah er es nicht. Also brauchte er ein Zweites: Mit einer Seelenstärke, die seinem Traum-Ich noch nicht zur Verfügung stand, folgte er im Spontanritual dem Zeichen der Holzfigur auf dem Seegrund. Er stieg zu ihr herab – »erniedrigte« sich –, nahm ihre Gestalt an und erwachte zu seiner Wirklichkeit.

Der Traum ein virtuoser Kombinierer unserer seelischen Grundtatsachen. Wie in einem Schüttelbecher wirft er sie zuerst durcheinander. Dann, wenn die festen Ordnungen des Bewußtseins aufgelöst sind, geleitet durch den kreativen Entwicklungstrieb, ordnet er sie in einem komplexen Spiel neu, allerdings in Phantasien von Bildern. Er schafft in der bloßen Vorstellung ein neues psychisches Gleichgewicht: in Entwicklungsmustern, die meist noch zusätzlicher Aktivierung im Wachzustand bedürfen. Er verarbeitet selektiv unzählige Informationen, entsprechend dem Vorrat an kodierten Informationen im Zentralnervensystem. Schließlich verdichtet er das Ganze zu einem neuen Lebensimpuls. Das ist bereits viel: Manchmal bewegt uns der Traum sogar ohne weiteres Zutun in ein Stück neues Leben hinein.

Trotzdem: Es reicht nicht. Zwei zusätzliche Schritte helfen weiter. Erstens: Die möglichst sorgfältige Erinnerung an den Traum und dessen analytische Verarbeitung verstärken den Entwicklungsdruck. Und das reicht immer noch nicht. Wir bringen es nicht fertig, zur Wirklichkeit zu erwachen, solange wir uns den Traum nur mit Erinnerungen, Assoziationen, mythologischen Entsprechungen und mit analytischem Scharfsinn nähern. Wenn wir zusätzlich auf unsere Emotionen achten, kommen wir der Sache schon näher, aber der letzte enscheidende Schritt fehlt immer noch.

Sind wir nicht Menschen mit einem warmen, pulsierenden, sich bewegenden Leib? Wir haben den Traumdeutern in Stammesgesellschaften und im klassischen Altertum vieles voraus, aber etwas haben wir in unserer Überschätzung des Verstandes und der bildnerischen Phantasie vergessen, nämlich die Binsenwahrheit, daß wir von Natur aus Leib und Welt sind, und daß es kein Erwachen gibt, das nicht in Leib und Welt geschieht. Das Wachwerden des Mannes aus seiner hölzernen Unbeweglichkeit konnte sich nur in seinem beweglichen Leib und im Kontakt mit seiner Mitwelt ereignen. Auf der Rückkehr zum Ritual, wie ich sie Ihnen, meine Leserinnen und Leser, durch dieses ganze Buch nahegelegt habe, nehmen wir alles, wirklich alles mit, was Tiefenpsychologie und Traumforschung in diesem Jahrhundert gefunden haben. Nichts geht verloren. Meine Beispiele zeigen es. Und siehe da: Beide Seiten profitieren in hohem Maße von ihrer Verbindung. So bedeutet unsere Rückkehr keinen Rück-, sondern im Gegenteil einen Fortschritt in der Erschließung der Träume, und zwar, davon bin ich überzeugt, den heute entscheidenden Fortschritt. Wie beeindruckend sind doch die Geschehnisse, die ich in den letzten beiden Kapiteln wiedergegeben habe! Beeindruckend durch die Gleichzeitigkeit ihrer geistigen, symbolischen, emotionalen, sinnenhaften und sinnlich realistischen Qualitäten.

O ja, ich kenne die Mauer des Schweigens, die sich vor dem aufrichtet, der ungewohnte Schritte tut. Unter anderem Schritte, die das bisher so bequeme »Setting« ausschließlicher Gespräche über Träume in Frage stellen. Solange er das tat, was alle tun, vielleicht sogar ein bißchen besser als andere, erntete er Anerkennung und Ruhm. Geht er aber weiter und wagt, was er aus innerer Gewißheit wagen muß, hört er hinter der Fassade höflichen, »abstinenten« Schweigens das Getuschel subtiler Verzerrungen und analytisch getarnter Entwertungen.

Erwachen auch daraus! Erwachen zu wahrhaftigen Schritten! Was mich in meinen Therapiegruppen tief bewegt, ist die Tatsache, daß Menschen in unglaublich kurzer Zeit wahrhaftig werden. Zähe, über Jahre aufgerichtete Abwehrhaltungen schmelzen manchmal in kurzer Zeit.

Weshalb? Weil diese Menschen es riskieren, sich mit wirklichen, leiblichen Schritten ins Eigene hinein zu bewegen. Wie dankbar bin ich für diese Erfahrung und diesen Weg! Ich mußte 46 Jahre alt werden, um den Mut aufzubringen, winzig kleine, aber entscheidende eigene Lebenslügen nach und nach zu entlarven. Wie kam ich dazu? Mein Körper ist zusammengebrochen und wieder aufgestanden, und ich bin ihm in seiner Eigenbewegung gefolgt. Ich mußte es tun. Hätte ich es nicht getan, so wäre ich heute tot, das spüre ich. Seither sind dreizehn Jahre vergangen, eine bewegte und bewegende Zeit.

Das Leben ein Alptraum, ein »Cauchemar«, das heißt ein nächtlicher, belastender »Geist«. Ein Leben lang nur Träumer sein. Leben in Achtlosigkeit, Unaufmerksamkeit, Schläfrigkeit, Spürunbewußtheit. Die Lebensumstände haben mich daran gehindert, mit abwesender Geschäftigkeit weiterhin wichtigtuerisch zu agieren, einen Traum zu träumen, der nicht meiner war. Und selbst wenn er meiner gewesen wäre: Für sich allein genommen hat Träumen keinen Wert. Früher zog mich sehnsüchtige Sympathie zu Berufsträumern, zu solchen Menschen also, die ihren Lebenssinn aufs Träumen beschränken. Ich hatte eine Schlagseite zu solchen Dichtern der Romantik, die sich rechtzeitig genug aus der Welt verabschiedeten, um sich mit ihren Träumen nicht bewegen, sie nicht in gelebtes Leben ummodeln zu müssen.

Heute fühle ich mich mit Menschen wohl, die sich mit mutigen und phantasievollen Lebensschritten wach träumen. Das pulsierende Leben genau auf der Grenze zwischen Realitätssinn und Traum. Auf der Grenze transzendieren wir beide. Wir nehmen Welten wahr, zu denen weder Realisten noch Träumer Zugang haben. Dank der Verbindung von Traum und Tag erwachen wir zu Wirklichkeiten, die uns früher nicht einmal vorstellbar waren. Wir wissen nicht, wie es geschieht, sondern nur, daß es geschieht. Was frühere Metaphysik gesucht hat, finden wir in einer Wahrnehmung, deren wichtigste Eigenschaft Spürbewußtsein ist. Es ist vielleicht nicht jedermanns Sache. Die Lust zu missionieren geht mir ab. Das einzige, was mich schmerzt, ist die Erfahrung, daß einige Menschen, mit denen ich einst vertraut war, mir ohne die frühere Herzlichkeit begegnen. Dieser Schmerz, ich fühle es, ist ein Rest von Abhängigkeit, ist Traumnebel, etwas, was mich am Wachwerden hindert. Doch wie warm und frei wird mir ums Herz beim Gedanken an eine Frau, die trotz aller einschneidender innerer und äußerer Veränderungen, Veränderungen durch Wahrhaftigkeit geboten, wesentliche Schritte seit über zwanzig Jahren bis heute mit mir ging! Neue Beziehungen ersetzen nicht den langen Reifungsprozeß in alten. Und alte ersetzen nicht den manchmal notwendigen Aufbruch in neue. Als Grenzgänger zwischen Realitätssinn und Traum lebe und arbeite ich seit über fünf Jahren zusammen mit einem jüngeren Mann, der mich nicht in konventionellen Ordnungen ausruhen läßt, sondern durch seine sprudelnde, dionysische, musikalische Lebendigkeit zur Hingabe an das Leben, wo immer es erwachen will, lockt.

Eintauchen in die Verwandlung des Lebens. Eintauchen in den Ort momentanen, abstandslosen, wachen Daseins, wo sich auf einmal vieles zu uns gesellt, sich mit uns verbündet, und die Welt mit einem überraschenden Augenzwinkern mit uns einverstanden ist. Nicht aus dem Traum erwachen, sondern tätig sich weiter träumend erwachen. – Ich erinnere mich an ein einziges Mal in meinem Leben, da das morgendliche mit dem existentiellen Erwachen zusammenfiel. Es war wenige Tage vor meinem vierzehnten Geburtstag am 30. April 1953. Es mag pathetisch klingen; trotzdem schreibe ich es: Gleichzeitig erwachte ich zum Tag, zum Frühling, zur Welt, zum Leben. Wenn ich mich jetzt daran erinnere, merke ich, wie dankbar ich für mein ganzes bisheriges Leben bin. Die Erinnerung schafft Gegenwart. Nie mehr habe ich diesen Moment vergessen, auch wenn er so schwer zu beschreiben ist. Die sinnliche und sinnbildliche Verbindung mit der Welt war vollständig. Sicher trug auch der Frühling der Natur und meines Lebens dazu bei. Strahlend helles Licht drang von draußen durch das offene Fenster in mich ein und gleichzeitig aus meinem Innern nach draußen in die Welt, und beide, das Außen und das Innen, waren eins. Geblendet vor Glück stand ich auf, zog mich an und ging in den neuen Tag, den ersten aus einer Verwandlung.

Auch heute ist Frühling, einer jener strahlend hellen Tage, wie ich sie nur vom Tessin bei Nordwind und aus der Toskana kenne. Blühen und Duft, Licht und Wind. Silbern glitzert der See unter mir. Und doch war mein morgendliches kein existentielles Erwachen. Viel Abhängiges und Belastendes schleppte ich aus einem Traum in den Tag hinein. Nach und nach gelingt es mir, mich im Spürbewußtsein dieses Moments zu zentrieren. Ein Weg, schon tausendmal gegangen und nie ein Besitz. Nach und nach das Auftauchen aus Traumbefangenheit, und das Eintauchen in die Welt. Erwachen diesmal nicht zur harmonischen Bewegung mit dem Ganzen der Welt, wie es der Erfahrung des chinesischen *Tao* entspricht. In meinem Erwachen als Vierzehnjähriger dagegen fühlte ich mich glücklich als Teil der Welt, eins mit der überindividuellen Harmonie allen Lebens und Seins, mit dem großen kosmischen Gesetz, um es in taoistischer Sprache zu sagen. – Wer sich vom Leben berühren läßt, kommt nicht ohne Wunden davon. Wenn Träume wahr werden, dann nur in dieser verwundeten Welt. Verbindung mit dem Ganzen, durchaus, doch durch das Geheimnis vieler Tode. Verbindung und Lösung als Einheit, rätselhafte Harmonie von Konsonanzen und Dissonanzen.

Es ist ein Wachwerden besonderer Art, dem ich mich jetzt nähere. Es kann sich auch im Dunkeln, im Chaos, in der Verzweiflung ereignen. Als ich im Anfangstraum zu diesem Buch aus dem feuchtdunklen Leib der Baustelle auf dem »Potsdamer Platz« ausgespuckt wurde, sah ich zuerst nur Licht, gegenstandsloses hellstes Licht. Schnell traten dann aus dem sich abschwächenden Licht neue Konturen hervor: die kleine Kirche, die lange Straße, der oktogonale Turm, – und das Leben ging in einer neuen Dimension weiter. Jetzt suche ich ein radikaleres Erwachen, ein Licht, zu hell, um sich in Farben und Formen brechen zu können, ein Licht, das auch Dunkel ist.

Zum Wesen des Erwachens gehört die radikale Relativierung aller festen Gestaltungen, aller Träume, ob diese nun komplexhaft fixierte oder entwicklungsträchtige, kreative Lebensmuster spiegeln. Erwachen ist Tod mitten im Leben, die Aufhebung des Unterschieds zwischen Leben und Tod. Für den Buddhisten bedeutet Erwachen Freiheit von allem Sich-Klammern und Sich-Identifizieren, von gläubigem Festhalten und Abhängigkeit. Es geschieht durch vollständiges Erfassen der Vergänglichkeit allen Seins und bewirkt das Aufhören der Wiedergeburten. Der *Boddhisattva* ist einer, dessen Wesen (*sattva*) Erwachen (*bodhi*) ist.

Durch welches »Fahrzeug« oder »Beförderungsmittel« auch immer: Erwachen bedeutet auch im Buddhismus kein bloß geistiges Geschehen; ich erinnere an die wohl älteste Meditationsanweisung, in der Buddha den Mönchen empfiehlt, *den ganzen Körper empfindend* ein- und auszuatmen. Die buddhistische Achtsamkeit bezieht den Körper ein, allerdings in einem dem heute verbreiteten Hedonismus entgegengesetzten Sinn. Ziel ist es, zur vergänglichen Wirklichkeit, auch des Körpers, zu erwachen. Ein gieriger Mensch, der Jugend, Schönheit und Gesundheit um jeden Preis festhalten will, flieht das Erwachen, weil er die Vergänglichkeit des Körpers ausblendet. Scheinbares Glück, das auf momentan befriedigter Gier beruht, ist auf Sand gebaut. Die Freiheit auch von dieser Illusion (*maya* = Wahn) dagegen bedeutet wirkliches Glück, das nicht bei jedem Wehwehchen, Wetter- und Stimmungswechsel, auch nicht durch Einsamkeit, Schicksalsschläge, Krisen, Alter, Krankheit und Sterben zusammenbricht. Deshalb vergleicht der tibetische Buddhismus das Glück des Erwachens mit einem Diamanten.

Wenn das *Vajrayana*, »Diamantfahrzeug«, auch die sinnliche Erfahrung als Weg zum Erwachen praktiziert, ist damit nicht die Überbewertung der Sinnlichkeit als höchstes Gut gemeint, sondern einfach die Tatsache, daß jede bewußt durchlebte Erfahrung, also auch die sinnliche, zum Erwachen führt. Westliche Anhänger des *»Tantra-Sex«* mögen sich fragen, ob sie ebenso zu einer anderen Spielart der Tantra-Meditation bereit wären, nämlich zu jener, die auf Friedhöfen praktiziert wird: Hier führt die Anschauung der verwesenden Leichen zum gleichen Erwachen in der Vergänglichkeit wie die sinnliche Erfahrung des *Tantrika* mit seiner *Dākinī* (Partner und Partnerin in der sexuellen tantrischen Verbindung). Aus ihrer Antwort auf diese Frage können sie leicht die Folgerung ziehen, ob sie aus dem Geist des Tantrismus leben oder nicht.

Ebenso wie die buddhistische Achtsamkeit transzendiert auch das Spürbewußtsein das, was gemeinhin als Bewußtsein bezeichnet wird. In den Energiefluß selbst vor dunklen, gefährlichen Klippen, an kritischen Komplexpunkten, aktiv einzustimmen, ohne auszusteigen und sich am Ufer »Hütten zu bauen«, erfordert einen hohen Grad an ganzheitlicher unerschrockener Präsenz und will geübt werden. Wer hängt nicht lieber einem Traum nach und läßt sich von Lust und Laune, wirren Sehnsüchten und Ängsten treiben, statt auch in Krisenmomenten spürend wach, ohne negative oder positive Wertungen, einfach da zu sein? Die wichtigsten Hemmnisse zum Erwachen sind Begehrlichkeit, Ängstlichkeit, Abhängigkeit, Kontrolle, Ungeduld – und Bequemlichkeit.

Wir Menschen im *Westen* setzen, was die Erfahrung des Erwachens betrifft, *zwei Akzente anders als* Hindus und Buddhisten im *Osten. Erstens:* Erwachen ist für uns weniger ein einmaliges Erleben, das für immer in die »Leere« – *»sunyata«* –, in Bedürfnislosigkeit und Freiheit vom »Durst«, der Ursache allen Leidens, führt. Für unsere Erfahrung hat es mehr den Charakter eines *Prozesses.* Allerdings verkörpern in diesem einzelne Momente die Qualität des Erwachens in besonderer Reinheit. Momente, die das einmalige Erwachen östlicher Weiser erahnen lassen. *Zweitens*: Erwachen bedeutet für uns *weniger Zeugenbewußtsein als Spürbewußtsein.* Was heißt das? Verkürzt gesagt folgendes: Der meditierende Buddhist beobachtet gleich einem »unparteiischen« Zeugen aufmerksam, was mit seinem Körper, seinem Geist, seinen Gefühlen geschieht. Das Spürbewußtsein unterscheidet sich vom Zeugenbewußtsein darin, daß es zusätzlich einen ständigen »Spüranker« im Körper hat. In bezug auf diesen gibt es den für das Zeugenbewußtsein notwendigen Abstand nicht. Insofern trägt das Spürbewußtsein der Not des westlichen Menschen Rechnung, der trotz des verbreiteten Körper- und Nahrungskults doch leibunbewußter ist. Auf meinen bisher sechs Reisen in den Fernen Osten wurde mir klar, daß die Verwurzelung im Leib für den östlichen Menschen selbstverständlicher ist. Allerdings fangen die Grenzen zwischen Ost und West an, sich in dieser Hinsicht zu verwischen, besonders deutlich wohl in Japan, einem Land, das ich nicht aus eigener Anschauung kenne. Einige Japaner, mit denen ich näher in Kontakt kam, machten auf mich den Eindruck, daß auch sie wie wir im Westen den ständigen spürbewußten Anker im eigenen Leib brauchen.

Erinnern Sie sich doch an das erstbeste Beispiel aus diesem Buch, das Ihnen einfällt, wo von einem Spontanritual die Rede war, in dem ein nächtlicher Traum weitergeträumt wurde. In jedem Beispiel erwachte ein Mensch aus Fleisch und Blut an einem kritischen Punkt zur eigenen Wirklichkeit: Die intensivste Erfahrung, die ein Mensch überhaupt nur machen kann, – natürlich nicht nur in einem Spontanritual. Eine entscheidende Dimension dieser Erfahrung habe ich bis jetzt allerdings nur da und dort am Rande erwähnt. In jeder meiner Geschichten bezog sich das Wachwerden auch auf die *soziale Wirklichkeit*, potentiell auf die ganze Mitwelt. Frauen und Männer schauen im existentiellen Erwachen um sich, als würden sie die Menschen und die Natur um sich herum zum ersten Mal erblicken. Erwachen zur Frische des ersten Schöpfungstages, erwachen zur Welt. Im Spürbewußtsein zentrierte Menschen erleben sich als relativ, das heißt wörtlich: bezogen. Worauf? Auf ein größeres Ganzes. Die innere Erfahrung der Vernetzung im ganzen der Welt entspricht der äußeren Tatsache der vernetzten Kommunikation, die in unserer Zeit rasant fortschreitet. Die beiden stehen in keinem wirkursächlichen Verhältnis zueinander, und doch fällt auf, wie sie gleichzeitig ins Bewußtsein einer wachsenden Zahl von Menschen treten. Sie bilden zwei unverzichtbare Facetten der einen, gleichen Entwicklung.

Im Zusammenhang mit einem prophetischen Traum *Ekkermanns* spricht *Goethe* von »Fühlfäden unserer Seele über ihre körperlichen Grenzen hinaus«.[1] *Kein Spürbewußtsein ohne Weltbewußtsein.* Über zeitliche und räumliche Grenzen hinaus sind wir Teil dessen, was mittelalterliche Alchemie *»Unus Mundus«* – die eine Welt – nannte. Jede mystische Erfahrung hat ihren Ort im Bewußtsein der natürlichen

1 Zitiert nach M. Boss, Der Traum und seine Auslegung, S. 212.

Einheit der Welt. Die im vorigen Kapitel beschriebenen Transzendenzträume – eine besondere Art von Kreativträumen – erklären zwar nicht, *wie* diese Verbindung im ganzen funktioniert, wohl aber, *daß* sie funktioniert. Die Welt gleicht einem großen Organismus. Dessen Entwicklungsgesetze kennen wir kaum, aber wir erleben manchmal konkret, daß es ihn gibt, vor allem dann, wenn wir uns im Zustand existentiellen Wachseins befinden. Ich habe dafür den symbolischen Namen *»Dritter Leib«* geprägt: nicht dein Leib, nicht mein Leib, sondern einer, zu dem du und ich und die übrige Welt gehören.[2] Die bereits angesprochenen Phänomene der Synchronizität sind nur innerhalb einer Welt, die als Dritter Leib verstanden wird, vorstellbar.[3] Auch Transzendenzträume setzen einen Dritten Leib voraus.

Aus der Wirklichkeit der einen verbundenen Welt folgt eine Einsicht, die im Begriff ist, unser Denken und Fühlen zu revolutionieren. Es gibt keinen archimedischen Punkt, von dem aus wir die Welt objektiv betrachten könnten – keine festen Wahrheiten, nur unterschiedliche Perspektiven. Die Zentralperspektive, die seit der Renaissance Kunst und Denken beherrscht hat, erweist sich als Illusion, und daher auch die Philosophie René *Descartes'* (1596–1650), die das raumraffende zentralperspektivische Sehen und Denken vertrat. Descartes sah den Menschen als »res cogitans«, das heißt als unteilbare, denkende, geistige Substanz, und die Welt als »res extensa«, das heißt als teilbare, ausgedehnte, materielle Substanz, die der Mensch wie von einer festen Warte aus betrachten kann. Dies macht die rationale Beherrschung der Welt möglich. Vor dem denkenden Geist ordnet sich die Wirklichkeit klar und deutlich: Voraussetzung für die sogenannten »exakten« Wissenschaften.

2 P. Schellenbaum, Nimm deine Couch und geh!, S. 241–282.

3 Vgl. C. G. Jung, Mysterium Coniunctionis, 2 Bände, und M.-L. von Franz, Wissen aus der Tiefe, und: Zahl und Zeit.

Im Gegensatz zu Descartes vertrat Friedrich *Nietzsche* (1844–1900) als erster Philosoph das *»polyperspektivische« Sehen und Denken*, das Verabsolutierungen und Wertungen im Prinzip überwindet. Doch eben nur im Prinzip: Rational erfassen wir diesen revolutionären Schritt leichter als im alltäglichen Lebensgefühl. Die emotionale Entwicklung hinkt hinter der rationalen her: Die gleichen Menschen, die begeistert vom *Unus Mundus*, von der vernetzten Welt sprechen, können verbissene Anhänger einer bestimmten Schule, Methode, Theorie sein. Was an der Weisheit vieler östlicher Menschen beeindruckt, ist die wache Gelassenheit, das heißt die heitere Relativierung all dessen, was zu verabsolutieren wir immer wieder versucht sind. Ohne diese Einstellung gibt es kein Erwachen. Nicht zufällig zieht es in unserer Zeit viele westliche Menschen zur japanischen Malerei, die keine Perspektive kennt und somit die Spaltung zwischen Ich und Nicht-Ich, zwischen dem einzelnen und der Welt überwindet.

Mir fällt auf, wie Menschen, die mit Spontanritualen und durch diese mit spürbewußtem Leben vertraut werden, immer seltener loben oder tadeln, idealisieren oder verteufeln. Wertungen hindern uns daran wahrzunehmen. Sie stammen aus der illusorischen affektiven »Zentralperspektive«. Polyperspektivisches Sehen und Denken reichen nicht aus; darüber hinaus braucht es *polyperspektivisches Spüren.* – Auch viele Träume entkräften die Zentralperspektive: Das Traum-Ich wird durch die anderen Traumfiguren in viel höherem Maße relativiert, als das bewußte Ich es haben möchte. Lassen wir uns von einem Traum im Wortsinn bewegen! Gehen wir weiter auf seiner Spur: empfindend und ahnend, fühlend und denkend, uns bewegend und handelnd! So lernen wir nach und nach, Anschauungen, Wertungen, Emotionen und Stimmungen auf wohltuende Art zu relativieren. Hindert uns diese Relativierung daran, uns für ein lohnendes Unterfangen voll zu engagieren? Durchaus nicht. Doch nachdem wir das Mögliche erledigt haben, spüren wir den richtigen Moment, wann wir den bisherigen Schwerpunkt verlagern und weitergehen müssen. Auch der taoistische Weise ist einer, der tut, »was an ihn herankommt«. Keine fanatische Fixierung auf Denkinhalte, Werte, Gefühle. Bewegliche Bezogenheit im größeren Ganzen der Welt.

Auch das beste psychotherapeutische Modell schadet, wenn es verabsolutiert wird. Wer zum Beispiel Jungs Archetypenlehre als Stanzhammer der psychischen Wirklichkeit mißbraucht, zerschlägt selbst damit Leben. Es gibt eine fundamentalere Erfahrung als die der archetypischen Grundmuster von Psyche und Welt, nämlich die allen Mystikern bekannte radikale Relativierung aller Muster, Modelle, Strukturen, Inhalte, Ordnungen, so »natürlich« sie auch sein mögen. Diese werden dadurch keineswegs entwertet und außer Kraft gesetzt, aber ihre tiefere Wirklichkeit wird transparent: Sie sind nicht mehr und nicht weniger als bloße menschliche Perspektiven, notwendige Gesichtspunkte, aber eben doch nur Gesichtspunkte. Erst mit dieser neuen Einstellung erwachen wir zur Wirklichkeit der Welt.

Der Traum von einer objektiv formulierbaren Ordnung hat sich wie Nebel aufgelöst. Was wir nun erleben, ist *»unmittelbare Ergriffenheit«*, die befreiende »direkte Offenbarung der Nichtigkeit aller Dinge«. Diese ist Quelle »höchsten Glücks«.[4] Was uns früher starr bestimmt hat, holen wir zurück ins bewegliche Spiel des Lebens. Neue Strukturen, die von nun an wachsen können, beherrschen uns nicht mehr. Vielleicht werden sie eines Tages versuchen, es wieder zu tun. Dann heißt es einmal mehr, aus unmittelbarer Ergriffenheit die Augen zur sich wandelnden Wirklichkeit hin zu

4 R. Reschika, E. M. Cioran, S. 22: Zitat aus einem Gespräch Ciorans.

öffnen. Nur auf der Folie des Nichts erwachen wir ein übers andere Mal zur Vielfalt der Welt.

Das Lebensgefühl, das den stets von neuem Erwachenden prägt, ist das der *Grundlosigkeit.* Wer gewohnheitsmäßig die Frage nach dem Warum stellt, hindert sich am Spürbewußtsein. Vom rumänisch-französischen Dichter *Cioran* stammt der Satz: »Es gibt nur ein Zeichen, das bestätigt, daß man alles verstanden hat: *grundlos* weinen.«[5] – In Spontanritualen kommt es häufig vor, daß Menschen grundlos weinen. Warum und wie auch immer: Ihr Leben befreit sich in autonomen Eigenbewegungen, und sie weinen. Sie könnten dafür Gründe angeben, doch keiner träfe die Sache ganz. Denken sie zu lange darüber nach, hören sie auf zu weinen. Das Leben hat keinen anderen Grund als sich selbst.

Kein Traum, auch nicht der aufwühlendste, will, daß wir uns in ihm einschließen. Ich meine das wörtlich: Jeder Traum ist ein offenes System, ein vorläufiger Prozeß, dessen wichtigste Eigenschaft darin besteht, daß er eine Tür zu einem weiteren Prozeß öffnet. Der Sinn eines Traumes ist weder kausal noch final, er liegt weder in der Vergangenheit noch in der Zukunft, sondern darin, daß er durch integrierende Verdichtung beide Zeitperspektiven relativiert. Letztlich wissen wir nichts über den Sinn eines einzelnen Traumes, nicht einmal über den einer ganzen Traumserie, weil wir nichts über das Ganze wissen und unseren Platz in ihm. In einer ersten Ahnung von dieser fundamentalen Unwissenheit entspannt sich unser Geist. Auch in Spontanritualen ist das objektiv Erreichte zweitrangig. Ihr wichtigster Sinn besteht darin, Sichtblenden wegzuräumen und in unmittelbarer Ergriffenheit für die im Moment konstellierte Wirklichkeit wach zu werden. Anstehende Lebensprobleme zu lösen ist sicherlich nötig, jedoch nicht um der Lösung willen – das würde eine

5 Ibid. S. 42.

fortdauernde subtile Abhängigkeit von diesen Problemen nach sich ziehen –, sondern um als freie Menschen zu erwachen. Wir lösen die Abhängigkeit von einer Mutter, einem Vater, einem Beruf, einer Sehnsucht. Warum? Um frei und wach zu werden. Wir schaffen eine passende Alternativbahnung zur Sackgasse einer Phobie, eines Zwangs, eines Minderwertigkeitskomplexes, einer emotionalen Ambivalenz, einer Depression. Warum? Um als spürende Menschen aufzuwachen. Wir träumen, der Eigenbewegung folgend, einen Komplex- oder Kreativtraum weiter. Warum? Nicht um des Traumes willen, sondern um über ihn und alle Träume hinauszuwachsen: um zu erwachen.

Literatur

E. Aeppli, Der Traum und seine Deutung, Zürich 1977

Artemidor, Traum-Buch, Leipzig 1753

H. Bächthold-Stäubli, Handwörterbuch des deutschen Aberglaubens, Berlin 1927–1942

E. Barz, Selbstbegegnung im Spiel, Zürich 1988

A. Becker, Über die psychoanalytische Theorie des Traumes, in: Psychologie des 20. Jahrhunderts Tiefenpsychologie Band 1, Weinheim und Basel 1982

H. von Beit, Symbolik des Märchens, Bern 1975

D. Boadella, Befreite Lebensenergie, München 1991

M. Boss, Der Traum und seine Auslegung, München 1974

Buddha, Die Lehre des Erhabenen, München 1986

J. Campell, Mythologie des Ostens, München 1996

H. Dieckmann, Umgang mit Träumen, Stuttgart 1978

M. Eliade, Schamanismus und archaische Ekstasetechnik, Frankfurt a. M. 1975

A. Faraday, Die positive Kraft der Träume, Bern 1973

M.-L. von Franz, Träume, Zürich 1985

Dies., Wissen aus der Tiefe, München 1987

Dies., Traum und Tod, München 1990

E. Fromm, Märchen, Mythen, Träume, Stuttgart 1980

E. T. Gendlin, Dein Körper – Dein Traumdeuter, Salzburg 1987

C. Green/C. McCreery, Träume bewußt steuern, Frankfurt a. M. 1996

J. Hillmann, Die Suche nach innen, Zürich 1981

Ders., Pan und die natürliche Angst, Zürich 1981

B. Holzinger, Der luzide Traum. Phänomenologie und Physiologie, Wien 1994

A. Jaffé (Hrsg.), Erinnerungen, Träume, Gedanken von C. G. Jung, Olten 1971

C. G. Jung, Gesammelte Werke, Olten 1971–1981

V. Kast, Imagination als Ort der Freiheit, Olten 1971

S. Kelemann, Verkörperte Gefühle, München 1992

H. Kohut, Narzißmus, Frankfurt a. M. 1973

Ders., Die Heilung des Selbst, Frankfurt a. M. 1979

S. LaBerge, Hellwach im Traum. Höchste Bewußtheit im tiefsten Schlaf, Paderborn 1987

P. D. Mac Leans, A Triun Concept of the Brain and Behaviour, Toronto 1973

A. Mindell, Traumkörper Arbeit, Paderborn 1993
E. Monick, Die Wurzeln der Männlichkeit, München 1990
J. L. Moreno, Gruppenpsychotherapie und Psychodrama, Stuttgart 1958
T. Moser/A. Pesso, Strukturen des Unbewußten, Stuttgart 1991
R. Nell, Traumdeutung in der Ehepaar-Therapie, München 1976
E. Neumann, Ursprungsgeschichte des Bewußtseins, München 1974
Ders., Die Große Mutter, Olten 1974
R. Ornstein, Multimind. Wie die neue Hirnforschung unser Verhalten erklärt, Paderborn 1986
F. S. Perls, Gestalt-Therapie, Stuttgart 1985
A. Pesso, Dramaturgie des Unbewußten, Stuttgart 1985
H. Petzold, Integrative Bewegungs- und Leibtherapie, Paderborn 1990
Ders., Gestalttherapie und Psychodrama, Kassel 1973
W. Reich, Die Funktion des Orgasmus, Köln 1987
Ders., Charakteranalyse, Köln 1989
R. Reschika, E. M. Cioran, Hamburg 1995
H. Sachs et al. (Hrsg.), Wörterbuch zur Christlichen Kunst, Hanau o. J.
W. Scategni, Das Psychodrama, Olten 1994
H. Scheel, Die erlösende Kraft des Lichts, Bern 1993
Dies., Vergleichende Standortbestimmung der Psychoenergetik nach Peter Schellenbaum, Copyright H. Scheel 1996
P. Schellenbaum, Das Nein in der Liebe, Stuttgart 1995
Ders., Abschied von der Selbstzerstörung, München 1987
Ders., Die Wunde der Ungeliebten, München 1988
Ders., Gottesbilder, München 1989
Ders., Tanz der Freundschaft, München 1990
Ders., Homosexualität im Manne, München 1991
Ders., Nimm deine Couch und geh!, München 1992
Ders., Aggression zwischen Liebenden, Hamburg 1994
Ders., Die Spur des verborgenen Kindes, Hamburg 1996
H. Silberer, Der Traum, Stuttgart 1919
W. Steckel, Die Sprache des Traumes, München/Wiesbaden 1911
A. Stevens, Vom Traum und vom Träumen, München 1996
H. Stone/S. Winkelmann, Embracing Our Selves, Marina del Rey 1985
N. Tinbergen, Instinktlehre. Vergleichende Erforschung angeborenen Verhaltens, Berlin, Hamburg 1952
V. Turner, Das Ritual. Struktur und Anti-Struktur, Frankfurt a. M. 1989
O. Graf Wittgenstein, Märchen, Träume, Schicksale, München 1973

Peter Schellenbaum
Institut für Psychoenergetik
Gruppentherapie und Ausbildung
Salita al Mött 5
CH-6644 Orselina-Locarno

(Anfragen mit frankiertem und adressiertem Rückumschlag bzw. internationalem Antwortschein)

Begriffsregister